国家出版基金项目

NATIONAL PUBLICATION FOUNDATION

民族精神与文化主题书系

MINZUJINGSHENYUWENHUAZHUTISHUXI

新时期的民间信仰

王宏刚　王海冬
张安巡　朱良镛◎著

黑龙江教育出版社

"民族精神与文化主题书系"编委会

总　序

孙伟平

"人是要有一点精神的。"

民族亦然。

所谓民族精神，就是一个民族在长期的共同生活、共同社会实践过程中形成和发展的，为民族大多数成员认同和接受的思想品格和价值观念，是一个民族的文化传统、思想情感、心理特征、行为方式等的综合反映。

民族精神是一个民族之魂，是民族文化的统帅和核心。

文化是民族的血脉，是人民的精神家园。"人是一种文化动物"，一种以文化精神为灵魂的存在物。如果一个人丧失了对本民族文化的认同，离开了本民族文化的滋养，就会丧失心灵的归属感，失去自己的精神家园，沦为心灵无所寄托的无根的流浪者，形同没有灵魂、没有依归的行尸走肉。在这种情形下，一个人如果还想"回家"，抚慰自己伤痕累累、疲惫不堪的心灵，涌生的通常只会是无尽的"乡愁"。

同时，民族精神是以一个民族长期的生活实践、悠久的历史文化的独特个性为客观基础和内在根据的，其中蕴涵着该民族根本性的利益和需要，包含着该民族共同的信仰和追求。在一个民族

1

的文化系统中,民族精神既是统帅,又是支柱;既是灵魂,又是核心。在不同民族的民族精神中,体现着不同民族文化的鲜明特质和个性,体现着民族文化之间不可通约的关系,表现出一个民族内在的生命力和文化"软实力"。

民族精神是一个民族赖以生存和发展的精神支柱。

民族精神是将一个民族团结、聚合成一个有机的统一整体的文化因素,是不断推动该民族生生不息、向前发展的内在精神动力。民族精神可以"武装"和塑造一个民族的人民,也可以左右甚至决定一个民族的命运。如果一个民族、国家没有优秀的文化传统,没有先进的理念信仰,没有昂扬的民族精神,没有高尚的道德风尚,那么,无论其物质生产多么发达,人民生活多么优裕,都难以保持持久的向心力和凝聚力,保持旺盛的生命力和创造力,保持立身处世的自豪感和自信心,从而也就不可能长久地自立于世界民族之林。

而且,在一个民族和民族文化的发展历程中,如果缺乏民族意识,忽视民族精神,那么这个民族就可能如同一盘散沙,很容易滋生没有灵魂、没有头脑的民族虚无主义。而这种自由散漫和民族虚无主义的泛滥,往往会导致本民族人民丧失认同感和责任感,甚至助纣为虐,成为异民族掠夺、奴役,甚至屠杀本民族的帮凶。反之,一个民族即使命运坎坷,多灾多难,但只要该民族的人心未散,民族精神未泯,那么民族的文化终究会有复兴的希望,该民族的人民终将重新站立起来!

中华民族精神是中华民族生生不息、发展壮大的强大精神动力。

在五千多年的历史发展进程中,中华民族历经磨难,栉风沐雨,形成了自己内容丰富、风格独特的民族精神。它包括"自强不息,厚德载物","富贵不淫,贫贱不移,威武不屈","天下兴亡,匹夫有责",以及"先天下之忧而忧,后天下之乐而乐"等优秀文化传统;

包括中国共产党领导人民在长期革命斗争中形成的井冈山精神、长征精神、延安精神、抗战精神、西柏坡精神等光荣革命传统；包括社会主义建设时期形成的大庆精神、雷锋精神、"两弹一星"精神等高尚革命品德；也包括在改革开放新时期形成的艰苦创业精神、抗洪抢险精神、抗击"非典"精神、抗震救灾精神、载人航天精神等良好精神风貌。

国家发展、民族振兴，不仅需要强大的经济和军事力量的支持，更需要先进的文化和精神的支撑。中华民族精神是中华民族五千年来生生不息、发展壮大的强大精神动力，也是中华民族在未来的峥嵘岁月里继往开来、实现伟大复兴的宝贵精神财富。正是这种精神团结、凝聚、激励着全国各族人民以百折不挠、愈挫愈奋的意志积极投身坚持改革开放、创造性地建设中国特色社会主义的伟大事业。

民族精神是超时代性与时代性的统一。

民族精神与一个民族是相同一的，与一个民族的命运是相联系的。在一定的意义上，民族精神具有超越历史时空的性质。它贯穿于一个民族的各个历史时期，滋养着该民族具体的历史的社会生活实践，特别是在社会变革时期，在重要的历史关头，为该民族提供强大的心理支撑和精神动力。

同时，民族精神又具有鲜明的时代性，体现出超时代性与时代性的统一。在不同的历史时期，民族精神总会打上鲜明的时代烙印，表现出不尽相同的历史特点和具体内涵。以中华民族的民族精神为例：在强敌入侵，中华民族面临民族危亡的最危险时刻，民族精神直接体现为万众一心、不屈不挠、不怕牺牲、保家卫国的救亡图存精神；在遭遇大灾大难的极度困难时期，民族精神突出表现为同舟共济、迎难而上、坚韧不拔、共克时艰的大无畏气概；在和平的建设时期，民族精神则主要体现为厚德包容、勤奋敬业、艰苦奋斗、开拓创新的求实奋进品格。这一切既具时代特色、又具永恒价值的精神品质的总和,才真正诠释了什么是中华民族精神,什么是21世纪的中华民族精神!

一个民族要立足于世界民族之林,其民族精神也必须与时俱进。

民族精神有一个是否真正反映时代要求、合乎时代特征的问题,即民族精神是否能够与时代精神有机结合的问题。如果不能,则民族精神将缺乏时代感和时效性,将失去说服力和感召力。真正符合时代要求、反映时代特征的民族精神,是一个民族在时代的创造性实践中激发出来的,反映社会进步的发展方向、引领时代进步潮流、为社会成员普遍认同和接受的思想观念、价值取向、道德规范和行为方式,是一个社会最新的精神气质、精神风貌和社会时尚的综合体现。例如,在当今时代,中华民族精神往往与以改革创新为核心的时代精神结合为一体,共同承担着推进改革开放、建设中国特色社会主义的伟大历史使命。

我国作为一个历史悠久、文化底蕴深厚的发展中国家,在当今时代弘扬和创造新的中华民族精神,必须倾听时代的呼声,反映大众的要求;必须弘扬优秀的文化传统,保持自身的民族特质;当然,更需要与时俱进,开拓创新,建设社会主义先进文化和中华民族共有的精神家园,为中华民族的伟大复兴提供精神支柱和精神动力。

最后还应该强调指出,**民族精神和文化的创新建设是一个长期的历史过程**,需要我们团结起来,动员全民族的力量,共同付出长期而艰苦的创造性努力。而这套"民族精神与文化主题书系",正是我们基于这样的时代呼声和实践要求,以文化自信和文化自觉的姿态,创造性地主动参与建设的实际行动。我们真诚地希望,一切辛苦的付出都能得到应有的回报,特别是得到广大读者朋友的关怀、支持和鼓励。我们更衷心地祈愿,在你、我、他同心协力的建设中,中华民族共有的精神家园会日益繁荣昌盛,我们美丽的"中国梦"会变成现实。

目　　录

引言：本书所言的民间信仰 ……………………………………（1）

第一章　上海民间信仰的调查 …………………………………（9）

　　一、青浦区白鹤镇沈联村调查 ……………………………（13）

　　二、青浦区朱家角城隍庙调查 ……………………………（15）

　　三、宝山区祁连镇联西村沈家池圈调查 …………………（20）

　　四、闵行区梅陇镇华一村调查 ……………………………（23）

　　五、白云观中的瞿公信仰 …………………………………（26）

　　六、卢湾区调查 ……………………………………………（28）

　　七、青浦区调查 ……………………………………………（48）

　　八、古代上海地区民间信仰的东扩 ………………………（54）

第二章　江西赣县白鹭村的儒教信仰 …………………………（69）

　　一、白鹭村调查 ……………………………………………（72）

　　二、白鹭村的历史贡献 ……………………………………（75）

第三章　妈祖信仰的历史与现状研究 …………………………（77）

　　一、十五年前妈祖调查从满族故乡开始 …………………（79）

　　二、妈祖信仰在台湾 ………………………………………（92）

　　三、湄洲岛调查 ……………………………………………（101）

四、浏河与上海的妈祖信仰的互动 ……………… （121）

五、妈祖崇信的内地传播 ……………………… （130）

六、妈祖信仰所表达的中国人的大同理想 ……… （135）

七、浙东妈祖信仰与中国的海洋经济 …………… （138）

八、比干与妈祖信仰 …………………………… （144）

九、江苏的妈祖之缘 …………………………… （151）

第四章 女娲信仰的历史与现状研究 ……………… （165）

一、女娲信仰在主要的汉族地区 ……………… （167）

二、骊山上的女娲宫调查 ……………………… （173）

第五章 上海三元宫、杭州岳王庙、苏州司徒庙的比较研究

………………………………………………… （179）

一、上海三元宫调查 …………………………… （181）

二、杭州岳王庙调查 …………………………… （190）

三、苏州司徒庙调查 …………………………… （194）

四、三者的比较 ………………………………… （197）

第六章 东北的萨满教调查与研究 ………………… （201）

一、中国萨满教学在世界范围的后来居上 …… （204）

二、中国萨满教学调查研究的三个历史时期 …… （206）

三、对四个满族氏族萨满教信仰形态的调查 …… （209）

四、在萨满教中呼唤母亲神 …………………… （212）

五、天祭是萨满教成体系的标记 ……………… （215）

六、萨满教与氏族外婚 ……………………………（228）

七、萨满教中的图腾崇拜 …………………………（232）

八、萨满教与北方民族心理素质 …………………（240）

九、萨满教与北方先民的文化精神 ………………（255）

第七章　非物质文化遗产的保护与民间信仰的发展 ………（259）

一、三个民间信仰的项目是如何成为"非遗"保护项目的

………………………………………………（261）

二、黄道婆信仰与上海的海派精神 ………………（278）

三、庆阳香包与文化产业 …………………………（285）

第八章　关于民间信仰的认识与政策导向 …………………（297）

一、如何正确理解民间信仰 ………………………（299）

二、上海香客团体与散居道士的调查 ……………（311）

三、上海民间信仰管理工作的现状 ………………（313）

四、关于民间信仰政策法规建设的建议 …………（315）

参考文献 …………………………………………………（341）

全书图片说明 ……………………………………………（346）

后记 ………………………………………………………（347）

引言 本书所言的民间信仰

本书所言的民间信仰主要是指与道教、佛教互动的地方神或民俗神信仰，这些地方神、民俗神不是道教、佛教的原始神，但绝大多数已经进入道教、佛教神系。在清朝被推翻后，儒教逐步失去宗教的仪轨，但民间信仰的神灵的一部分与儒教信仰相关。

引言：本书所言的民间信仰

　　本书所言的民间信仰主要是指与道教、佛教互动的地方神或民俗神①信仰，这些地方神、民俗神不是道教、佛教的原始神，但绝大多数已经进入道教、佛教神系。在清朝被推翻后，儒教逐步失去宗教的仪轨，但民间信仰的神灵的一部分与儒教信仰相关。虽然本书对民间信仰在整个中国的宗教信仰所占的比例难以作一个数量上精确的划分，但是不难发现，即使在城市化程度比较高的上海，民间信仰的部分复兴仍是不可轻视的问题。本书以我们近年亲历上海、江西、福建、浙江、江苏、河南、辽宁、天津、山东、吉林、内蒙古、云南、陕西、甘肃、黑龙江、台湾、香港等实地调研的资料为主，论述部分民间信仰的历史与现状，对相关地区新时期的民间信仰的管理方式及其政策导向提出讨论。

　　近年民间信仰的部分复兴，有其当下的社会文化原因与漫长的历史渊源，我们着重以上海为例来说明这个问题。

　　据张化的《上海宗教通览》②一书记载：相传，三国吴赤乌年间佛教传入今上海地区，建沪渎重玄寺③；康居国僧会建龙华寺，在古冈身建菩提寺。佛教传入上海已有将近两千年的历史。

---

　　① 一般而言，有一定影响的戏剧、曲艺也是国家级或者省市级非物质文化遗产保护项目，过去它们都崇拜梨园神唐明皇，行业神崇拜也是中国民间信仰的一部分。行业神多来自地方神或民俗神。

　　② 张化：《上海宗教通览》，11～12 页，上海，古籍出版社，2004。

　　③ 宋代改名为静安寺。

据上海市人民委员会宗教事务局 1965 年统计:1949 年,上海地区有佛教寺庙 1 950 处,其中市区 320 处,郊区 1 630 处,大寺5～6 处,中寺 10 余处,小寺 1 900 余处。大、中寺一般每寺住僧 60～70 人,个别有数百人,小寺住僧尼一至数人,由住持或带发修行者掌管,有的佛寺名与道观名兼备,佛、道不分。大、中寺庙供奉释迦牟尼、观音、阿弥陀佛、弥勒佛、药师佛、韦驮及四大金刚等佛教传统的主要神像,以及蔡侍郎、杨老爷、施相公、黄道婆等地方神或民俗神。小寺庙供奉的神像不一,以 1951 年调查的 624 处为例,其中有 44% 供奉地方神或民俗神——以地方神、民俗神为主神。从中可以看出:在清代与民国时期,上海佛教寺庙中,供奉民间神或民俗神的约占 50%,即在供奉佛教神像的大、中寺庙中,也往往有地方神、民俗神神像,不以地方神为主神的小寺庙也供奉地方神、民俗神。

该书还记载:秦代,今上海地区始有地方神祠。三国、东晋时期各建道观 1 座,分布于今金山与闵行区西渡。道教传入上海也有近两千年历史。

1949 年,上海市有道观 136 座。道观中除了供奉道教三尊、玉帝、三官、东岳大帝、文昌帝君、雷祖等道教主神,以及张天师①、三茅真君②、关公、吕洞宾③、赵公元帅④等道教传统神外,大量供奉的是上海及其周边地区的地方神或民俗神,其中有沪地文化的集成者春申君⑤,有先进技术的传播者黄道婆,有抗击外敌的民族英雄戚继光、陈化成,还有许多如孙权、霍光、欧阳修等历史人物以及杨

---

① 道教创始人。
② 道教茅山派祖师。
③ 道教全真派北五祖之一。
④ 道教正一派护法神。
⑤ 上海古称为"申",就是由此而来。

老爷等传说人物。另外也有一部分外来的地方神或民俗神,如从福建传入的海洋女神妈祖等。这些地方神、民俗神数量多,信奉者众,历明清两代已占绝对优势。这些地方神、民俗神的形成有的已有大约两千年的历史,有的只有一百余年或者几十年,说明中国的民间造神运动始终没有停止,且内容庞杂,影响深远。

在上述历史上的佛道教寺观中,已经可以看到地方神、民俗神不可忽视的文化影响。实际上,上海地方神或民俗神的影响比该书记载的还要广泛。据我们近年的田野调查,相当一部分地方神、民俗神小庙没有被当时的方志记录,如闵行区梅陇镇的华村庙已有三百五十年的历史,规模略小于龙华寺,就没有被记录在方志上。换言之,在相当长的历史时期内形成的地方神或民俗神往往有特定区域的传播带,有较为固定的信众,形成相关的民间宗教团体。可见民间信仰活动有其历史传承性、区域性、群众性、长期性、复杂性。

上海地方神、民俗神崇拜的历史状况是今天我们正确认识民间信仰部分复兴的文化原因的前提。随着民间信仰的部分复兴,郊区及部分市区民间自发性宗教团体急速增多,如据实地调查,目前青浦有民间自发性香客团体 20 余个,其社会影响并不局限在青浦区域内,一般会影响到相邻的乡镇,甚至影响到市区,其信仰特点往往以当地一个或数个地方神、民俗神为主,兼道教、佛教信仰。本书重点阐释近三十年上海地区民间信仰部分复兴的现状,以及民间自发性宗教团体的组织形式、活动方式和社会影响。

濮文起在《民间宗教与社会主义和谐社会》①一文中指出:民间宗教是 20 世纪 80 年代以来学术界的说法,或称秘密宗教、民间秘密宗教、教门、道门等,而我国政府则将其称之为会道门。从发生

---

① 濮文起:《民间宗教与社会主义和谐社会》,载《当代宗教研究》,2006(1),3 页。

学意义上说,民间宗教是封建社会的产物。如果从东汉末年的五斗米道、太平道算起,至今已有近两千年的历史。其中,尤以明清时代的民间宗教活动最为繁盛,如以白莲教、无为教、黄天道、东大乘教为代表的数以百计的教派,遍布于大江南北,深深扎根于民间社会,发挥了社会学意义上的两种社会功能:一是抒发下层民众宗教情感,寄托下层民众理想追求的社会功能;二是受某些人利用以策动、组织与领导农民暴动、农民起义的社会功能。弘阳教均是明末清初以来著名的民间宗教教派,在华北、东北等地区流传。明清两代,弘阳教曾屡遭封建统治者查禁。解放初期,弘阳教和天地门教也曾被勒令停止活动。此后,弘阳教和天地门教一直在乡村社会潜行。进入 20 世纪 80 年代以后,弘阳教和天地门教均从秘密走向公开,在河北省一些乡村积极吸收信徒,定期举行宗教活动。他们从事宗教活动坚持的重要原则,均是明确宣示拥护中国共产党的领导和社会主义制度,并能将他们的教义思想与现代社会生活相结合,把他们举行的各种宗教活动,作为弘扬民族文化的行动来宣传,因而信者日众。

本书同意濮文起的看法,将分析的重点放在民间信仰,而非濮文起先生从事的民间宗教研究,虽然两者有时有同一起源,有时本质上很接近。① 本书所言的民间信仰,主要是指前面所言的地方神、民俗神的信仰,而这种地方神、民俗神的信仰处于民众自发的状态,还没有经过专门的宗教学家的整合而成为一种有创始人的"宗教"。因此,中国的学术界研究一般包含民间信仰研究与民间宗教研究。2001 年,笔者和刘元春②曾经在崇明岛调研一周,据该县佛教协会介绍,当时崇明岛还有 50 多名三香教教徒,因为该教

---

① 民间宗教中也有以自我修持为主的教派,如上海崇明岛源自罗教的三香教。
② 当时为上海社会科学院宗教所副研究员。

源自明代的罗教,不在民间信仰之列,故本书不展开论述。

曾传辉在《中国的民间信仰是不是宗教?》①一文中指出:民间信仰的地缘性源于初民对根的深刻体验。每一种地方的神祇崇拜传统,都植根于特定地域,代表着共同的习俗、方言、血缘、思维模式、生活态度和人情关系。民间信仰营造的是一个个人情的社会,通过对祖先的祭祀和子嗣的香火,补偿生命有限性造成的无助,实现永生与超越。保持传统习俗的乡村社区可能是相对闭塞和贫困的,但很少会有精神分裂、心理抑郁和犯罪盛行。从我们的调查来看,民间信仰盛行的地方不一定是相对闭塞和贫困的乡村,但我们较肯定曾传辉对民间信仰功能的定位。

曾传辉指出:"近十多年来,中国学界和政界纷纷将'民间信仰'这个概念继受过来,特指那些不属于五大宗教范围、以'小庵小庙'为载体的信仰形态,以示其与'会道门'有着直接干系的'民间宗教'相区别,从而为民间信仰拓展合法的生存空间。民间信仰是中国广大民众在本民族原始宗教崇拜的基础上,不断自发地汲取其他信仰形态的成分而积淀演化形成的一套神灵崇拜观念、行为习惯及相应的仪式制度和组织方式。"②从发生学的角度来看,这些被称为"宗教"的各大精神传统,可划分为两种基本类型:一种是创生性宗教,又称先知型宗教,它们都有一位创宗立派的教主或先知,现在中国政府承认的五大宗教都属于这种类型;另一种是原生性宗教,或者称为非先知型宗教,它们在历史上没有一个公认的创始人,而是于各民族原始部落文化基础上逐步积淀演化而成,有代

---

① 曾传辉:《中国的民间信仰是不是宗教?》,载《中国社会科学报》,2009 - 09 - 03。
② 曾传辉:《中国的民间信仰是不是宗教?》,载《中国社会科学报》,2009 - 09 - 03。

表性的包括印度教、神道教和中国的民间信仰这三大精神传统。[1]
从我们的调查资料可见,民间信仰曾经多以"小庵小庙"为载体的
信仰形态,但以后的发展形态不一定是"小庵小庙",如金泽在《中
国民间信仰的现状与发展动力》[2]中提出:"从路边的小神龛,到金
碧辉煌的妈祖庙,这些都属于中国民间的本土信仰,全国各地都
有。"从我们的调查材料可见,民间信仰是否成立,不在于形式大
小,也不在于存在时间的长短,有的可能是两千年前的原始信仰的
传承,有的可能也只存在了几十年的时间。民间信仰的本质特征
会随着本书论述的展开而展现出来。

---

[1] 曾传辉:《中国的民间信仰是不是宗教?》,载《中国社会科学报》,2009 - 09 -
03。
[2] 2007 年 11 月 2 日金泽在"西山论道:东西方宗教的定位和展望"论坛上的发
言,根据录音整理。

第一章 上海民间信仰的调查

近三十年来，由于改革开放，上海城乡居民生活水平已大幅度提高，人们文化需求多元选择的空间大大开阔，宗教信仰自由的环境日趋宽松。五大宗教都有所发展，到寺庙、宫观、教堂去烧香、礼拜的人数上升，尤其是有悠久历史的道教、佛教发展得更为迅速。同时，与道教、佛教相伴而生的某些民俗信仰也得以复苏。

第一章　上海民间信仰的调查

　　近三十年来,由于改革开放,上海城乡居民生活水平已大幅度提高,人们在文化需求上多元选择的空间大大开阔,宪法中规定的"宗教信仰自由"权利正在新中国成立以来最宽松的环境中得到实现。因此,近年来,经过"文革"等政治运动压抑的传统文化开始复兴,传统节日中的民俗活动正在恢复,人生礼仪①中的传统活动受到重视,一些将要失传的传统民间艺术——如江南皮影戏、江南丝竹、民间沪剧、竹刻草编等受到保护,尤其是黄道婆棉纺织工艺等50项传统民俗项目被列入三批《中国非物质文化遗产保护名录》(2006—2010年),各类非物质文化遗产已开始受到政府相关部门与传承地群众的重视(其中包括部分民间信仰成分,如黄道婆祠的兴建,实际上黄道婆自元代以来就是上海与相邻地区民俗信仰的地方神)。

　　中国本土文化的复兴集中反映在宗教领域中。五大宗教都有所发展,到寺庙、宫观、教堂等设施烧香、礼拜的人数在上升。尤其是有悠久历史的佛教、道教发展得更为迅速,如崇明岛比较偏僻地方的寺庙在信仰者的资助下得以修复。与道教、佛教相伴而生的某些民俗信仰得以复苏。例如,20世纪90年代末,在青浦白鹤镇,一则施相公②的新传说使人们对这位民间神的崇拜得以复兴,当地

---

①　如婴儿满月、婚礼、葬礼等。
②　民间神。

民众已兴建了比历史上规模大十几倍的新施相公庙;2001—2003年,宝山区祁连镇联西村沈家池圈为了解决大量外来民工入村带来的新问题——触犯了当地村民的一条古老的禁忌:外来男女不能在村里同居,外来女人不可以在村里生孩子,否则会给整个村子带来厄运——连续 3 年进行了失传五十余年的祭宅神仪式;1998—2005 年,上海闵行区梅陇镇华一村及周边地区部分居民①在昔日的华村庙旧址②连续 8 年进行烧香活动,规模最大时达 1 000 余人。由于华村庙不是史籍上记载的重要寺庙,政府没有批准重修,而当地信众因为有其历史传承的民间守护神——杨老爷而坚持在那里烧香,造成了一定的社会矛盾,并有严重的火灾隐患。此类实例还有不少,据初步统计,全市有 300 余处未经许可的自发烧香点③,其中相当一部分与民间信仰或民俗信仰有关。市区也有类似活动,如:上海城区中心地带有一条道路名叫瞿溪路,原来叫瞿公真人路,近代上海开埠后,大量湖南移民入上海时,也把瞿公真人信仰带了过来,成为当地的民间宗教信仰,形成了比较稳定的信仰群体,1987 年以来,当地部分信众开始恢复祭祀瞿公。当下,超过70% 的商家敬奉财神,年节到寺庙烧头香等习俗也开始盛行;丧事中请僧道做法事的也越来越普遍,全市约 1 200 名散居道士活跃其中。同时迷信活动也有增长的趋势,如在寺庙附近,经常有一小批看面相算命的人,有男有女,有的甚至相当年轻,另外,郊区的巫医、巫师活动有所复苏,并影响到城市居民的正常生活,这些都是应该限制的迷信活动。

　　本章将以卢湾区为例来说明市区的民间信仰状况,以青浦区

---

①　包括一部分新迁入居民。
②　现在是新建的商品楼小区。
③　据上海民族与宗教事务委员会主任曹敏 2005 年的介绍。

为例来说明郊区的民间信仰状况,并讲述古代上海地区的民间信仰东扩到日本、韩国的历史情况。

一、青浦区白鹤镇沈联村①调查

白鹤镇联合村位于青浦区政府所在地以北 10 公里处。2005年该村的基本情况:人口数量近 2 000,仍保留了村、(小)队建制,下设 11 个生产队。生产队的实际生产任务很少,村民仍有农民身份,但已经不务农了。由于制造业、服务业的兴起,大部分农田已被征用,一亩地年补偿费为 1 500 元。大部分本村青年在附近企业上班,一部分在市区工作,老年人都有退休劳保金与医疗保险。同时,由于外来人口激增,不少农户凭借出租住房也会有一笔稳定的收入。一般农户家庭,约 4~5 人,年收入在两万元左右,生活水平接近小康。

据调查,20 世纪 60 年代以前,该村的一株高大的银杏树下有一座施相公小庙,村民有病灾的时候会到小庙里烧香求神。当地流传施相公是古代的一名医生,医术高明,曾为皇帝的儿子治好病,却被诬陷而死,成为医神的传说。神医施相公,成为往昔上海城乡重要的民俗神,如今,上海市区的老城隍庙、青浦区朱家角城隍庙内仍供奉这位民间俗神。

据地方志记载,施相公的来历与身份有许多种说法。例如,《夷坚支志》记载:施相公是松江县一带的蛇神,民间称他为蛇菩萨;《华亭县志》记载:施相公是宋代华亭的读书人施锷,为蛇而死;②《太仓州志》记载:施相公是明代抗倭英雄施庭,明朝嘉靖年

---

① 2000—2004 年王宏刚在调查白鹤镇施相公庙重修情况时,该村还没有合并成沈联村,而单独叫"联合村"。

② 据范荧《上海民间信仰研究》一书考证,施相公崇拜源自古代的蛇崇拜。

间,他在崇明多次起兵抗倭,不幸战死,封为护国镇海侯;《龙华群祠志》记载:施相公是上海龙华寺一带的红脸神医,民间流传的施相公以神医说为主。民国时期,施相公崇拜在上海郊县比较普遍,多有其独立的小庙,单奉贤县就有十几处。往昔上海虹桥地区是青楼集中的地方,每年农历四月十二,妓女们都要到附近的施相公小庙烧香祭祀,将施相公敬为行业神。新中国成立不久,上海娼妓业消失,虹桥的施相公小庙颓败。农村地区的施相公庙大部分仍存在,施相公作为地方保护神或医神仍被一部分农村居民所信奉。但随着群众性破除封建迷信运动的展开与无神论思想的传播,这一类民间俗神的信仰者大为减少,各地施相公庙处于自然颓败中。"文革"中,大部分民间俗神的小庙被拆除,施相公庙几近绝迹。

20 世纪 60 年代,白鹤镇联合村小庙被拆除。80 年代末期,传说一位外乡的养蜂人到了小庙旧址的银杏树下,因得到施相公的"神气",他的蜂蜜就能治病。这个传说不胫而走,来买蜂蜜的人就多了。后来,这个外乡人贪财,在蜂蜜里掺水,之后就不能治病了,他的蜂蜜因而不再有人买,于是离开了白鹤镇。但施相公再现的传说越传越神,当地就有很多人在小庙旧址烧香,后来许多外地人视那株银杏树为施相公栖身的神树,前来烧香祭祀,以求祛病除灾,甚至在银杏树下建起一个简陋的小屋,内供施相公与观音神像,使得民俗神与佛教神同奉一室。

听白鹤镇的一位干部说:前来烧香的人最多时有 1 万多人,以外地人为主,南至浙江温州,北达江苏苏州,众多香客来到这里,影响了当地居民的正常生活,甚至还有不少人无视健康,将银杏树旁的小池塘的脏水视为"神水"取来饮用。所以,当地政府的相关部门劝说群众取消这个烧香点,但屡禁不止。在烧香高潮时段,百余名保安人员也难以维持秩序。后来,镇政府考虑到施相公崇拜是当地古代传承下来的民间信仰,表达了信众求健康、保平安的愿望,而施相公崇拜在旧时往往属道教信仰,考虑到当地的烧香地点很少,于是就想在此建一座施相公庙,作为朱家角城隍庙的烧香地点,并将其纳入宗教管理的正常渠道。他们的想法得到青浦区宗教管理部门的批准后由当地的信众集资在旧址建起了新施相公庙,新庙的规模比旧庙大十几倍。

2000 年,新施相公庙建成后,外地信众的大规模祭祀活动趋向平和,逢八的香期仍有外地与本地的香客烧香祭拜,人数以初八为多,约 1 000 人。其年收入约 30 万元,已够庙里的日常开销与维修。初建成几年,新施相公庙归镇政府管理,至 2005 年,该庙已归青浦区道教协会管理,有隶属朱家角城隍庙的道士常住,在施相公庙举行道场时,朱家角城隍庙的道士去主持仪式。

二、青浦区朱家角城隍庙调查

朱家角城隍庙①是青浦城隍庙的别庙,故又称"青浦城隍行宫"。"别庙""行宫"是供城隍爷下乡视察临时居住的地方。青浦城隍爷名沈恩,明弘治九年(1496 年)进士,后任刑部主事,升授四川布政司左布政司,他"居官称任,藩宣著绩,功存社稷",崇祯六年(1633 年),病故。崇祯帝以"昭示报功之典",封赠沈恩为青浦县城隍。

朱家角城隍庙原址在镇南雪葭浜,于清乾隆二十八年(1763年)徽州富商程履吉迁建至现址,距今已有二百四十多年历史了。1986 年 11 月,朱家角城隍庙由青浦县人民政府公布为县文物保护单位。1992 年修复开放。

---

① 朱家角镇漕河街 69 号。

城隍庙坐西朝东，正门面对市河，正门门庭中有上海市道教协会会长陈莲笙题写的"城隍庙"三个字。正门临河有一垛照墙，两边为东西辕门，正前有一对怀抱绣球的石狮，线条柔和，显出江南石狮的灵性可爱。

进门左右有两个侧殿，再前有一石柱鱼脊，飞檐翘角的戏台，戏台顶部有160只斗拱组成圆形顶。台正中悬一巨匾，上书"鉴古"二字，每一字有一张八仙桌大小，苍劲古朴、气势宏伟。台前横额刻有"承平雅颂"四字，两旁石柱刻有一副对联："筑斯台，悠也久也；观往事，梦耶真耶。"

戏台前是一块用石条铺就的庙场，过庙场便是正殿，正殿前的廊柱上有一联："国泰民安一境灾殃皆远去，风调雨顺万家疫病顿消除。"

正殿的檐下，醒目地挂着一只大算盘，盘上打着"666123456789888"的数字，显示着此地的城隍老爷既能精打细算，替老百姓过日子，又能保佑八方平安，风调雨顺度岁月的寓意。

殿前四个大圆柱上有两联，一联为"怨天尤人愚何其极，修德行善福在其中"，另一联为"为善不昌祖有余殃殃尽必昌，为恶不灭祖有积德德尽必灭"。皆是告诫世人要积德行善、善德才有福的道理。殿正中，供奉着城隍老爷与夫人的塑像，两人都慈眉善目，一脸的祥和。正梁下方，悬挂着"福佑显灵伯"的匾额，是乾隆皇帝下江南时赐给城隍爷的。相传，当年乾隆皇帝下江南时，龙舟途经淀山湖，突遇狂风暴雨，龙舟迷失方向，这时船头忽见两盏宫灯引路，灯笼上隐约可见"显灵伯"三字，于是龙舟得以安全进港。次日，乾隆召人打听得知"显灵伯"乃镇上城隍的爵号，进庙一看，城隍的官袍上水渍还未干呢。由于城隍保驾有功，乾隆帝便敕封他为"福佑显灵伯"。

除了现存主体建筑外,城隍庙还有寅清堂、凝和书屋、可娱斋和假山方池、小溪石桥等建筑、小景。

城隍老爷显灵在民间还有传说:1937 年,日本鬼子的飞机三次到朱家角扔炸弹。11 月 3 日下午两点,只见一架日本飞机飞到城隍庙附近上空,兜了一圈,身子一侧,一个炸弹掉了下来,地面上恰巧有一大群人卧在那里躲空袭,如果炸弹爆炸,势必伤亡惨重。不料那炸弹先前做直线运动,快落到地面时,竟做起曲线运动,仿佛有人推着炸弹,朝相反方向呼啸而过,晃晃悠悠落到离城隍庙 30 米左右的空地上爆炸了,结果炸死一人,其他人平安无恙。人们庆幸大难不死,纷纷涌进城隍庙烧香拜佛,发现城隍老爷一条胳膊上有一大块焦痕,整个手臂发黑,这才晓得城隍老爷显灵,奋不顾身救了朱家角人的性命,从此,朱家角城隍庙香火越发红火。

据我们在 2000—2007 年调查,在青浦区朱家角城隍庙右侧前厢房供奉了四尊神像,为杨老爷、关公等,其中杨老爷神像为黑脸,是青浦区重固镇章埝村的民间俗神,为当地的信众所立。杨老爷信仰曾经在江南地区广泛流传,已有漫长的传承岁月,具体的起始时间已不能详考。据章埝地方的信众传说:古时候,当地的水变浑,杨老爷不让大家喝,自己先喝了浑水,而变成黑脸黑身,救了一方民众,被当地敬奉为神。① 从杨老爷的传说看,其中没有得道成仙的内容,很少有道教意味,却有救民济世的儒教贤人崇拜意味。所以,往昔有单独的杨老爷小庙,某些道教的庙观也供奉这位民间俗神。后来,这些民间小庙自然颓败,至"文革"时,此类小庙荡然无存。但是,这种民间信仰并未泯灭,如今,虽然当地已无庙观,但是信众将杨老爷的神像立在朱家角城隍庙内,于杨老爷的生日农

---

① 据王宏刚、田兆元 2005 年夏从张道春道士处了解。

历三月二十八与九月重阳等其他时节,结伴前来烧香祭祀,目的仍是消灾祛病,保一方平安。

2003 年 10 月,笔者①目击了当地信众在朱家角城隍庙举行的杨老爷道场。是日,上午 8 时许,约 60 余名信众集体从章埝来到杨老爷神殿前,献上供品,烧香祈祷。这些信众中女性约有九成,大部分是 50 岁开外的中老年妇女,也有几个学生模样的年轻人。组织者是一位男性老年人。约上午 10 点许,在城隍主殿中,八位本庙的道士开始做道场,仪式如一般的太平醮。其由一位老年道士主持,信众围着道士下跪礼拜。仪式中,主持道士吟唱祷文,并将做道场的 60 多位信众的名字一一唱出,向神灵表达他们的心愿。中午 12 点多,在主殿前门的高台②上,信众围在四周。前半场由老道士主持,后半场由一位年轻道士主持。仪式同一般的道场相同,只是要将做道场的所有信众的名字写在一张纸上,放在一个细长纸盒中,最后,将此盒焚化,仪式结束。

在朱家角城隍庙左侧厢房的二楼有二太子的神殿,供奉的是穿着宋代官袍的二太子神像,一侧是其夫人神像。神殿左侧是他们的寝宫,内有雕刻精美的木床,有传统风格的全套家具,还配有彩电、电话等现代用品。据我们的调查:二太子是朱家角一带的民间俗神,相传他是玉帝或是龙王的二儿子,能治许多疑难病,其神通很大,当地的中老年人中有不少信众。从前附近至少有三个村有二太子小庙,以徐家湾村的为正宗,其余是从那里派生出来的。徐家湾村的信众在二太子的生日(农历二月二十二日)开始,连续三天举行二太子神像的出巡仪式,相当隆重。在二太子神殿的后墙挂有一面锦旗,是一位妇女敬献的,上书:金泽镇徐家湾二太子,

---

① 指王宏刚。
② 用木桌临时拼搭。

除邪为禅,妙手回春。落款:三宝弟子。可见,二太子这位民间俗神的重要功能是治病,有了道教兼佛教的意味,或者说,道教、佛教与民间俗神三者兼而有之。

主领这位神的原是徐家湾村的一位近百岁的老太太,现已传承到朱家角镇的一位30多岁妇女。① 当地的信众约有500余人。因为这一带的二太子小庙已颓败,所以,朱家角城隍庙修复后,当地信众要求将二太子神像供奉在庙内,并出资安置了二太子神殿及其寝宫,在楼下安置了大香炉。如今,神殿的右侧房子已清空,信众准备在这里布置二太子的书房。② 每逢二太子生日,信众出资在此烧香祭祀,并在朱家角城隍庙戏台演社戏,称为娱神戏,剧目有越剧、淮剧、锡剧等,演戏的费用约4 000~5 000元,由信众出资,庙方联系剧团。因人们平时看戏的机会很少,加之又有一定的宗教意味,所以观众很多。信众每月至少结伙来烧香祭祀一次,平时也有信众个别来烧香。到换季的时候,信众要给二太子夫妇换被褥服装。二太子的信众与庙方有良好的关系,庙方需要增添某些设施时,信众经常出资。在二太子信众中,有一部分企业家。

从上述个案可以看出:地方神、民俗神是在漫长的历史岁月中形成的,凝聚着信众的某种宗教信仰观念与生活理想,所以,其小庙可以拆除,但不意味其信仰的消失。在一定条件下,这类民俗信仰仍会恢复。

---

① 民间信仰的传承类似于鄂伦春族萨满教的传承。详见关小云、王宏刚:《鄂伦春族萨满教调查》,13~15页,沈阳,辽宁人民出版社,1998。
② 据调查,2004年二太子的书房已布置。

三、宝山区祁连镇联西村沈家池圈①调查

据我们2001—2006年调查,沈家池圈是联西村的一个自然村,与祁连山路和沪太路邻近。该自然小村有56户人家,150余人口,90%的人家姓沈,聚族而居,是以种植蔬菜为主的农户。20世纪90年代初中期,他们利用离上海城区较近的优势,大量种植蔬菜,获得了很好的经济收益,每户年收入1万～2万元。到了20世纪90年代后期,外地蔬菜大量涌入上海,蔬菜价格大降,他们便将土地承包给外地人种植,收取一笔土地使用费,但所得大不如以前。1997年,上海大学②新校区建设,大部分土地被征,各家只留下几分地作为菜地,他们已经成为城市居民。政府对他们的工作与生活进行了安置。女的没有工作,满40岁的,按照待退休标准每月给560元;满45岁,就当退休看待,每月给426元。男的也有相近的待退休和退休的补贴,这使得他们生活有基本保障。年轻人多在市区外找到了较好的工作,一部分没有一技之长的中老年人在上海大学做清洁工、门卫或在食堂中从事一些简单劳动的工作。由于村里多数人的主要收入来自于房屋出租,所以,当房屋出租触犯古老禁忌的时候,他们就用古老的仪式来解决。因村里仍种菜,他们仍集中住在一个依旧有农村情调的村落中。但是相对青浦白鹤镇联合村,他们的城市化程度要高一些。近年来,由于沈家池圈附近各大工程的开工,大批民工涌入,多数村民出租房屋,外来者数量已超过本村居民的一倍以上。外来者中相当一部分是夫妻,也有临时同居的性伙伴,这就触犯了当地村民的一条古老的禁忌:外

---

① 我们当时调查的沈家池圈还归属祁连镇,后来合并到大场镇。近年沈家池圈已迁徙,原来的农村已不复存在。

② "上海大学",校名。

来者不能在村里男女同居,外来女人不可以在村里生孩子,否则会给整个村子带来厄运。① 但租房成了许多家庭重要的经济来源,已不可能取消,这使当地居民忧心忡忡,尤其是近年连续死了几个人,还有几个重病人的出现,村里风水已坏的舆论搅动着大家的心。

这时,据说附近一些村子通过祭祀宅神解决了这个犯禁的难题,沈家池圈的村民决定用这种已经消失 50 余年的民俗神祭祀仪式来解决同样的问题。在村队长等人的组织下,2001 年的深秋,在当地举行了集体的祭宅神仪式。

他们请来了居住在管弄新村里的“阿宝”②道士班来举行仪式。是日一早,阿宝等人坐卡车载神像和法器来到沈家池圈中心祭坛处③,在村中央贴一红榜,写上宅神祭祀相关事宜,包括祭祀主体沈家池圈的名字、召集参与的成员名单、所诵经文名称以及道士名号等,昭报上天,代村民祈福禳灾。道士将神像供在门外的木台上,其中有道教尊神,供到仪式结束。其他则一出法事一批神灵神像,并挂出不同的相关神图,以示神灵在场。他们在现场用纸扎出十二甲子神与殷帅④,后者是十二甲子兵的领袖,手握大斧。道士们焚香,供奉牺牲,奏乐诵经,歌舞请神。神灵请来后,举行多种祈禳仪式,每一出仪式结束则焚化经文与文书,以上达神灵。

下午 4 时许,道士们着红黄道袍,吹笛击鼓到各家各户去祈禳。他们进入厨房后,唱诵经文,向灶台行礼作揖,焚化锡箔元宝,主人随之行礼叩拜。仪式结束后,到另一家举行同样的仪式。道

---

① 据调查,这种民间信仰在江南地区是比较流行的。外来妇女实际上包括本村出身并已嫁出去的女性。
② 散居道士班班首,其父为江西龙虎山天师道南翔派,该家族有九代道士。
③ 一位老太太家里。
④ 即《封神演义》里的殷郊。

21

士们走遍 60 多家,回到祭坛,一位老道开始铺灯,即用米在地上铺出八卦图案,将十二甲子兵和殷帅以及五行神招牌架上,并建一面帅旗。道士围着八卦图歌舞诵经,挥舞宝剑,象征殷帅率天兵进村驱除邪祟。

晚饭后,进行送神焚宝仪式。人们将折叠的锡箔元宝倒在中心祭坛的露天场地上,将纸扎的十二甲子兵丁移入,放火焚烧,鞭炮齐鸣。道士们绕火堆歌舞奏乐,人们向火堆作揖叩拜,不断添加锡箔元宝,火堆熊熊燃烧,谢神送神,颇是热烈而神秘。[①]

仪式主祭的宅神是谁,当地人说不清楚,只说是老祖先。宅神没有具体形象,只是一种象征。道士们进行的仅是传统道教仪式的一部分,驱除邪祟系其主题,仪式庄严隆重,满足当地村民破解违反古老禁忌恶果的社会心理。所以,道士的仪式受到欢迎,有老人说过"宅神祭过样样好"。以后,村中还有个人请"阿宝"道士班来做道场。

该仪式是全村的集体祭礼,集体出资 3 000 元,其余各户平摊。

2002 年与 2003 年秋天,当地又举行了祭宅神仪式,只是没有外请道士,完全由当地人自己举行,规模也没有第一次隆重,但宅神已经开始进入村民家庭。一个几乎已经被人们遗忘的民俗神及其仪式,在农村城市化过程中因遇到新问题而复兴了。这种现象说明,民间禁忌一旦形成便成为生活制度,要求人们遵守。遵守则吉,违反则凶。因此,在中国的信仰传统中,触犯禁忌的事一旦发生,解决的方案就是一场祈禳仪式。上海农村的传统禁忌及其仪式,仍会长期存在,并且是农村宗教管理中不应忽视的文化因素。

---

① 田兆元:《禁忌、仪式与社会转型》,载《民俗学刊》第五辑,澳门,澳门出版社,2003。

四、闵行区梅陇镇华一村调查

据我们2001—2006年调查,上海闵行区梅陇镇华一村,分布在现在的虹梅路、万源路、漕宝路、东兰路一带。1953年,华一村有人口1 217人,2000年有人口3 846人,属华一村籍2 621人。华一村原属上海县,当时有耕地1 300余亩,种植粮棉与蔬菜,因为紧靠市区,整体经济状况较好,但因只有农业,农民一年四季都比较劳累。20世纪80年代以来,从发展加工业,到发展房产业、物流(仓储)业、大卖场等新型产业,经济发展迅速。1998年,全村无农地。1998年,428名农村劳力转为城镇居民,1999年76名农村劳力转为城镇居民。2000年,有工业企业12家,人员1 436人,总收入10.38亿元,至2002年,资产总值已达11亿元,并拥有迪堡公司等现代化企业,投资1亿元兴建华村大厦,成为上海百强村之第二位。2000年,华一村被评为上海市文明村、上海市卫生村。中共华一村总支部被评为上海市先进总支部,2001年,被评为上海市先进基层党组织。

据调查,清代、民国至20世纪50年代初期,华一村农民的民间信仰集中表现在位于华二村的华村庙中。华村庙建于何时,已不可详考,据当地老人传说,约有三百五十年的历史,是一个规模仅比龙华寺略小的古庙,供观音、城隍及其夫人、杨老爷及其夫人、阎罗王、关公等"太太"①神像。观音是当地的主要信仰对象,也就是说他们主要信仰佛教。城隍是道教神灵。杨老爷是上海郊县较广泛信仰的地方神与民俗神,也是华一村民信仰的主神之一。另外,在该村4队的街道墙门间②上部供有8位小"太太"神,均设有约一

---

① 或称"老爷",是当地对神灵的尊称。
② 即进街道的第一间。

尺半高的檀木神像,为古代传下来的民俗神。

以前,该村农民在农历初一、十五、清明、冬至等年节都要到华村庙与八小太太神殿上香祭拜。农历六月十九,为观音生日,村民在庙中祭祀后,举行庙会,是小型的商贸集市。有的家庭在为老人做寿的时候,也到华村庙烧香。农历十月或十一月,收完棉花后,全村要举行隆重的抬神活动。清晨,全村的各自然小村信众集体到华村庙上香祭祀,然后,由本自然小村的青壮年用木辇抬观音或杨老爷的神像在村中巡走,将神像请到自然小村广场的神坛上,摆供品祭祀。礼拜完毕,要给"太太"举行换新衣仪式。换衣仪式结束,上演社戏。傍晚,村民要举行隆重的送神仪式,将神像抬回庙里。仪式结束后,村民们会餐神宴。这是当时村中最重要的公共大事,有保一方平安的吉祥意味,费用由全村按户平摊。

当时,华一村农民办丧事时,头一天要到华村庙里为死者烧回头香,意味着向诸神通报,死者的灵魂方可安居于此。为死者大殓的时候,要请道士做道场,道士的祷词中必须说明死者是"华村庙街"的人,该庙才能收留其灵魂。

新中国成立后,由于一些政治运动的影响与无神论思想的传播,村内大型抬神仪式、庙会不再举行,华村庙处于无人打理的状态,开始自然败落,"文革"中华村庙被毁。

20 世纪 80 年代以来,随着华一村经济发展和宗教、文化上的逐步开放,当地居民传统的宗教与民俗信仰活动逐步恢复和活跃。1998 年以来,当地居民①曾经几次向镇政府提出重修华村庙,但因其不是文献上记载的古迹,不能恢复。一部分居民于农历初一、十五或清明、冬至等年节在华村庙旧址——华村小学②的银杏树前烧

---

① 主要是老年人。
② "华村小学",校名。

香磕头。2002 年,华村小学撤销,其土地并入一个房产公司,该公司建房拔掉了这棵银杏树,有关村民就在原址的墙根下烧香。这些烧香者大部分是 50 岁以上的人,人数还较多①。如今,华村庙原址上已是建好的现代化居民新宅,其大门及周围的建筑土堆成了华一村及周边居民烧香祭神的地方。

2004 年农历二月十九②,笔者与上海大学田兆元教授③于凌晨 3 点赶到现场,见到已有 60 余人在土堆与墙脚边烧香跪拜。大门正中,一张小供桌上竖立着"阿弥陀佛"神图,神图上方书写"华村庙"三字,供桌上有香客临时摆放的纸叠的金银元宝。香客们在周围烧香,向"华村庙"磕头,祈愿祛病康复、阖家平安、解除厄难、高考顺利、生意兴隆等。因为现场无大香炉,不少人家或亲友就用整捆的香摆成金字塔形的"香城",燃香焚烧,火光熊熊,蔚为壮观。到四五点钟,来的人越来越多,约达 300 余人。6 点以后,香客逐渐减少。估计这一天的香客总计有 500～600 人。其中约 80% 是原华一、华二村及周边村的中老年人,也有一部分中青年人,他们有的是陪老人来烧香,有的是自己有事求神,还有从原老市区迁到这里的新居民,他们说:"我们现在也是华村人,华村庙的神也会庇佑我们。"

我们问一位 6 年来在这里主持烧香祭祀仪式的老人④:这里离龙华寺与七宝寺都不远,为什么不去那里烧香? 这里不仅没有寺庙,而且容易引起火灾。老人只回答一句话:华村庙有世代庇佑我们的"太太"。我们问:这里烧香的人最多时有多少人? 他说:2002

---

① 超过 1 000 人。
② 观音菩萨成道日,当地称观音菩萨生日。
③ 2005 年田兆元从上海大学调入华东师大中文系任教授、博导,2010 年田兆元任华东师大民俗学与人类学研究所所长。
④ 华一村邻近的村民。

年,一次烧香中,用挂面当供品,祭祀后,每位香客分一斤,共分掉
1 000余斤,说明有千余人。我们又问:在祭祀过程中,我们看到不
少香客向他的塑料袋里捐钱,这些钱做何用? 他说:我们准备筹集
5 000元,组织老人到政府去评理,要求在当地划出一块小地方,修
一个小庙,使老人可以祭祀华村庙的"太太"。

华一村居民中要求重修华村庙的主要是60岁以上的老年人。
据1999年统计,当时华一村的总人口2 083人,60岁以上老人253
人,占12.15%,退休农民由村委会支付每月350元,医疗费报销
60%;征地养老费每月386元,医疗费报销90%。1987年华一村成
立村老年协会。1996年建造老年活动室,占地192平方米,内设老
年学校、卫生室、棋牌室、书画室、图书馆、健身房等。1999年,成立
老年人服务站,春节、敬老节,以及夏、冬两季的"两节两季"活动,
组织了老年文艺队①、太极拳队、练功十八法队、扇子舞队、剑舞队、
皮影戏队。1999年华一村被评为上海市敬老村。在华一村被调查
的老人健康、爽朗,他们的文艺生活十分丰富,传统的敬老民风依
旧,所以传统信仰的复兴要求并非生活所迫。

华村庙信仰在当地也有一定的普遍性,新中国成立以前,相邻
的18保农民相当一部分到此烧香。如今,除了华一村,还有华二
村及附近村子都到此烧香,尽管这些村子都完全城市化了,但祭祀
与信仰活动接连不断,可见有些传统文化不是死的。

五、白云观中的瞿公信仰

上海城乡的民间神信仰是互动的,上海城区民间信仰活动也
和上海郊区农村的民间信仰活动一样复兴和活跃。上海城区中心

---

① 说唱与沪剧。

地带有一条道路名叫瞿溪路,原来叫瞿公真人路。据白云观姚树良道长说:瞿公是明代湖南长沙人,号飧苓,隐于明末,清顺治八年(1651 年)羽化,曾拯台湾、广东、福建一带瘟疫,活人甚众,湖南乡人奉祀为仙。他去世以后,当地老百姓把他奉为地方神。近代上海开埠后,大量湖南人移居上海,也把瞿公真人信仰带了过来。在今瞿溪路地方建了一个瞿公真人庙①,这庙既是庙又是同乡会,后来那条路称为瞿公真人路。民国初,曾设广仁戒烟医院于庙内。民国二十年夏,长江中游水灾,庙曾作临时收容所,收容皖鄂难民。次年一·二八淞沪抗战,又辟为难民收容所。此庙为清末民国时代沪上著名道观,香火最盛。随着这批湖南人融入上海,瞿公信仰成为当地的民间宗教信仰,形成了比较稳定的信仰群体。直到 20世纪 50 年代的政治运动出现时,瞿公真人庙被拆毁,路名也改为瞿溪路。

1987 年,当地部分信众开始恢复祭祀瞿公,多次聚会商议重建瞿公真人庙,某些发起人愿意出经费资助。如此,一个非正常宗教场所已具雏形。当时,在城区中心地段建一个民间神庙,是很困难的。此时,白云观提出在该观里新建一个瞿公真人殿堂,以满足瞿公信众宗教活动的需要。瞿公进入白云观以后,信众的宗教活动纳入依法管理的轨道,虽然近年的信众人数有所增长,但宗教活动十分正常。传说每年阴历七月是瞿公的生日,是时,四方信众一早赶来参加瞿公的生日庆典。田兆元教授参加了 2002 年的瞿公生日庆典,这次庆典有数百人参加,隆重而有序。②

由湖南人带来的地方民俗神落户上海,成为上海传播区域各

---

① 该庙位于今瞿溪路 447 弄 1 号。光绪十九年(1893 年)湖南会馆募资修建。
② 本节主要据田兆元、俞成伟的调查资料。

群体共同信仰的民俗神,最终成为上海道教的组成部分,对特定人群起到一定的凝聚作用。从福建落户上海的妈祖崇拜也是如此。这种上海地方神、民俗神的丰富多样性,与上海是一个移民城市有关。

六、卢湾区调查

民俗中的民间信仰不一定有明确的地方神、民俗神,有的民俗性更大于宗教性,但我们认为其核心观念仍然是民间信仰,我们在这里以上海市区的一个区为例来说明地方民俗中的民间信仰。[①]

（一）吃糕团中的民间信仰

沪人喜爱糕团在民俗中的"吉祥口彩","糕"谐"高",寓意凡事"节节高、步步高";"团"讨口彩为诸事"团团圆圆"。古时沪人逢年节时令自家磨粉打糕,嗣后糕团店由此催生。正月初一要供糕团先"拜天地"后"拜四方","四方"为"喜神""贵神""福神"和"财神";正月初四供糕团"抢财神";正月初五"接财神",在糕团供桌上还要放上算盘、铜钱、小刀和盐,沪语谐音"现钱到手";"立春"时分,要"迎春""行春""祭芒神",举行隆重的"迎春大典",民间要吃"春分糕";二月初二"龙抬头",要吃"撑腰糕";二月十二"百花生日"过"花节",吃"花糕";二月十五"老君诞"、二月十九"观音诞"、二月廿一"城隍诞"、三月初三"上巳节"、三月廿三"天后诞",供糕团祈神赐福;清明吃青团;四月初八"大佛诞",供糕团求佛祖释迦牟尼降好运;四月十四"八仙"之一的吕洞宾生日,俗称"神仙诞",要吃"五色神仙糕";五月十三供糕"祭关公",求关老爷多多

---

① 2004—2008 年,王宏刚曾经主编了《民俗上海》丛书之《金山卷》《青浦卷》《奉贤卷》《卢湾卷》《长宁卷》等。《民俗上海》丛书由上海文化出版社 2004—2008 年出版。

照应;六月初四、十四、廿四"祀司灶",谓之"谢火",吃"谢灶团";七月十五"祀田神",供"祀田团"祈神保佑;七月十五也是"鬼节",供糕团祭奠四方饿鬼孤魂求免灾;七月末"地藏王菩萨生日",供糕贺诞求关照;八月廿四"稻稿日",要吃赤豆糕团;九九吃"重阳糕";十月初一"炉节"供糕求生意兴旺;十一月吃"迎腊糕";"冬至"沪俗"冬至大如年",要磨粉蒸糕做粉团祭祖,吃"冬至团";十二月廿四"祭灶"供百果蜜糕,送灶神上天,盼其多说好话;除夕守岁吃"糖年糕",高高兴兴过春节。

卢湾区最老的苏帮糕团店是创业于清同治三年(1865年)的"老乐添兴",为上海滩著名"八大糕团"之一。"沧浪亭"创业于1950年,是上海苏帮糕团的"后起之秀",名扬海内外。按传统,居民一年开头最要紧的是用糕团来供祭神灵、祖宗,一到"腊月"是"老乐添兴""沧浪亭"生产如意糕、元宝糕、糖年糕、猪油百果松糕等苏帮糕团最繁忙的季节。

在上海这个移民城市里,祖籍宁波的居民占有很高的比例。卢湾区宁帮糕团以"林合兴糕团店"为主,而该店"宁帮水磨年糕"是靠手艺一榔头一榔头敲锤出来的,入水烧煮不破碎。旧时宁波人在婴儿诞生的第三天举行"三朝礼仪",用"状元糕"庆贺新生命诞生,把"状元糕"制成汤水,用手指蘸少许涂在婴儿唇上,边涂边唱:"吃了糕长得高,日长夜大节节高、步步高……"婴儿满月时,亲友要送"弥月糕团"。迎亲时要定做"大圆蒸糕",放在新娘床前,新娘穿新鞋踩在蒸糕上,取步步登高的吉兆。为老人庆寿送"寿桃""寿糕"。"寿桃"是桃红色桃形的糕团,有吉祥贺寿的"百子寿桃",外观为一只"大寿桃",内藏九十九只"小寿桃",寓意"蟠桃献寿,寿超百年";"寿糕"是糕身洁白、糕面胭红的双层"细沙定胜糕",祝寿星吉祥,一年胜过一年。宁帮糕团在"祭祀"上亦用糕频繁,有春夏秋冬"丁日"的"四大祭",清明、端午、中秋、六月初一、十月初一、除夕、生日、忌日的"八小祭"以及"二十四节令祭"等。

(二)造屋与搬迁中的民间信仰

19世纪之前,卢湾区辖区内尚是水乡之地,居民多户居住俗称"大宅基",独户居住屋俗称"独家村"。大多民家世代相袭居住在平房里,坐北朝南的是正室,由长辈居住。上厢房,又叫东厢房,一般是大儿子居处;下厢房,又叫西厢房,一般是小儿子住处。还有一种三进二院两厢式的矮楼房,住房坐向以向阳背阴的正南偏东方向居多。旧式"三合院"或"四合院"正房向南,东西两厢房相对。20世纪末,辖区内泰康路还有此类平房遗存。旧时选择宅基,须请风水先生勘察地形地势,挑选"三元吉地"。如果选不到理想地点,便人工开挖绕宅河,于东南角搭桥或筑堰入宅,谓之"青龙头",寓意"财水进门"。造房的主要顺序有:

开日,即择日。主家提前一个月左右请"风水先生"选定除旧、破土、落木、定位、上梁、立灶、安土等的吉日良辰。主家按此执行,风雨不更。

除旧,即拆除旧屋,时辰一到,由主家和小工们开始拆屋。

破土,一般选择在天亮前五更时,主家用鱼、肉、酒等请土地菩萨,并象征性地在将要建房的地方翻一圈土。

落木,即落料,由木匠作头将木料选定,表示木匠活儿开始,主家一般要送红包给木匠作头。

定位,即测定方位,由泥水作头来撒白石灰,主家也要送红包给泥水作头。

立柱,晚上主家要办小酒招待工匠等。

上梁,屋架搭好后,由风水先生选定的时辰上梁,多在涨潮时刻,谓之"涨财水"。上梁前,在新屋客堂里摆上香案,祭鲁班祖师。

有的还在香案下放置稻芒和竹枝,谐其音以取"稳足"之意。正梁中间贴上用大红纸书写的"福禄寿"或"福星高照",大柱上贴红纸喜庆对联,福字中心所钉的铜环或铁环上挂着装有馒头、糕、粽子和糖果等食品的包裹,另有一个红纸包是东家给匠人师傅的"喜奉"。有的还在大梁正中挂有万年青、小铜钿、沉香和荷包米袋,意为"万年常青""金钱满堂""香气四溢"和"代代五谷丰登"。上梁时,百响(鞭炮)齐鸣。正梁摆正后,一工匠师傅取下装有食品的包裹和"喜奉","喜奉"不分师傅、徒弟人人有份,馒头、糕等食品当场抛下来。此时,鞭炮齐鸣,工匠在梁上边抛果食边唱《抛梁歌》。

安土,一般在新屋建成一段时间后进行,主家在新屋中用酒、肉、鱼等祭拜土地菩萨。

上海开埠后,造房的旧俗逐渐淡化,20世纪50年代后,这些习俗基本消失。80年代以后,一些旧俗以新的形式出现,如看"风水",盛行"奠基"仪式。

搬迁,上海人俗称搬场。20世纪50年代前,人们由于工作变动较快较多,搬场较频,形成了一些搬迁习俗。50年代至80年代,居民搬场频率很低。自90年代以来,搬场习俗又大盛。在即将离开旧宅时,搬迁主人常要燃放一通鞭炮,让搬场充满喜气,同时向四邻八舍高声道别。而邻居好友往往买些豆沙包子、"定升糕"或一只奶油蛋糕,既寓"告别"又寓"高兴"。在家具杂物搬入新房前,首先要用燃红的煤球炉在新房内兜一圈。有人提前一天把煤球炉放在室内,燃得旺旺的,到第二天搬来时,再燃旺向新房的角角壁壁烘照一周。如今上海普通市民大多用上了煤气,煤球炉几近绝迹,要觅它还不是很容易,所以,就由秤、秤砣来替代。据说是寓意"发旺""镇邪"。首先进入房间的是竹竿,竹竿一节比一节高,寄托着人们对生活、工作节节高的良好愿望。这以后,就先搬大件,后搬小件,最后搬细软,依次进入新房。

(三)传统庙会中的民间信仰

卢湾区辖区内宗教寺观始建于宋代,立雪庵①为最早佛寺;淡井庙自南宋咸淳年间为华亭县城隍行殿,后又为上海县城隍庙,历时一百余年。明清时代,辖区内佛寺修建甚多。民国时期有淡井庙、国恩寺、法藏讲寺等上海名刹。建于晚清的瞿公真人庙亦为上海重要道观。这些神灵诞日庆典活动形成了庙会,大致可分为两种类型:一类是传统的,由周边地区的一些民众或团体所发起,祭奉的对象为一些地方神,如高昌会、瞿公真人会、城隍会等。参与者主要是周边地区的居民,其活动内容中除了宗教祭祀以外,还有商贸、吃食、娱乐等。还有一类是由会馆、同乡会组织的异地性庙会。上海开埠以后,大量外地人员来沪经商或从事其他事业,他们在上海成立了各种形式的会馆和同乡会组织,并经常举行祭祀本土地方神和客死他乡之同乡人的庙会活动。

迎神赛会往往是庙会的主要内容,俗称香会,行会时排成长长的队伍,游行街巷。旧时看会的人都很虔诚,看会兴趣十分浓烈。行会中除了开头与末尾的仪仗外,中间就是一些求神祈福、劝人为善的活动和丰富多彩的民间文艺、杂技表演。当人们在每年收成以后或有特别庆典时,举行迎神赛会,以酬谢神恩庇佑,这些民间民俗性宗教活动,一般都是社区性的,在人们看来,迎神赛会是当地的庆典,人人都当参与并尽上义务,举办迎神赛会,除了答谢神恩以外,更重要的意义是祈求来年风调雨顺、幸福平安。

在庙会活动中,除了烧香、礼拜、祈祷、巡游、超度等宗教活动外,商贩搭棚设摊,百货、土特产、各式点心小吃等一应俱全,打拳

---

① 又名高昌庙。

卖艺的混杂其间。小贩们喜气洋洋，随着进香、观戏的人流叫卖着各色货物。最有特色者为点心摊铺，煎、汆、煮、烧、蒸，现做现卖，鸡鸭血汤、香糟田螺、韭菜饼、开洋葱油面、蛋丝小馄饨等点心引得香客食欲大开。由于是以庙兴市，经营香烛、锡箔、佛龛佛像等店摊和测字摊、去除"恶痣"的点痣摊等也闻风而至。[①] 20 世纪 50 年代后庙会已式微。

（四）婚礼中的民间信仰

民国初期，传统的旧婚俗出现一些变化，一些青年学生主张婚姻自主，反对父母包办。婚礼方面，新郎改穿燕尾礼服，新娘改着白色婚纱礼服。新娘出嫁不坐花轿，而改坐马车，接着又改坐汽车，将婚宴设在酒楼。这种由欧式婚俗与传统婚俗结合而产生的新型婚俗，被称为"文明结婚"。集团结婚是 20 世纪三四十年代影响较大的一种新婚俗。当时的结婚证由绢丝制成并画有鸳鸯等吉祥图案，介绍人以及主婚人必须都在证书上签字画押，才能使证书生效。50 年代后，包办婚姻渐为自主婚姻所取代，婚事简办已成风尚。改革开放后，居民生活水平大幅度提高，彩礼日见丰厚，婚礼愈加隆重，近年出现了婚庆公司安排婚礼，并出现了网络鹊桥。

一般居民认为，拿了结婚证书，还不等于结婚，必须举办婚礼，给同事和亲友发糖，才算正式结婚。

结婚前，女方家长要准备棉花胎、被面、被里、枕头、枕套、洗脸盆、洗脚盆，有的人家连马桶都准备好了，即使是有抽水马桶的新房也是这样，这个马桶被称为"子孙马桶"。结婚当天，到丈母娘家迎娶心上人，不仅要带红包，还要带上小兄弟们。进了门，丈母娘总要准备好点心，红枣、花生、桂圆、莲子煮成甜羹，再加个水煮蛋。

---

① 　王宏刚：《民俗上海·卢湾卷》，136 页，上海，文化出版社，2007。此资料提供人为俞成伟。

吃甜羹时,得有人在旁边问新郎,"味道好吗?"新郎要回答"甜甜蜜蜜"。"甜甜蜜蜜""早(红枣)生(花生)贵(桂圆)子(莲子)"是讨口彩,这是最能让人接受的。再则新郎新娘必须喝"交杯酒",给来宾敬酒点烟。鱼是婚宴上的必备,把鱼头鱼尾留下给新人,他们会毫不犹豫地吃下去,因为这是祝福他们的婚姻"有头有尾"。闹洞房是传统节目。洞房的被子是个藏好东西的地方,新人要准备好八样东西,红包、糖、红蛋等,各种吉祥物品都可放进被里。谁找到好东西,谁就会有好运;谁找到好东西,谁也能带给新人好兆头。"寻宝人"必须是未婚青年,最好是天真无邪、健健康康、长得漂漂亮亮的孩子,他们会带来好运气。请出新人中的一位,站立窗前,冲着窗外喊:"今朝我做人啦!"声音要洪亮,直至行人驻足抬头。这个差事一般由新郎担任,但让新娘喊会更有趣。夫唱妇随"碰碰响":找个锅盖,找个勺子,分别绑在新郎、新娘的身上,让他们俩用力撞,撞得"碰碰响",以此祝福他们生活能幸福美满。把牙膏涂在新郎鼻头上,让新娘把牙膏一直舔到额头上,这是个好兆头:白头到老。新郎、新娘进洞房后要吃汤圆,吃时在旁口齿伶俐的伴娘要笑唱:"夫妻同吃结房圆,同心同腹同心肠,夫妻吃到二百岁,双双偕老坐琴堂。"唱毕,新人交换"汤圆",再各吃两只,食毕伴娘又唱:"换吃汤圆团团圆,夫妻恩爱乐相随,老君送来麒麟子,明年生得状元郎。"

(五)寿诞中的民间信仰

明清以来,当地生日庆祝仪式称"祝寿",亦称"庆寿""贺寿",俗称"做生日"。按民间传统习俗,年逾花甲,方称是寿。六十为"花甲之寿",七十为"古稀之寿",八十为"大寿",九十为"耄耋之寿",百岁为"期颐之寿"。也有把六十岁以下称为"下寿",七十、八十岁称中寿,九十、一百岁以上称为上寿。又有把男的称为"椿

34

寿",女的称为"萱寿"。做生日庆寿有从五十岁开始的,因民间称五十为"天命"之年。一般习惯逢五小庆(五十五岁、六十五岁),逢十大庆。大庆又以做"明九"最为时兴,如五十九、六十九、七十九等,俗称"做九不做十"。"九"意为天长地久,"十"为满贯,以为终结。"十"也是"时"的同音,有"时运"的意思。有的除了做"明九"之外,还十分注重"暗九"。"暗九"是人生年轮的倍数,如五十四、六十三、七十二、八十一等。逢暗九生辰,亲朋和子孙前来祝寿冲喜,通过冲喜化解不祥之运。

民国时期,一般富裕人家在寿日之前由子孙发请柬,亲戚朋友备猪前脚、酒、面线、米桃、高烛等物品,以双为吉,先送往寿家,寿家接后回报银币和清点贺品。寿日前往拜寿,满堂忌不吉利语。先要设寿堂,点寿烛,悬挂寿幛,堂中悬挂寿星图,两边贴春联,如"福如东海长流水,寿比南山不老松",横批则写上"延年益寿""寿星高照"等佳句,张灯结彩。寿星端坐寿堂①,亲友晚辈依次拜寿。辈分不同,礼数有别。平辈上寿只是相互一揖,后辈子孙上寿则要跪地四拜,客人拜寿时,子孙要陪之以礼。二是上寿礼。上寿礼有的送以金银大洋钱物和寿面寿糕,有的送以寿屏、寿画、寿联、寿幛、寿匾,具有纪念收藏价值。膝下子女,多是送以寿衣寿鞋等品。三是设寿诞酒席款待宾客。酒席筵前客人频频向寿星敬酒,子孙也要向宾客恭敬回礼。礼毕,先进寿面,然后排筵,请戏班或布袋戏班来家助兴,有的亲朋请戏班庆寿,主人须另请彩戏来演答谢。一些较有名望或书香门第的长者做生日,祝寿者有的还会咏诵祝寿诗句,俗称"做四句"。普通人家不设寿堂,但必贴寿联,挂寿星图,增添喜气瑞气。贫穷人家也必吃长寿面祝贺。

20世纪50年代以后寿俗有变化,庆寿之日早晨,全家老少吃

----

① 老夫妻白首齐眉者同坐。

寿面,象征寿男寿女健康长寿,吃寿面忌讳把面线、面条夹断。是日,儿孙辈都应聚集祝寿。女儿、女婿、孙女、孙婿、外甥等也都要携带祝寿礼品前来祝寿。较有名望的长者寿诞,族内晚辈和亲友近邻也要带着礼品前来祝寿。祝寿所带礼品有寿面、寿桃、寿龟、鸡蛋、鸡、鸭、鱼、猪肉、酒、糕饼等,礼品俱要双数,意为"好事成双",并要染成红色或贴上红纸,表示"见红大吉"。祝寿的礼品,只能受其部分,余者奉其带回,意为彼此福寿,忌送钟,以避"送终"之嫌。出嫁的女儿和夫君回家拜寿,寿礼是从头到脚的穿戴,以及老人喜爱的用品或食物。

20世纪80年代以后,随着物质生活水平的提高,不论老人、年轻人、儿童都过生日,吃生日蛋糕①、唱生日歌、开生日舞会,有的在电视、广播上为亲朋好友点歌祝贺生日,一些殷富之家有人过生日,甚至到高级宾馆酒楼、餐厅宴请宾客,高朋满座,甚为隆重。

(六)丧葬中的民间信仰

卢湾区南部地处城厢西南,从明代筑城墙起渐成为城内居民的墓葬区,故殡舍、墓园、义冢集中。在古代中国,葬礼与婚礼一样具有浓厚的血缘宗族色彩,所以多家族墓地,如有明朝潘允征、顾从礼等大型家族墓地。

古代的葬礼,主要有"入殓""出殡""落葬""做七"等诸多程序。近代开埠以后,民众的丧葬礼俗基本上沿袭旧制。但是近代卢湾的丧葬礼俗也有一些变化,如逐渐开始推行火葬,有些达官贵人死后举行隆重铺张送殡出丧活动的大出丧等。

新中国建立以后,丧葬礼俗形式大大简化,大殓仪式则简化为追悼会、告别仪式、追思会,或在报上撰文予以纪念等。"文革"期

---

① "糕"是"高"的谐音,意思是祝愿过生日者"寿高长久"。

间,简单的追悼会成为唯一的丧葬习俗。20世纪70年代后期开始,传统的丧葬习俗重现,但已与古代丧俗有了很大的不同,变成为一种纪念、缅怀性质的活动。

"入殓",有"小殓"和"大殓"之分。"小殓"为"大殓"前的准备:亲人死后,家属在床前号哭致哀,焚烧纸钱及死者生前衣物,以作送别之意;接着便是为死者揩身、穿衣等;然后向亲属"报丧",小辈身着丧服,至长辈家门前跪地号哭报丧,不得进门内报丧。"大殓"则是将死者装入棺木的活动,一般都是在死者三朝之日进行。"大殓"时有为死者穿衣、整容、理发,以及移尸入棺等礼仪。为死者穿衣、整容、理发者一般都是死者的至亲,多为女性。死者所穿衣服一般必须成单数,梳落的头发要用器具盛接,不能让其落到地下。其间,还要唱《哭丧歌》,唱说死者生前的为人世事和家人的怀念之情,以及祈祷死者在阴间一路顺畅登入天堂、早日转投人世等。《哭丧歌》一般由死者遗孀、平辈女性或成年小辈女性来唱,后来出现唱《哭丧歌》的专业人员,为丧家提供"哭丧"服务。家中的厅堂设灵堂,置放灵柩、挽联挽幛,白烛清香,火盆燃纸,亲人穿丧服守丧、守夜,接待亲朋好友的吊好①。丧主一般会在家门口贴忌讳的告示,写明与死者相克的生辰时辰属相等,凡前来吊好者都会自觉地对照一下。灵堂一般以白色为主色调,但80岁以上过世者的灵堂可以配如红色等喜庆之色。灵堂一般要到"断七"后撤掉。

落葬,一般多选正清明、正冬至等节气举行仪式。"落葬"的前奏是"出殡"。"出殡"的时间一般与"大殓"相隔三五天,也有的为六七天。届时亲人们排成一行,一边哭泣,一边护送灵柩至墓地,沿途要抛撒纸钱等。大多数家庭还请些僧人或道士诵经开道,也

① 上海方言:吊唁。

有请"小堂茗"①班的。一些富贵人家出殡时,声势十分浩大,前以旗帜、金锣、红伞开道,有的还要用"肃静""回避"之牌导引。"出殡"队伍到了墓地,先由道士、和尚做过经忏法事,然后亲友们一齐向灵柩哭泣致哀。在司仪的号令下将灵柩缓缓放入事先筑好的墓穴,然后覆土于灵柩上,丧主则退至灵柩旁肃立,谢送亲友回家。另一种情况是,由于"出殡"时间与"落葬"最佳时正清明、正冬至有一段时间,灵柩就要在家族祠堂或墓地殡舍"暂厝",待到所选时辰,方举行"落葬"仪式。现代的丧葬习俗,虽已摒弃"出殡"的繁缛,但遗风犹存。如在追悼会的归路上,丧主及其亲友就会沿路抛撒一些鲜花、纸花;到家后,先要跨火堆、喝糖水,以驱"晦气",而后才能进屋;"落葬"也大多选正清明、正冬至等。

近代上海逐渐开始推行火葬。1927 年,公共租界工部局在静安公墓②南端小礼拜堂后面砌了一个火砖煤气炉,使上海第一次有了火葬设施。但其时很少有中国人实行火葬,原因是有钱的中国人大都仍遵循传统习俗进行棺葬,没钱的中国人则根本无法问津。20 世纪 60 年代起,上海已经普遍实行火葬,但是入土为安的习俗观念在许多现代上海人的头脑中仍有十分深刻的影响,故即使是已经普遍实行火葬以后,许多人的骨灰盒却仍然被埋在土中。上海人将骨灰葬向近邻的苏州、无锡、杭州、宁波等地。20 世纪 80 年代中期,上海近郊也出现许多墓地。20 世纪 90 年代后,又流行起壁葬、塔葬、海葬和树葬等新葬俗形式。

"做七",从人死的那一天起,每过七天要做一个"七",共做七个"七"。七个"七"中,以"三七""五七""终七"为最重要。"三七",据说是亡灵回家的日子,所以又称"回煞",阖家老小在入夜后

---

① 专为红白喜事吹吹打打的吹鼓手。
② 今静安公园。

要聚在灵堂里,等待亡灵的归来。"验证"亡灵归来的一种方法是:在接近子时时①,如燃着的线香头上或蜡烛头上的灰烬呈弯曲状且没有掉下,说明亡灵回来了。另一种后起方法是:在接近子时时,拿一张三四寸见方的薄白纸,轻轻地贴到灵台上遗像的玻璃上,如纸片不掉下来,说明亡灵回来了。"五七",一般由女儿来做,其必定要做的事,就是在接近子时时,燃烧死者生前的服饰,以便死者在阴间穿戴这些服饰。"终七",也称为"断七",意味着丧事基本结束。"做七"时,尤其是"三七""五七""终七",有的要请僧人念经,或请道士作法,以超度亡灵。②

卢湾区辖区内先后设乡帮馆所14座,同乡会24个。最早的馆所是徽宁会馆,设于清乾隆十九年(1754年),其余多设于清末和民国初年。最早的同乡会是洞庭东山旅沪同乡会,1912年3月成立。南通、山东、湖北、湖南同乡会亦成立于民国初年,其余多成立于20世纪40年代。会馆公所大多设在原华界,同乡会大多设在原法租界。最初活动仅为旅沪乡胞提供运柩丧葬、敬神祭奠等服务,渐而兴办教育、卫生与慈善事业,并从事房地产等经济活动。20世纪50年代后,乡帮团体失去了诸如房地产收入、工商业者捐款等资金来源,陆续停止活动,所举事业由民政、教育、卫生等系统接管,辖区内乡帮团体的存在和活动遂成为历史。

卢湾区设有的主要会馆如下:

徽宁会馆,为三进大屋,以建筑精美享誉上海诸会馆。前进奉朱熹,正殿供关羽,后进为先董祠。正殿前有戏台,雕梁画栋;两旁廊架置看楼;外有石狮、小池,池中立一大鼎,气势巍然。

---

① 深夜12点前。
② 王宏刚:《民俗上海·卢湾卷》,110~113页,上海,文化出版社,2007。此资料提供人为俞成伟。

山东会馆,初名关山东会馆,又名齐鲁会馆,占地32亩余,分三进。主建筑为奉祀孔子的中进大成阁,殿前有亭台1座,厅房5间,举宴演剧用。前进奉关羽,作司财之祀。后进为奉祀天后圣母的香堂,以回廊接正殿,东为长生祠、地藏殿,西为寄柩所、社神祠及殡舍55间,再西为花园、荷塘、管事居室等。

洞庭东山会馆,为三进建筑,有甬道西通殡会,前进三善堂,二进听思厅,三进有议事室36间。1915年,又于殡舍之侧营建会馆。正厅前轩武圣殿,奉祀关羽,东侧室供捐助巨款的沈、叶、万三氏神位,后轩中为建馆捐户长生禄位,左为善堂捐资先贤及有功先董神位,右为有功会董万年台,两侧为办事所。正厅前有房13间,旁有戏台。

四明公所南厂,其建筑清水砖瓦,精工坚固,气势恢弘。中门两侧门分进宾客和棺柩。入中门向南为正厅,建有长生祠,供祀捐巨资者的长生禄位。过甬道为地藏殿,殿旁为参事室,后有供奉社神的祀事所、吉祥所和寓所楼。"掖门"北转是殡殓用的息影楼,旁有"息亭",后为殡舍,分所、堂、舍、统厂、殇厂等。南厂俗称寄柩所。每年正月十五日、五月十三日,设醮诵经,举行祭祀仪式,超度亡灵。

浙绍永锡堂,有花厅3间,平房10间,殡舍20间。经营制棺、售棺、寄柩、运棺业务。永锡堂房雕梁画栋,工艺精美。正殿供关羽,殿前有两层戏楼一座,楼顶四角飞檐,檐、柱雕有人物、花卉、鸟兽;正南屋顶塑有双鹿、凤凰,栩栩如生,呈现浙绍木刻的细腻古朴风格。

潮惠山庄,入门为空地,内筑大小三厅,用于举办吊唁仪式,两侧对称构有多条小巷,巷内为一排排小间,计200余间,每间约10平方米,可置4棺,巷口有门上锁。贫者免费寄放,富者独租一间。

每逢清明等年节和死者忌日,举行祭拜。念经和尚专从潮州请来。

卢湾区内各馆所的殡舍、山庄有 21 处,兼营制棺、售棺、赊棺、寄放、托运、安葬等业务。一些殡舍在卢湾区外也辟有墓地,如徽宁思恭堂,在江湾、蒲淞、闵行杨家台有墓地;湖北会馆楚北堂在漕河泾吴家巷、沪闵路上海中学附近有墓地;浙绍永锡堂在浦东白莲泾及余姚、绍兴等地建公墓 8 处;湖南敦义堂除在日晖港、铁道路有义冢 12.3 亩外,在花园路、真如、青浦建有公墓。为运棺需要,四明公所南厂和徽宁思恭堂在日晖港还合建了一座码头。

依据乡俗,各馆所奉神略异,除与航海、尚义有关的天后(妈祖)、关羽外,徽宁会馆祀朱熹,山东会馆供孔子,泉漳会馆奉观音。庆典多为所供神诞辰,徽宁会馆有正月初八的团拜,二月初二福德诞辰,五月十三日和九月十三日关羽诞辰,九月十五日朱熹诞辰等;山东会馆有三月二十三日天后诞辰、五月十三日关羽诞辰、八月二十七日孔子诞辰等。祭奠形式通常有用于超度的醮会和锭会,如徽宁会馆初设两都公众总锭会,继有各邑公众锭会,1919 年起设三元纪念会。湖南会馆还附建有奉祭瞿飨苓的瞿公真人庙,民国年间庆祭活动渐趋改良,如袁世凯倒台后,增奉黄兴、宋教仁、蔡锷等湖南籍近代革命家。①

(七)岁时节日中的民间信仰

远在春秋时代,我国先民就定出仲春、仲夏、仲秋和仲冬四个节气。以后不断地改进与完善,到秦汉年间,二十四节气已完全确立,形成相关农事民俗,影响至今。现将二十四节气中与民间信仰有关的习俗介绍如下:

立春为 2 月 3~5 日,是春季的开始。立春前一日,寺庙有"迎

---

① 王宏刚:《民俗上海·卢湾卷》,113~115 页,上海,文化出版社,2007。此资料提供人为俞成伟。

春"活动:民以米豆撒春牛背曰"打春";有司率诸执事祭芒神,各执彩杖鞭牛背曰"鞭春"。立春前一夜,乡人围土作塍,分东西塘,纵横皆丈余,插秧其中,以占水早丰啬,名"种春田"。

清明这天,民间有踏青、寒食、扫墓等习俗。清明节扫墓,以稻草编作平底甏式,装满长锭①等"冥钱",至墓焚之,或插竹悬纸钱于墓曰"标插",又曰"挂墓"。《老上海·风俗》载:"三月清明节数日前,家人挈眷扫墓,焚麦草制成之瓮,实纸钱冥镪以焚之,并折柳桃花归。"祭祀者在祖先墓前点过香烛,烧过冥钱以后,将祖墓四周的杂草除去,为祖墓添上一些新土。祭祖扫墓风俗除"文革"期间沉寂外,一直盛行到现在。

冬至为12月21～23日,是北半球一年中白昼最短的一天,家家要设馔祭祖祀先,以祈保佑。祭祖时除了要供奉花糕粉团之类的食物外,必须要供以满盘大肉。

卢湾区传统节令有过年、清明、立夏、端阳、八月半、重阳、冬至等,本书介绍与民间信仰相关的部分。

1. 过年

过年是农耕社会的最大节令。农历十二月八日为腊八,以果蔬豆类诸物煮粥,称之为"腊八粥",自后至除夕,蒸粉圆、制花糕,曰"年圆""年糕",以寓甜甜蜜蜜、团团圆圆。廿四日"送灶",民间传说:玉帝为了监视人间人们的行为,在每户安插了一位灶君,沪人尊奉为"灶家菩萨"。此日是灶君上天向玉帝汇报人间善恶之时,人们恐其乱说一通,引起玉帝震怒带来灾祸,就在祭灶供品中加入一种饴糖②,以便让灶君吃后将牙粘住,不会乱讲了。慈姑③与

---

① 用锡箔折成的"元宝"。
② 沪语:琼糖。
③ 即茨菰。

沪语"是个"谐音,祭灶用慈姑就是希望灶君吃过慈姑上天庭汇报时,只记住慈姑的美味,应答仅是"是个、是个",这样一来,玉帝就不会降罪人间,人们就平安无事了。所以,祭灶时慈姑也是不可少的。除夕,换贴新桃符、门神和春联;傍晚时分,封井;室内灯火全部点上,光光亮亮,曰"照虚耗"。老幼团坐"吃年夜饭",整夜不眠围炉"守岁"。临近子时,爆竹声、锣鼓声响遍大街小巷。

正月初一依长幼辈分拜天拜地拜祖先,曰"斋尊"。初一至初三,禁扫除,如非扫不可,垃圾只能放在畚箕里,不得倒掉,谓"财不外流"。

正月初五是接财神日。接财神的祭品中必要有一尾活鲤鱼,因为"鲤"跟"利"音近,图个大吉大利。小贩们挑着木桶,内盛鲜活的鲤鱼,并用红丝线打结后扣住鱼的脊背,美称为"元宝鱼",穿弄走巷一家家地"送元宝"。

正月十五,元宵节热闹非凡,有"闹元宵"之称,人们吃象征团圆的汤团。晚上灯阑兴尽,个个回家"接灶",即供上以荠菜为馅的糯米团,燃放爆竹,接回隔年送上天去的灶神。接灶必于夜深,俗称夜深降下来的灶家菩萨必定是老成者,容易相处。20 世纪 50 年代后,过年风俗已简化,但吃年夜团圆饭、拜年、放鞭炮等习俗仍传承至今。

2. 立夏日

立夏日为公历 5 月 5 日～7 日,是日居民喜将新登场的新麦祀神,以谢神佑,正午,悬秤于门框或梁上,合一家老小,一一过秤,记其轻重,说是可免暑天病灾,即不"疰夏"。

3. 端阳节

端阳节为农历五月初五,家家贴门符,亲邻以粽子、枇杷相赠。小贩竞相叫卖各式粽子、雄黄酒、香囊香袋等。午时,家家门口缚艾人,家家用菖蒲烟熏屋,人人饮雄黄酒;小孩则以雄黄酒抹额写"王"字,用彩丝缚大蒜和香囊挂于胸前,为避邪之用;妇人则自制或从小贩手中购置的用各色绸制成人形名曰"健人"的饰物,插发髻上,以祝夏天健康。

4. 中秋节

中秋节为农历八月十五,时为秋获,在外经商务工的家人纷纷归家,又寓团圆。香斗是一种以线香整齐挂列制成的斗状物,斗内放上香灰,上面插上各种彩色纸旗,专供人在中秋节点燃。烧斗香的一般为妇女、儿童。中秋之夜,人们祭月、赏月,妇女则要夜游,谓"踏月"。

5. 重阳节

重阳节为农历九月初九,亦称重九节。是时,家家蒸重阳糕,并在重阳糕上插上五色三角纸旗,以呈吉祥。由于上海这样的平原之处无山可登,由此以示"登高(糕)"。蒸糕吃糕,登丹凤楼,赏菊饮酒等是上海重九习俗。[1]

(八)民间的祖先崇拜

民间特别重视对祖先的崇拜,具体表现在祭祀上。对祖先祭祀,由远而近,对始祖一直延续至显考。不同的是以考父辈上溯五代奉祀神主,五代以上将神主焚化奉祀家谱,并有家祭、庙祭和墓祭之分。家祭除平日祭祀外,最典型的是春节时家祭。年除夕傍晚,家家户户提着灯笼端着供盘到祖坟墓祭之后,请"老爷老婆"回家过年。回家后将灯笼别在供桌右侧,将家谱展开,启开神主套,从此,一天三时焚香叩拜,灯火不熄,直至初二晚上将"老爷老婆"送回祖坟。对祖先之所以称"老爷老婆",是晚辈折中妥协的结果。

---

① 王宏刚:《民俗上海·卢湾卷》,124～128页,上海,文化出版社,2007。此资料提供人为俞成伟。

祖先的亡灵,后代子孙不敢称神,又不忍呼鬼,只好笼统呼之为"老爷老婆"了。清明、七月十五日、冬至作为三大冥节,墓祭仪式较元宵送灯、冬至上坟郑重得多,祭祀祖先,既是活着的人对死者的照料和悼念,也祈求先祖对后世子孙的庇护。

（九）避邪与禁忌民俗中的民间信仰

在民俗中,消灾避邪是人们信仰和崇拜神灵的一个最根本的目的。因此,孤魂恶鬼便自然地被人们看成是灾祸的载体,是不祥的根源。最先是躲避它们,用各种避邪物使鬼神不敢靠近,一旦鬼神已经侵入并带来了祸患,那就必须将其驱逐或消灭。人们请来神明,用厌胜之法达到目的。一些地区有这样一句俗语:"姜太公在此,百无禁忌。"有时人们将这句话写在纸上张贴。姜太公是民间熟知的封神榜中的人物,由于他的地位高于其他诸神,只要有他在此就不用忌惮其他鬼神的捣乱和伤害。

禁忌也是一种消灾避祸的方法。千百年来,民间传承的观念和习俗,形成了纷繁复杂的消灾避邪的方法,被大量地使用在生活民俗和岁时民俗之中。卢湾区的主要禁忌举例如下:

（1）解小便时要求不对人、不对门、不对坟,俗说坟地为鬼魂屏息之地,若在此地大小便,会冒犯鬼魂,被鬼捉弄病死。民间也忌便后用有字的纸擦屁股,否则会招致眼疾。因著书立说以孔子为代表,故此举会亵渎圣人。这些禁忌实则也是一种文明之举。

（2）扫地只能由外向内扫,不能由内向外扫,否则会扫掉财气,也有人家相反,说由内向外扫,才能扫掉晦气;忌将两把扫帚放在一起,恐败家;忌打扫时,将两把椅子对叠;忌用竹扫把扫客厅,竹扫把一般只用来扫庭院,也因丧家才用竹扫把在客厅中"除秽"。

（3）"灯下不讲鬼,灯下不谈贼",其原因是人们认为说鬼招鬼,说贼招贼。可是人们偏偏在夜晚好听鬼故事,于是人们想出了避邪方法,说鬼时把《皇历时宪书》放在桌上,就可以畅所欲言了。至于灯下说贼,也有破解之法:说的时候把茶杯倒扣在桌上,可以使梁上君子望而却步。很多地方也忌在夜晚照镜子,尤其是女人,说是会照出鬼来。

(4)某些地方,忌讳外甥在舅舅家剃头,如非剃不可,要把外甥领到大门外边的官道上,就不算是舅舅家的地界了,方可破忌。

(5)晚上不能剪指甲,如果剪指甲人家会怀疑你做小偷。但也有解法,只要剪完后用剪刀在脚上叩击三下就太平无事了。

(6)小孩衣服扣子掉了,就得脱下来缝,如果穿在身上缝纽扣,小孩会变成哑巴。为了破忌,让小孩嘴里咬一根线头就没事了。

(7)办喜事时,特别是除夕,忌打碎餐具,如不慎打碎餐具,要立即将碎片抛到河里,表示"和了",或随即说上一句"岁岁('碎'的谐音)平安",即可解忌。

(8)小孩换牙时,乳牙掉了,忌乱扔,要将上牙扔在床下,下牙扔在房顶上,扔时要双脚并齐,这样才能长出整齐洁白的新牙来。

(9)有的人家忌讳小儿夜啼,认为是不祥之兆,不请医生看,也不找原因,讳莫如深,悄悄写一张帖子,贴在桥头上。上写"天皇皇,地皇皇,我家养个夜啼郎,过路君子读一遍,一觉睡到大天亮"。

(十)寺庙宫观中的民间信仰

清光绪年间,小贩、花农等集资,加上集市积聚的公益金,在阿德茶馆附近购地四亩,兴建花神庙。《上海县续志》卷三《建置下·会馆公所》载:"花神庙,即花业公所,在二十五保十三图,光绪十七年建。"庙内前殿有花王及花神牌位,供花农、小贩、行商等祭祀,求神佑庇护交易日盛,买卖兴旺。二月八日为百花生日,花农、小贩、行商等在花神庙礼拜花神,酬酒祭之,在阿德茶馆聚会,品茗议事。二月十二日花朝,花农在挑出来交易的卉木上遍系红绿彩条,阿德茶馆、花神庙则张挂花神灯,以祝繁盛。① 庙前有卖纸扎花枝、花篮的小贩,有击细腰鼓、扮采茶女的民间艺人演出,庙内则香烟缭绕,红烛高照,都是求神佑之人。

卢湾区内道教的传播始于宋代。民国以降,佛道合祀渐趋普遍,诸多道观内,多观音、关羽、天后(妈祖)并祀。道教信仰神仙,所事神仙掺杂了不少民间信仰的俗神。这些民间俗神,与民众祈求生活平安、化解灾难和困惑有密切的联系。对其来源和神格,民众都有自己的传说和独特的解释。围绕神仙崇拜,民间形成了种种风俗。淡井庙位于今永嘉路A12号,建于宋代,时属华亭县淡井村,因庙内有淡水井而名。南宋咸淳年间,淡井庙为华亭城隍行殿,祀汉代纪信。上海立县后为上海县城隍庙。明洪武六年(1373年)敕封秦裕伯为上海县城隍,改祀秦氏。庙后原有裕伯祖父秦知柔墓,故俗称"秦氏家庙"。其时每当清明、七月半、十月朝,城隍出巡,演戏赛宝,为地方一时盛况。后虽改为佛寺,仍为城隍出巡歇处,盛况历久不衰,直至清朝末年和民国初年。

以上十个方面的民间信仰主要来源是江南地区的传统文化,即使受外来文化的冲击和影响,仍是构成其文化的主干。卢湾区民间信仰状况在上海市区具有典型性,该区一部分曾经是法租界,外来文化的影响是比较深的,但大部分中国居民的民间信仰仍然具有浓烈的中国江南传统文化色彩。

七、青浦区调查

我们在调查中发现,市区的民间信仰种种形态主要来自于江南传统文化,这种表现形态在郊区比市区更甚。也就是说,郊区比市区保留传统文化的主要表现形态——民间信仰更加持久与完

---

① 卢湾区的一部分早期属于上海县。

整。所以郊区的一般民俗中的民间信仰我们不作具体论述。本节仅以上海市青浦区为例来说明郊区民间信仰集中之地的历史与现状。

《青浦卷》①指出:青龙镇成立于三国初年,东吴孙权在此建造青龙战舰,操演水兵,青龙镇由此得名,青浦地名由此而来。"沪渎"本是一种渔具名称,东晋咸和年间(326—334 年)虞潭②在青龙港口筑"沪渎垒"。"沪渎垒"是上海地区最早的军事防御设施,上海简称"沪"即来源于此。③ 二千余年来,青浦这片热土上涌现出众多的古寺、古塔、古桥、古街,凝结成青浦这条"翔天的青龙"的精神翅膀,其中民间信仰的集中之地如下:

(一)青龙寺、青龙塔

青龙寺初建于唐天宝二年(743 年),距今已有一千两百多年历史。历代屡毁屡修,寺名也多次更新,原名报德寺,后改名隆福寺,清康熙皇帝南巡来此,亲书"精严寿相"额,并赐寺名"吉云禅寺"。据光绪刊《青浦县志》载,青龙寺占地 60 余亩,寺田 450 余亩,建筑宏伟。截至 2000 年,已修复大雄宝殿、天王殿、玉佛殿、地藏殿等。供奉民间神有施相公。青龙塔原名隆福寺塔,又名青龙雁塔,俗称青龙塔。据《上海市地方志》记载,青龙塔初建于唐长庆年间(821—824 年)。青龙寺、青龙塔于 1959 年、1960 年分别被列为(区)县级和市级文物保护单位。20 世纪 80 年代,当地百姓借"青龙"之盛名,又在寺庙旁边集会,形成了一年一次的"青龙庙

---

① 2010 年 4 月,上海百家出版社出版了《上海世博人文地图丛书》,其中《青浦卷》是王海冬撰写的,题目为《回眸青龙翱翔》;《奉贤卷》《金山卷》是王宏刚、张安巡编著的。

② 虞潭(约 263—341),字思奥,余姚人,是经学大师虞翻的孙子,生于三国末期,死于东晋成帝咸康末年,是东晋时期为维护朝廷统一,屡统军旅,转战各地的著名军师。

③ 王海冬:《上海世博人文地图丛书·青浦卷——回眸青龙翱翔》,12 页,上海,百家出版社,2010。

会",而农历三月十五更显得隆重和人气旺盛。在庙会当天早上6点钟左右,庙会附近已经人头攒动,四邻八乡的村民络绎不绝地奔向庙会现场,共同感受着传统风俗带来的欢乐和兴致。青龙寺内火烛熊熊,香烟缭绕,众多善男信女们虔诚地求神拜佛,祈祷平安健康。青龙寺外,摊贩群集,商品琳琅满目。上午10点钟光景,庙会现场人山人海,一片火暴,四周道路堵塞,摊位众多,观庙会人群的嘈杂声与商贩的叫卖声汇集在一起,给青龙古寺带来了一片繁荣的景象。

(二)东岳庙

历史上的东岳庙位于青浦区金泽镇东梢,建于元朝(公元1361年),再经明、清扩建,规模宏大,坐北朝南,东南环水,四进两天井,曾经是金泽古镇最大的道教观。

前埭门廊上悬匾额"东岳行宫"四个大字,是名人王世贞手书。山门上绘有五彩门神像,左为秦叔宝,右为尉迟恭。第一殿供奉三官大帝泥塑神像。在天井两侧,沿廊有一米高的土台,供阎王塑像,他是中国民间最著名的冥司主宰,两旁有"白无常""黑无常"两位鬼差,专门勾摄人间十恶不赦之徒的魂魄,送到阎王殿发落。阎王殿两侧的廊屋,就是阴间的刑场,一些鬼魂在此受苦刑煎熬。

第二殿有东岳大帝木雕神像,是阴府最大的帝王,相传是盘古之子,名叫"赫天",居住在泰山。相传人死后,先到他那里去报到,他设"速报司""福寿司",人间恶者遭惩罚,善者得福寿。东间供奉东岳大帝的正宫娘娘神像,头戴凤冠,身披霞帔,还设有东岳大帝太子神像,着皇家衣饰,庄严华贵。

东岳庙西首有"酆都行宫",即地方神杨震老爷庙殿。

六百余年来,金泽古镇形成了"廿八香汛"的民俗活动,在三月二十七日这天,东岳大帝神像换上新衣、新帽,由镇民抬轿出游,坐轿停放在大桥上,居高临下,开始"召皇"仪式。金泽镇上大多数神像,如地方神海瑞老爷、总管老爷、二王老爷、府隍老爷、城隍老爷、猛将老爷、刘成师老爷等,也都坐轿出游,接受召见。召见时,一个接着一个,由金泽的一名头戴方巾、身穿道服的道士站在东岳大帝的大轿旁,高声呼叫:"某某官召见!"那么这位坐轿的老爷,由四个镇民抬着,快步来回,以示接受召见。"廿八香汛"要举行三天,要搭台演戏,为香汛助兴,是时人山人海,是往昔民众的盛大节庆。东岳大帝的召见仪式,在江南唯金泽独有。1958年该庙改为"金泽中学",庙殿改为教室和师生宿舍,东岳庙消失,但四乡的民众,仍然到原庙址来烧香祈拜。2000年秋,金泽镇人民政府应民众的要求,在原址新建杨震庙。

(三)杨震庙

杨震庙,又称杨老爷庙。杨震,东汉陕西人,少年好学,博览群书,当时称为"关西孔子"。历任荆州、涿州太守,司徒、太尉等职。杨震为官清正,当他赴东莱上任时,经过昌邑县,县令王密是他的学生,为感谢他的举荐,又想再获提拔,晚上拿了十斤黄金去送给他,杨震当即拒绝。王密说:"这是表我一点心意,再说现在半夜三更,有谁知道!"杨震听后反感地说:"天知、地知、你知、我知,怎么说无人知道?"王密只得羞愧地收回黄金。这"四知"的事,很快被外人知道,写入史册。当时,东汉安帝的乳母及中常侍樊丰等,贪侈骄横,杨震多次上疏劝谏,被樊丰所诬而罢官。在退职回家乡时,众门生送至洛阳城,在夕阳亭置酒饯别时,杨震对他们说:"有生必有死,可惜我身为重臣,不能为国除去奸佞,实无脸向天下人交代。"说完就投井而亡。其子孙世代任朝廷大官。"弘农杨氏"成为东汉的世家大族。杨震的事迹流传至今已有一千八百多年的历史,江南各地大都立庙祈祀。

金泽的杨震庙原在镇郊的东岳庙西侧,立于元至正年间(1361年),距今已有六百多年。其规模甚大,正殿有杨老爷佛像,中殿是杨老爷夫人像,后殿是杨老爷寝室等,但因战乱被毁。当地政府应四周香客的要求,于2000年动迁了"金泽中学",在东岳庙原址上重建了杨震庙。

杨震庙坐北朝南。前有山门,四周围墙,中间有很大很长的广场。杨震殿在广场尽头,单檐翘角,黄墙黛瓦,高大宽敞,气势轩昂。庙檐下匾额"杨震殿"三个大字,字体庄重,威严肃穆。沿石阶而上,进入殿内,有杨老爷塑像,头戴金纱帽,身穿金线袍,腰围玉带,脚穿乌靴,一脸黑色①。两旁有两根红漆的大柱,贴有一副对联,上联为"清正廉明畏四知而辞金",下联为"反贪反贿受群众而爱戴"。杨震殿的两旁,是各地进香者奉献的"木轿"和"木舟",形状较小,但制作精细,仿佛是真正的交通用具,表明了对杨震老爷的崇敬之心。杨震殿的西面,建有一组配殿,即杨老爷的寝宫,一连三个配殿,供奉杨老爷的三位夫人。宫内寝具崭新,床、柜、台、凳俱全,清新高雅。

杨老爷庙每逢"三月廿八汛""九月重阳汛",四方进香,人山人海,香客遍及江、浙、沪地区。老百姓为崇仰清官,按他生前事迹,立"昭天侯"的封号,香火至今,缭绕不绝。

(四)总管庙

在金泽镇南首,有一座总管庙。"总管"是元代设置的官制,总管庙是当地"守郡之生祠",死后封为总管神。据《苏州府志》记载:金泽的总管老爷为开封人,叫金元七,又名金岳文。金元七是一位公正无私、办事认真的清官,原是地方的守郡。他察访乡镇,伏案

---

① 因当时杨震为国为民投井捐躯,被门生捞起时,全身已被污泥染黑,故后人立庙纪念他的高风亮节,塑像全用黑色。

公务,日夜操劳,对民众之事,善者奖励,恶者惩罚,一丝不苟。他所管辖的地区,人民安居,五谷丰收,深受百姓爱戴。金元七后晋升为随粮官,管理国家粮食。他从征收粮食到护送粮食,保证国家皇粮丝毫无误。每到秋冬,他来到各个省市,组织力量,日夜调运。沿江地区有盗匪出入,他自己跟随船队,夜不能眠,日夜兼程,保证皇粮按时送达,受到朝廷嘉奖,故后人称他为随粮王。金元七一生赤胆忠心,无私无畏,为社稷、民众作出许多杰出的业绩,故朝廷敕封,在他死后立庙祭祀,封为总管神。

总管庙始建于明代,因年久失修,20 世纪 50 年代佛像被毁,60 年代庙屋改为金泽村仓库。90 年代,古镇改革开放,百废俱兴,经青浦县①批准,在原址的南面,重建新庙。新建的黄粉墙庙堂,坐北朝南,庙屋高爽。重塑的总管老爷和总管夫人坐像清新,身着新帽、新袍,恢复了原来清正为民的气概。总管庙前有一条流水清清的放生河,来进香的乡民曾在这里放掉过许许多多水中生灵。放生河上横跨着一座单孔石拱桥,因桥下淌着放生河,所以叫放生桥,又因桥畔有座总管庙,所以也叫总管桥,此桥建于明代。

(五)青浦城隍庙

青浦城隍庙②始建于明万历元年(1573 年),当时青浦县治自青龙镇迁至唐行镇③,同时建起城隍庙,初建后有头门、戏台、大殿、后殿、寝宫等建筑。至崇祯年间,以"昭示报功之典",封沈恩为青浦县城隍,沈恩实际上是地方神,圣旨置放在御书楼内。沈恩曾任四川布政使,为官清廉,颇有政绩。崇祯六年(1633 年)病故。崇祯帝敕书:"朕闻生为直臣,殁有明神,御灾捍患,维持奠安,兹特封尔

---

① 1999 年撤县建区,称"青浦区"。
② 现青浦区盈浦街道公园路 650 号。
③ 今盈浦街道。

为江南府青浦县城隍显灵伯。"

清乾隆十年(1745年)起,在大殿东偏建有觉堂、得月轩、歌熏楼等,供香客休憩。至乾隆四十五年,初具规模,取名"灵园"。嘉庆年间(1796—1820年)易名为"曲水",为城隍庙的附属园林。历史上城隍庙香火鼎盛,庙会繁荣。

道光二十八年(1848年)3月8日,英国传教士麦都思(Walter Hermy Medhurst)等三人,违规泊舟至青浦,在城隍庙场进行传教活动,造成街道阻塞,行人不便。此举引起当地大批乡民和漕船水手不满。雒魏林(William Lockhart)用"司的克"①开路,首先打伤水手多名,引起水手愤恨并还击,就此酿成事件,史称"青浦教案"。

1980年城隍庙改建为青浦县博物馆,2004年8月,博物馆迁入崧泽广场新馆,2005年1月10日,城隍庙被正式归还给青浦道教。如今庙内香火不断,香客络绎不绝。

(六)万寿塔

万寿塔俗称南门塔,位于青浦区夏阳街道南门塔湾村淀浦河畔,远远看去,就好像矗立在小岛上一样。清乾隆八年(1743年)地方官吏奏请减赋轻徭,得到皇帝批准。当地地主士绅得益不小,为表示感恩,借为皇帝祝寿,募款造塔,故名"万寿塔"。万寿塔系砖木结构方形塔,七级四面,高24.53米。周围还建有殿、堂、庑等。院有3殿,占地30余亩,称万寿塔院,气势雄伟。万寿塔与佛教无关,也不是宗教性建筑,但据说该塔颇具灵性,乾隆刊《青浦县志》记载,清乾隆十三年(1748年)二三月间,青浦县城河水突然变咸如卤,唯独城南万寿塔前的河水未变,供全城人饮用。

乾隆三十九年(1774年),徐恕②筹资修塔。四十三年,塔遭雷

---

① 手杖。
② 白鹤蒋浦人,进士。

击,损坏较重。嘉庆五年(1800 年)塔院右建青溪书院,当时当地的文化名人王昶已 77 岁高龄,仍受邀在青溪书院讲学,书院内终日书声琅琅。

光绪九年(1883 年),说有一铜匠上塔偷锡,塔于熔锡时失火,木结构大部焚毁,塔刹、腰檐、平座、塔内楼板扶梯皆失,仅存砖体塔身。

1959 年,万寿塔被列为青浦县首批文物保护单位。2009 年 3 月至 9 月,青浦区有关部门恢复其塔刹、腰檐、平座、扶梯等,万寿塔以原有的古貌展现在公众面前。[①]

八、古代上海地区民间信仰的东扩

民间信仰是一个地方的传统文化的主要形态之一。信仰作为人类精神文化的核心,必定会随着不同区域的经济文化交流而深刻地影响对方,成为一种深层次的文化交流,从而促进相关区域中不同族群之间政治、经济、文化交流的持久发展。

吴越地区民间信仰东传之路,是随着"海上水稻之路""海上丝绸之路""瓷器之路""茶之路"等海洋经济交流之路开通的。它的起始应在没有文字记载的原始社会末期。已发现的考古资料表明,吴越地区[②]是太平洋西岸地区水稻最早传播的地区之一,东亚的日本列岛与朝鲜半岛的稻作文化的兴起当与之有关。日本九州福冈地区曾发现距今两千四百至两千五百年的绳纹文化晚期的水田遗址,当时稻作文化已是吴越地区的特色,中、日学者普遍认为日本的稻作文化来源于该地区。绳纹文化晚期遗址中出土的玉

---

① 王海冬:《上海世博人文地图丛书·青浦卷——回眸青龙翔翔》,29~35 页,上海,百家出版社,2010。
② 古代上海地区属于吴越地区之一。本文以吴越地区的民间信仰东扩为主,包括古代上海地区。

器、漆器,以及干栏式建筑,从其制造技艺和用途看,与吴越地区所见到的几乎完全一致,这证明了日本的绳纹文化与吴越文化有着密切的渊源。其后的日本弥生文化中也出现了大量的稻作文化。① 弥生文化的时代相当于中国战国至西汉初期,当时中国战乱频仍,大量吴越人为躲避战祸而从海路弃家出逃,经东海航线去到日本,很可能就是他们把吴越地区的稻作文化带到了日本,使日本稻作技术有了突飞猛进的发展。② 同时,也有相当数量的吴越先民落户日本。据钦明天皇元年(540年)记载统计,此时移居日本的中国移民户数达7 053户,人口达18 670人。③ 这样的移民和相互的经济、文化交往,开启了吴越地区宗教文化东传的历史,但因为缺乏文字记载,很难描绘出清晰的历史面貌,只能从后世的某些民俗信仰中去推测。春秋时期,在吴国的都城中已经出现了"市"。据《越绝书》记载,伍子胥奔吴,曾"乞食于吴市"。"市"出现说明当时吴国已有较发达的商贸中心。孙吴时,造船业水平提高很快,曾几次派遣船出海贸易,吴越地区与朝鲜半岛、日本列岛的经济往来形成规模。

南朝时期,开通了日本经百济直达中国长江口岸或长江口以南的海上航路,史称"南道"。由日本的难波津④和古水门⑤,由此而西,经濑户内海,过穴门⑥,到筑紫⑦,然后经壹歧岛和对马岛到朝鲜半岛的百济,由百济横渡黄海到山东半岛,再沿海岸南下到长江口岸。高丽则只要过渤海海峡,再沿海岸南下即可。新罗借助于

① 刘克宗、孙仪:《江南风俗》,49页,南京,江苏人民出版社,1991。
② 贾蕙萱:《日本风土人情》,72页,北京,北京大学出版社,1987。
③ 《古事记》卷上第五十三。
④ 今大阪附近。
⑤ 今兵库县东部一带。
⑥ 关门海峡。
⑦ 今福冈县。

百济与中国南朝交通。"南道"的开通,加速了吴越文化东传的速度。

(一)上海的古文化遗存

在上海市青浦区重固镇中心西侧 100 米处①,有个被称为"中国土筑金字塔"的上海古文化遗存——福泉山。福泉山其实是泥土堆积起来的不规则的长方形土墩,东西长 94 米,南北宽 84 米,高7.5 米,非山可言。它最早叫"覆船山",后改名"薛道山",最后称"福泉山"。

根据福泉山发掘出的土层剖面来看,其有五种颜色的泥土文化层,以及根据不同时期墓葬群内遗存的大量文物,我们可以推测:福泉山硬是靠福泉山人一块一块、一担一担、一代又一代把泥土抬上去堆积而成的。土层最底层呈青灰色、灰褐色的是马家浜文化层,距今有六千至七千年;中间的黑色土层是崧泽文化层,距今有五千至六千年;上面的灰色土是早期的良渚文化层,距今有四千至五千年;再上面的黄褐色土是晚期的良渚文化层,距今有四千年;最上面的土层就是近古代的唐宋时期的文化层了。

1982 年的夏天,上海市文物管理委员会考古界前辈孙维昌在制止某筑路队动用福泉山的泥土时,发现了一块直径约 20 厘米的完整玉璧。这是福泉山发现的第一块玉,也是青浦的第一块良渚玉璧,同时也是上海发现的第一块大玉璧。福泉山真正意义上的发掘就从发现这块玉璧开始了。1982 年 9 月至 1986 年 12 月,三次发掘的动土面积达 2 000 平方米,共清理了崧泽文化墓 19 座,良渚文化墓 30 座,战国墓 4 座,西汉墓 96 座,唐宋墓各 1 座,共出土

① 重固镇西市梢福泉山路 658 号。

文物 2 800 多件,其中有上海博物馆镇馆之宝——玉琮①,并发现了
距今六千年前属马家浜文化的泥质红衣陶鸡冠耳残片,以及夹砂
陶腰沿釜残片等。深坑里还发现了一大方夹着各种文化土层色泽
的壁面,犹如一幅新石器时期以来由原始社会到奴隶社会及封建
社会的历史年表。

2001 年 6 月 25 日,福泉山文化遗址被国务院列为全国重点文
物保护单位。

自 2008 年 12 月中旬至 2009 年 4 月,上海市文物管理委员会
考古研究部在福泉山土墩北约 300 米的重固镇回龙村吴家场,以
探沟形式进行勘探,共布探沟 16 条,实际发掘面积 303.6 平方米,
发现了良渚文化晚期人工营建的高地及其贵族大墓,并同时发掘
了一批罕见的小型随葬冥器。在《福泉山遗址考古新发现特展》上
首次公开展出这次发掘所获得的各类精美文物 91 件(组),这些文
物是自 20 世纪 80 年代以来福泉山遗址最重大的发现,也是近年来
良渚文化考古中的新突破,将在考古文物界产生重要影响。

福泉山的五色文化土层的发现明确地告诉人们,福泉山文化
囊括了马家浜、崧泽、良渚文化的全部内容,而且丰富发展了上述
三个典型古文化遗址的内涵。福泉山文化以无可置疑的事实向世
人宣布:上海地区成陆于六千年前,比崧泽文化考证的五千年前,
提早了一千多年。

福泉山文化历史悠久、内涵丰富,它的发现,不仅充实和发展
了河姆渡、马家浜、崧泽、良渚时期古文化的遗址,而且对研究长江
流域下游太湖地区的人类发展史和上海地区的历史文化提供了重
要的资料。

---

① 参见 2009 年由中共青浦区委宣传部所编的《青浦区爱国主义教育基地巡礼》,
60～65 页。

另外,在距青浦区城区向东五公里处的赵巷镇崧泽村北中泽路旁,有一块1977年12月7日立的石碑,上面写着"上海市古文化遗址保护地点:崧泽古文化遗址"。

1957年,从崧泽村北首的一个土墩子采集到数片新石器时代的夹砂红陶和泥质灰陶片,引起了考古学家的兴趣;1958年,上海市出版局饲养场的同志在村北农田发现了鹿角、陶片以及一些石器,从而,考古工作者确定在那里存在着一个古文化遗址;1960年,考古学者对遗址进行了试掘,发现了丰富的新石器时代的遗址,其中包括一个灰坑和一座墓葬以及大量夹砂红陶、泥质红陶和灰、黑陶片,确定了崧泽遗址的主要范围在现在318国道①和崧泽塘的交叉点为中心的东西约500米、南北约300米的范围。以后考古学者对该遗址进行了多次发掘,有如下重要发现:

(1)这里发现了距今五千八百六十多年前的人头骨,被命名为"上海第一人"。

(2)这里发现了距今六千多年以前马家浜文化时期人工堆筑的祭坛。由人工堆筑成土台作祭坛,并在祭坛上举行祭奠祖先或神灵等礼仪活动,在距今四千多年前的良渚文化中极其盛行。这次发现的马家浜时期祭坛将人工堆筑祭坛的历史向前推进了一大步。而这里的祭坛都是古代民间信仰的遗存,是原始人类净土崇拜的遗物。

(3)这里发现了马家浜文化时期的建筑遗迹——房址。房址坐落在祭坛北面原生土上。形制完整的有1座,平面呈圆形,外圈柱洞15个。房内地面硬实,面积约5.5平方米。

(4)这里发现了原始公社时期的公共墓葬地。埋葬的特点:人骨架仰身直肢,大部头向东南,在平地上推土掩埋。人骨架周围一

---

① 当时称沪青平公路。

般都有随葬品。墓葬中有两座中年女性与儿童合葬墓,反映了这一时期子女从母,尚处于母系氏族社会。

(5)在这里的地窖中,发现了人工培植的籼稻和粳稻的稻粒,说明该地先民在距今六千年左右已掌握了水稻种植技术,证明了我国是世界上最早栽培水稻的国家。

(6)在这里发现的两口六千多年前的水井,均为直筒,井壁光滑,水源丰富,遗有兽骨,是我国迄今发现的最早的水井。工艺也较先进,其形制沿用至今。

(7)这里不少墓地陪葬品质精量大,丰富多彩,表明六千年前的崧泽人生产、生活、文化发展已达到一定阶段。

从大量出土的崧泽文物考证,六千年前人们的谋生方式已由极为原始的渔猎采摘转为以畜牧和农业为主的生产方式了。生产工具以石器为主,锄耕进入犁耕,已由使用原始石器为主的旧石器时代转为以使用精制的石器为主的新石器时代。

经过多次有计划地挖掘,现已挖出古墓 148 座,并有大量的石器、骨器、陶器和兽骨、稻种等遗物,证明崧泽距今六千年前就有人类居住活动,崧泽人是上海最早的居民。崧泽遗址于 1962 年被列为上海市文物保护单位,1982 年在中国考古年会上认定此处遗址介于以嘉兴为中心的马家浜文化和以余姚为中心的良渚文化之间,命名为崧泽文化。①

(二)古代上海地区民间信仰对日本的历史影响

古代上海地区的鸟崇拜也深刻地影响了日本的民间信仰。近年来,笔者②在日本鸟取、千叶、山梨、神奈川等地所看到的熊手祭、

---

① 王海冬:《上海世博人文地图丛书·青浦卷——回眸青龙翔翔》,3 页,上海,百家出版社,2010。
② 指王宏刚、王海冬。

冬神祭等大型民俗祭礼中,经常立有鸟神杆与鸟图形的吉祥物。

吴越地区有大面积的稻作区①。由于水稻易生螟虫,传说田中只要立有石头和尚,就能消灭虫害,获得农业丰收。因而,老百姓认为"石头和尚"是农业保护神。原因是螟虫俗称"蛾子",而"蛾子"又是年轻美貌女子的代名词。若年轻美女见到有特大生殖器的"和尚",必会吓得逃之夭夭,农作物也就会因此获得丰收。如吴越地区的青阳一带稻田曾经螟虫成灾,秧苗枯焦如火烧,传说这火是一个美丽的妖女所点,用长着特大性器官的"石头和尚"则能制服她。青阳另一则民间传说则认为"石头和尚"可治蝗虫,旧时这里蝗灾频繁,有一次,治蝗有术的道士告诉乡亲,田间立此物即可防蝗灾滋生。类似做法和传说在一水之隔的日本也很流行,如成书于807年由斋部广成所著的《古语拾遗》就记载:在农田水沟边,塑造一个男性生殖器模型以防备蝗灾,是当时的普遍风俗。

在古代百越地区②,建立村寨,首先要选择适当的地点,先建寨门,之后才能建房。建好寨门后,往往还要把用篾片编成的注连绳(禁绳)挂在村口两侧,类似的东西在今天的哈尼等民族中尚有保留。韩国、日本一些村口处悬挂注连绳的风俗,很可能也来源于此。挂注连绳的目的是禁止恶灵侵入。

寨门建好后,便在村口置放石人。传说这成对的石人是该村村民的祖先,有木制与石制的,特点是性器官明显。身上还插着许多刀枪,目的是借助祖先神灵保护后代,类似现象在日本也能看到。日本村庄守护神叫"赛神",也称"塞神"。有人认为"塞"是"遮挡"的意思。以前多设置在村口,现在在十字路口、山顶、桥边也能看到。它的主要功能便是防止恶灵潜入。在日本,这种塞神

---

① 古代上海是吴越水稻区之一。
② 古代上海属于吴越地区,吴越地区的一部分越地区属于百越地区。

也是合欢神。在塞神的石头上,常刻有男女合欢的姿势,男女性器官清晰可见,促进人口繁衍、五谷丰登的意味十分明显。从造型、功能等角度看,日本的塞神与中国吴越地区的"石头和尚"一样,很可能都源于古代百越地区在村口、寨门置放石偶,以防止恶灵侵入,祈求人丁兴旺的信仰风俗。①

中国古代的民间信仰中,海神几乎都是男性神,最终形成了男性的四海龙王。汉唐期间,随着佛教的兴盛,我国第一位女性海神,即东海女神——南海普陀观世音诞生了。在观世音之前,可以说,我国早期的海神包括四海龙王都是男性神形,只有观世音是我国海神信仰中第一位女性神形,位列中国海神之首,也东传日本与朝鲜半岛。在日本渔民中,也将观音供奉为东海女神。

在北宋初年,还出现了另外一位女性海神——福建的妈祖,并迅速在吴越的沿海地区广为流传,这位海洋女神,也被东传到了日本。明永乐二十二年(1424年),琉球国王在首府那霸修建了妈祖庙,妈祖被当地民众信奉。明洪熙元年(1425年),特使紫山东渡琉球,后在琉球主持建造"弘仁普济宫"②。明朝末年,莆田人林北山携7尊妈祖像只身渡海到鹿儿岛,定居片浦港,建妈祖庙。当地不少日本人信仰妈祖,比较有名的是长崎唐三寺③、崇福寺妈祖堂。东京、千叶、埼玉、大阪、岐阜、八重山等地都有妈祖庙,不仅是在日华人的普遍信仰,也是当地民众的民俗信仰。华人会馆的天后圣诞盛典,中国船员的供奉天妃仪式经常会有日本信众的参加。富育光、郭淑云在《鲸海文化初探》一文中云:"冲绳地区沿海每年5月4日祭献海神,举行竞舟比赛,娱神娱人,成为重要的民俗活

---

① 苑利:《韩民族文化源流》,169页,北京,学苑出版社,2000。
② 此宫即供奉妈祖的天后宫。
③ 为三座妈祖庙,日本人称为唐三寺,作为中国文化的象征。

动。"据日本学者荒木博之介绍,日本的天后宫有 300 多处,可见信仰程度之深。如今,日本双红堂珍藏着中国明代孤本《天妃娘娘传》。

中国女海神,古籍中记载的还有东海姑、黄衣妇、海神女及宋代道书中所载的南溟夫人等。这些世俗性、人情味极强的女海神的出现,强化了海神的亲和力,为一般渔夫舟子所普遍接受,并且传到日本。

上海地区的船神多指观音或者天后妈祖。在打造新船时,船主先把木雕的观音、天后等神像供奉在岛上的神庙内,当新船打造完工时,船主沐浴更衣,再敲锣打鼓把船菩萨或称船城隍请至船上,安置在新船的神龛里。这种船神的民俗仪式与日本的"请神入船"基本相同。日本船神的神体,用头发或铜币象征,与中国本体船神的"船灵魂"近似,只不过安置的部位不同。可见在宗教文化传播至异地时,经常会发生部分变异,但从整体上看,保留了吴越地区船神的特质。

吴越地区数千年间长期流行棺木土葬的葬式。日本人也有"入土为安"的观念。在绳纹、弥生、古坟等古代,日本人的葬式以土葬为主。在墓葬上,日本受到了中国的影响。公元 5 世纪在九州等地建造的古墓,就开始采用在吴越地区流行的横穴式墓室。古墓内部的装饰日益精美,坟丘的外观规模缩小。这时的日本人,已不再修建像仁德陵那样巨大的皇陵来炫耀权威,转而接受了厚葬死者的中国风俗。安葬时,把大批陶器等日用器皿摆设在墓室中,以便留给死者"使用",希望他们能像在世时一样享用。这显然是受了中国古时隆丧厚葬观念的影响。

吴越地区盛行在山上修墓,说明这一地区的"地上他界",较多地表现为"山上他界"。在山中建墓,在日本被广泛地采用。这种葬式与"山中(山上)他界观"有关系,民间认为死者的灵魂要前往能够俯视到村庄的高山上。日本学者大林太良氏在《神话的系谱》中指出:日本人的山上他界观与中国南部的烧田耕作民的他界观念有关系。吴越地区,主要是浙江中、西部山区,多山少地,上古时代居住在此的百越先民采用"刀耕火种"的耕作方法。[1] 当时,这里的居民死后被埋葬在荒山里,遂形成"山上他界"的观念。随着某些百越人东迁日本,将这种丧葬习俗和他界观念带了过去。况且,日本亦多山,古时多葬亡人于山上。于是"山上他界观"在日本人中也得以产生和形成。[2]

　　吴越地区的火葬始于五代十国之吴越时期(907—978年),宋代广为流行,明、清时期遭到朝廷的禁止而有所减退,近代,火葬之风逐渐扩大。[3] 中、日两国的火葬习俗,都来自佛教思想,是仿照僧人圆寂的新方式。日本文武天皇四年(700年),据文献《续日本书纪》记载,僧人道照于该年火葬,是日本最早实行火葬者。后来,持统太上天皇和文武天皇在飞鸟冈举行火化大葬。自此,火葬的风气在日本民间逐步推开。葬式的改变,引起了民间灵魂信仰的转变。土葬产生"人死后,肉体留在世上(地下),只有灵魂去他界"的观念。而火葬是在短时间之内将尸体消除,产生了肉体和灵魂一起返回到现世的"幽灵"。日本人称死者灵魂为"幽灵",就是体现了受佛教火葬习俗影响后的祖先鬼魂观念。[4]

　　丧葬礼俗,除殡仪、葬式外,还包括祭礼。祭礼,与祖灵信仰有关。吴越先民以死去的先辈之亡灵作为能够赐福消灾的对象加以崇拜。祖灵信仰的物质对象是祖坟、祖像以及各种各样的灵物崇

---

[1]　刘克宗、孙仪:《江南风俗》,71页,南京,江苏人民出版社,1991。
[2]　贾惠萱:《日本风土人情》,91页,北京,北京大学出版社,1987。
[3]　张荷:《吴越文化》,143页,沈阳,辽宁教育出版社,1991。
[4]　家永三郎:《日本文化史》,刘绩生译,65页,北京,商务印书馆,1992。

拜。对祖灵的信仰,常常表现为祈求、祭祀和供奉。这种现象一直延续至今。日本人也注重对先祖的祭祀,比如在中元节祭祖的盂兰盆会,在吴越地区和日本都有。吴越地区民间的盂兰盆会,在中元节①举行。而在日本民间,盂兰盆会从七月十三日的夜晚即开始,一直持续到七月十六日。七月十三日夜举行迎精灵的仪式,十六日结束时举行送精灵仪式。在此期间还要去死者墓前扫墓、供花、诵经等。日本的盂兰盆会又称盂兰盆节或祭魂节,届时,公司、机关均放假三天,不少人回乡度假、祭祖,是日本极为重要的节日之一。若父母当年去世,第一个盂兰盆节称为"初盆",子女都要从外地回老家,祭祀父母灵魂,已成为日本人最重视的民俗活动。②吴越地区的中元节没有这么大的规模,有些祭祀活动分散在清明节、冬至节和年节进行。③

由于均地处东亚,都以稻作生产为主业,生活上都"饭稻羹鱼",历史上早就产生了较为频繁的文化交往,因而中国江南吴越地区(包括古代上海地区)与日本民间丧葬礼俗存在许多相似的地方,都含有浓重的儒教、道教、佛教的信仰成分,并与当地的巫术、风水信仰有关。

(三)古代上海地区民间信仰对朝鲜半岛的历史影响

1. 鸟图腾崇拜

现有考古资料说明,吴越地区(含古代上海地区)先民早在距今七千年前就已经开始崇拜鸟图腾了。浙江余姚的新石器时代遗迹中,鸟形的雕塑、图案已多次被发现,特别是牙雕工艺品。这些变形之鸟与它同时的一些写实动物形象有很大的不同,其神奇的

———————
① 旧历七月十五日。
② 刘克宗、孙仪:《江南风俗》,73页,南京,江苏人民出版社,1991。
③ 贾蕙萱:《日本风土人情》,98页,北京,北京大学出版社,1987。

象征手法,很可能是原始图腾崇拜的某种标志。

良渚文化,距今四千至五千年,是吴越地区新石器时代末期的原始文化,其出土文物就包含了鸟形文化图像。日本人林已奈夫在《关于良渚文化玉器的若干问题》一文中,发表了流传在美国的良渚文化玉器上的鸟形图像,同浙江绍兴 306 号墓铜屋模型顶端图腾柱顶上的鸟塑非常相近,可能都是图腾崇拜的标志。

先秦时代,越族①流行鸟田传说。《越绝书·越绝外传记地传》载:"大越海滨之民,独以鸟田。"《吴越春秋·越王无余外传》及《十三州志》等古籍有类似的记载。

近年,在江苏六合县和仁东周墓出土的残铜匜的刻纹图案,以及庙堂之上供奉的似为五谷之神等都呈现了这样一幅场景:手持禾苗顶礼膜拜的农夫们在祈求一个好收成,远处田间的鸟类是农田的卫士,守护着这片丰收的土地。这"鸟田图"反映了鸟崇拜与农耕的密切关系。

浙江绍兴 306 号墓铜屋模型,屋顶上柱端有一鸟塑,不仅表现了人们对它的崇敬,还寓含图腾来自天上的观念。

越人还有"鸟祖""鸟语"传说和"鸟书"的考古资料出土。《周礼》载:"南八蛮,雕题交趾,有不粒食者焉。春秋不见于经传,不通华夏,在海岛,人民鸟语。"至于"鸟书",是越人具有特点的文字,它见于考古出土的青铜器和石器上,如"越王勾践剑""越王戈""越王矛"及"越王钟"等,它的特点是"于每字之旁附加鸟形纹饰",其形体结构均与中原当时通用的篆书一样。

上述资料说明鸟图腾崇拜反映在越人的经济生产、宗教信仰等各个领域中。

随着吴越先民与朝鲜半岛先民经济文化交流的开展,吴越地

---

① 包括上海先民。

区的鸟崇拜也深刻地影响了朝鲜半岛居民的民俗信仰。近代,在朝鲜半岛农历正月十五祭祀月亮的大型民俗活动中,在立村落的守护神①的仪式中,都要立顶部有鸟形状的神杆,为沟通天地的神鸟。②

2. 石佛崇拜

在朝鲜半岛,特别是南端海中的济州岛,有许多用石头刻成的年代久远的石人,一般高1.5～1.6米,周长1.5米,呈裸体秃头状,性别刻画不甚明显,但仍可辨别出男性特征。有时也成对出现,一男一女,男像稍高,女像稍矮。对于这种石人的作用,历来说法不一。有人认为是村落守护神,相信它能防止恶疾的侵入,也有人认为它可以使不孕妇生子,使农业丰收。现在,石人已经成为韩国济州岛的文化标志物,经过艺术化处理后,石人的头、眼睛等部位更加突出,加戴了一顶象征性帽子。在形象、性质上与吴越地区的"石头和尚"相近。

吴越地区石人的最早记录,始见于汉代《越绝书》,云:"阊门外高颈山东恒石人,古名'石公',去县二十里。"这是中国古籍对"石头和尚"最早的记录。由此推算,其历史至少有三千年之久。

吴越地区的"石头和尚"用石头雕刻成秃头和尚状,故被称之为"石头和尚"。其高度一般在1.5～1.6米左右,秃头、裸体,右手握剑,左手握在自己硕大的阴茎上。塑像的主要特点是男性性器官相当夸张,透露出男性的基本文化内涵。20世纪30年代初,民俗学家方纪生先生指出:"皖南南陵、宣城数县,田地里有所谓的石头和尚,其性器官特大,土人谓是以避邪,实即男性崇拜之遗留。"

---

① 为两尊树桩形大型神偶,上部刻有人的五官,一书天上大将军,一书地上女将军。

② 据王宏刚1999年、2000年、2010年在韩国汉城、全州地区的调查。

据李晖先生介绍,以前不仅是南陵、宣城有此种崇拜,就是在泾县、青阳、旌德等县,也有这种风俗的残留。随岁月流逝,现仅有青阳、南陵两县还有完整保留。

吴越地区的"石头和尚"是"生育之神"。据说旧时凡妇女不孕,夜间便宿于"石头和尚"身旁,手放在他那硕大的生殖器上,若梦见与他合欢,便可怀孕得子。

朝鲜半岛的"石头爷爷"也具有"生命之神"的功能。但随社会进化,"石头爷爷"的硕大性器官也被渐渐隐去不雕,妇女祈子时,只好以摸鼻取代摸生殖器。在以庆州南山为主的许多地方的"石头爷爷",大都没有鼻子,是由于被人刮去制药造成的。当地人称用石佛鼻的石粉制成的药为"鼻膏散",男人服用可壮阳,女人服用可滋阴,特别对不孕妇女,颇为有效。人们认为鼻子的形状与男性生殖器相像,所以民间有"鼻子大的男人有劲"的说法。

通过比较可以发现,两者的文化功能基本相同,但是吴越地区的石公更具原始性,史料记录也早于朝鲜半岛,所以可以推断朝鲜半岛的"石头爷爷"起源于中国吴越地区的"石公"。[①]

3. 妈祖崇拜

妈祖,福建方言,奶奶的意思,体现了妈祖诞生地民众对她的尊重,实际上,她是一位年轻的女神。宋宣和四年(1122年),因妈祖护特使路允迪渡海出使高丽,被皇帝封为顺济夫人;宋绍熙元年(1190年),因她救旱驱疫,封为林惠妃;元至元十八年(1281年),因她护海上漕运封为护国偏妃。明永乐三年(1405年),郑和率领远洋船队下南洋、西洋,远达东非,隆重祭奠妈祖,妈祖在海外被传播开来。清圣祖二十二年(1683年),因妈祖佑施琅攻台湾成功统一中国,封为仁慈天后。妈祖与黄帝、孔子同受国家祭奠。在民

---

① 苑利:《韩民族文化源流》,187页,北京,学苑出版社,2000。

间,妈祖还有求子、护幼等多种功能。

妈祖崇拜的形式起源于宋朝与高丽王朝的海上往来,也使妈祖从海洋走向世界。汉城、釜山、仁川、平壤、新义州等地的天后宫不仅是华人社团聚会礼拜的场所,也是当地民众妈祖信仰的圣地。

朝鲜半岛的船工渔民也有和日本类似的船神民俗,而且也称船神为"船城隍",很可能都源自吴越地区(包括古代上海地区)。

第二章 江西赣县白鹭村的儒教信仰

中国的民间信仰有着悠久的历史，集中体现了儒、佛、道三教合流的文化特色。民间信仰的主要内容包括源自儒教传统的祖先崇拜与英雄、圣贤崇拜。这种崇拜相当普遍，成为某些民间信仰活动的核心。当下，民间信仰一部分已经融入道教、佛教的殿堂中，还有一部分体现在信仰者家中的祭坛上。

第二章　江西赣县白鹭村的儒教信仰

　　由于学术界对民间信仰的概念内涵还没有比较统一的看法，本书所言的民间信仰内涵为：在当下相当一部分群众中，在漫长的历史发展中形成的民间信仰，其主要内容包括源自儒教传统的祖先崇拜与英雄、圣贤崇拜。祖先崇拜相当普遍，成为本土某些民间信仰活动的核心，甚至采取了道教或佛教的形式；英雄、圣贤崇拜往往演化为当地的保护神，有的已经汇入当地的道教、佛教神系，成为道教、佛教信仰的一部分，有的过去往往有独立小庙，现在一部分融入道教、佛教，一部分体现在信仰者家上的祭坛上。由此可见，中国的民间信仰有着悠久的历史，集中体现了儒、道、佛三教合流的文化特色，是在与儒、道、佛的互动中发展的。

　　无论从宗教的理念、感情，还是宗教的组织与活动来看，儒教曾经是中国一种成熟的高级宗教。在中国古代的王朝时期，孔庙与遍布全国的贤人祠堂往往是国家与地方官方祭祀的地方，在民间则以氏族、宗族、家庭为主敬天祭祖。五四运动以来，作为国家典礼的儒教仪式已经式微，但儒教的文化影响却持久不衰，民间儒教虽有简化的趋势，但在部分地区却延续下来并会长期存在。儒教与中国传统宗法社会相适应，没有特殊的宗教组织，而被许多人认为不是一种宗教，其实这正是中国原生态宗教的特点。

71

一、白鹭村调查

2003 年我们①考察了江西省赣县的客家古村——白鹭村,在这个有八百余年历史的古村庄中,仍能感受到浓郁的儒教遗风。

白鹭村位于赣县县城北部 63 公里处,面积约 1.5 平方公里,青山环抱,溪水九曲,风景优美。白鹭村始建于南宋绍兴六年(1136年),其创始人钟舆为唐朝名相钟绍京的第 16 代孙,当时他仅是一个普通的客家农夫,携妻与二子从兴国放鸭至此。明清时期,这位客家放鸭人的后裔将这个僻野山村建设成一个文化荟萃之地,至今我们仍然可以从当地的古建筑及相关的民间信仰活动中,感受到其中凝聚着的浓郁的儒教文化气息。

我们看到:白鹭村保留了紧密相连的 69 栋古祠堂,祠堂分两类:一类是平时不住人的专祀祠堂;一类是既住人家,又可供奉祖先神位的祠堂。

目前,保存较完整的专事仪式的古祠堂有:

世昌堂,始建于宋代,是当地钟氏总祠堂。祭祀白鹭村的创始者钟舆,因其字世昌,故名世昌堂。往昔,祠堂院内外立有数百对刻录子孙功名的旗杆石,院外广场铺有石拼的八卦图案,是举行氏族公共祭祖活动的场所,也是举行氏族重要庆典与文艺演出的地方。这种祭祖活动除了"文革"期间中断,已延续八百余年。仪式中,除了"慎终追远"的祖先崇拜意味外,还要表彰当时的优秀学子与为公利民的贤人。旗杆石上留名,被族人视为最光荣的盛事。过去每年农历正月,村民在这里举行"扮神会""迎彩灯""抢打桥"等大型民俗活动。为死者举行"辞祖"仪式,也要在这里稍事停留。

---

① 在赣县宣传部同志的陪同下,2003 年王宏刚与上海温兴生物工程公司董事长陈宏强考察了白鹭村。

这些活动新中国成立后逐渐停止,近年有所恢复。

恢烈公祠,建于乾隆年间,内有三栋连体建筑,设"葆中堂""友益堂""观音厅"等。葆中堂正厅是清代排练东河戏的地方;友益堂正厅字画满堂,字画内容多为表达儒教思想的人生格言;观音厅为三开间,是主人的子女居住与供奉观音的场所。可见儒教与佛教信仰在家族中共生。

王太夫人祠,建于道光年间,为供奉嘉兴知府严崇俨生母王太夫人的祠堂,朴素雅致,是我国封建时代为数不多的女性祠堂。

子善堂,是族人祭祀族中先贤钟谷的场所,因其号为"子善"得名。钟谷在清朝咸丰、同治、光绪年间为官,官至二品。他在湖北为官20余年,平冤案十数起,从白鹭村斥巨资修长江大堤300余里,被当地百姓命名为"钟公堤",并立生祠。他为家乡修路搭桥,捐资兴建赣南钟氏总祠堂,并担任族谱主修。另外,他与其父一起将昆腔与当地高腔结合,形成了新戏种——东河戏,撰写了百余个东河戏剧本,使东河戏成为赣州地区的第一大戏。钟谷晚年贫困,仍竭力维持其父修建的"保中义仓",资助村中贫困学生。

保善堂,建于乾隆年间,为奉祀钟愈旭、钟崇保父子的专祀祠堂。钟愈旭是白鹭村繁荣的奠基人,著有《树经堂文集》《万氏妇科医书》《锄月山房诗稿》等文集,重视教育,有"十子十成名"的美誉。钟崇保是清朝嘉庆年间的本村外交家,组织了许多大型文化活动。

兰善堂,建于乾隆年间,专祭族中师表——乾隆时期的秀才钟崇伊、拔贡钟仁统的堂屋。钟仁统有《竹虚斋诗稿》传世。

佩玉堂,建于1919年,奉祀钟氏仁垠、仁培兄弟,该兄弟俩是清朝末年民国初年的普通农民,栉风沐雨化缘行乞,助学建祠,受到族人的敬仰。①

这里的 69 栋客家老宅都是儒教敬天祭祖的场所,祭祖活动除了"文革"中有短暂的中断,从白鹭村肇始到今天,儒教意识及其仪式,就一直传承着。至近现代,儒教的大型仪式已经式微,但家族或家庭敬天祭祖仪式却从未中断,并成为节庆活动的主要场所。

听当地人说:在"文革"中,白鹭村的古建筑遭到严重破坏,唯有王太夫人祠完好无损,因为当地居民对王太夫人的敬仰抵御了当时强大的外界冲击。王太夫人作为知府的生母,一生相夫教子,培养出优秀的子女。她自己布衣素食,将家财用于为病人施药,为贫者施粮衣,为死于白鹭村的乞丐安葬。她临终前,嘱咐儿子要建能容 1 000 担谷的义仓。王太夫人死后,其子建起了义仓。王太夫人的义举受到朝廷的诰封。使当地居民至今念念不忘的是,王太夫人祠的底层是村中赤贫子弟免费上学的地方,学生还能在此得到实物资助,被人称为古代的"希望小学"。近年,中央、省市电视台为此拍了专题片,反响热烈,香港企业家詹益邦先生为王太夫人祠堂的修缮捐资。

又如,洪宇堂专祠一位明代的百岁老人钟邦梧(1524—1623),他勤奋好学,才华过人,但一生不仕,专心攻医,成为当地的一代名医,常常为贫困平民免费看病,深得民众的爱戴。明朝天启三年他逝世时,朝廷敕修此祠,其南门柱坊上建有五重方木垒成的如意斗拱。如今,洪宇堂仍巍然屹立,其中的儒教祭礼将他的事迹与精神传承至今。

从白鹭村的祭祖情况来看,儒教祖先崇拜的重点是贤人崇拜,这与北方民族原始宗教——萨满教祖先崇拜的重点是英雄崇拜相

---

① 参见该县文史资料第九辑《客家古村白鹭》,内部资料本。

似。[1] 某些体现了儒教人文理想的祖先在祭祀仪式与日常生活中，会受到后辈族人更多的崇仰。

二、白鹭村的历史贡献

儒教培育了白鹭人"重教兴学"的文化精神。自明朝永乐年间至清朝康熙年间的三百余年中，白鹭人依凭鹭溪水运逐渐富裕起来，在儒学思想的影响下，将大量财富用于教育。家族与私人纷纷办学，私塾、学堂、书院数量为全县第一，"四留书院""白鹭小学"曾是驰名赣南地区的好学校，培养出一批批优秀人才。明、清时期，这个如今也只有 2 000 余人口的山村，出了 568 个秀才、17 个举人，宗谱记载的"仕宦列传"者 602 人。白鹭人撰写的著作颇丰，《易经集解》《礼记集解》等几十部流传于世。

白鹭村这个赣南山村在中国近代革命史上写下了浓重的一笔。1930 年 2 月，陈毅、罗炳辉建立了以白鹭村为中心的革命根据地。1930 年 9 月，毛泽东、朱德在白鹭村福神庙召开了红一方面军军团会议，作出了第三次反围剿斗争的正确部署。李富春、蔡畅曾经多次在白鹭村指导苏区工作。红军长征后，罗孟文主持的中共特委，在白鹭村一带坚持地下工作。中华苏维埃政权的粤赣省财政部长钟声湖等是白鹭村籍的烈士。[2] 可见，白鹭村这个古村落也是中国革命的摇篮之一。

白鹭村村民除信仰儒教之外，还有祭祀地方神、民俗神的习俗。建于宋代的福神庙与建于明代的仙娘阁就是祭祀地方神、民俗神的场所。福神庙供奉观音、黄飞虎、土地爷、赖公、赵公元帅等神像，农历正月在这里举行诸神出巡仪式并有三天社戏，每三年举

① 富育光、王宏刚：《萨满教女神》，4 页，沈阳，辽宁人民出版社，1995。
② 参见该县文史资料第九辑《客家古村白鹭》，内部资料本。

行诸神"升官"仪式。"文革"中,神像被毁,20世纪80年代又重建,烧香祭祀活动也有所恢复。仙娘阁供奉金霄、银霄、碧霄三姐妹,都是源自《封神演义》的民俗神,还供奉许真君、韦驮、康爷等佛、道教与地方神、民俗神神像。信众主要将他们视为保健康的医神,当有孩子出天花时,要到此烧香祭祀,"收花"①时经常举行社戏。往昔,世昌堂等大祠堂请戏时要在这里举行三天社戏。可见,在宋、明以来的漫长岁月中,白鹭人形成了以儒教为主,儒教、佛教、道教与地方神、民俗神四位一体的民间信仰互动体系。

儒教还深刻地影响了道教、佛教。道教、佛教除了出家的道士、僧人外,一般的信众不易确定,与儒教的信仰特点有关。道教是土生土长的中国宗教,在两千余年的发展演变过程中,吸收了相当一部分地方神、民俗神,而与民众的信仰贴近。这些地方神、民俗神一部分来自中国古代的民间信仰,一部分源自儒教,而且这个历史演进过程至今没有完结。源自古印度的佛教,在中国本土化的过程中,不仅吸收了道教、儒教的某些成分,也吸收了某些地方神、民俗神,一直延续到今天。

---

① 痘愈。

第三章 妈祖信仰的历史与现状研究

中国的民间信仰都具有一种集体英雄主义的悲壮与崇高，这是民间信仰能够在广阔的时空中传承、传播的内在原因。除了众所周知的女娲、黄帝、炎帝等文化始祖外，东南沿海一隅的地方神——妈祖已成为跨越五大洲的世界华人的海洋女神，对传播地的文化发展起了重要的历史作用。

第三章　妈祖信仰的历史与现状研究

中国的民间信仰林林总总,形态各异,但其文化主要性质是英雄崇拜,虽然各历史时期、各区域英雄崇拜的形式与内容有很大的区别,但都具有一种集体英雄主义的悲壮与崇高,这是民间信仰能够在广阔的时空中传承、传播的内在原因。除了众所周知的女娲、黄帝、炎帝等文化始祖外,一些地方的民俗神如妈祖从东南沿海一隅的地方神,成为跨越五大洲的世界华人的海洋女神,对传播地的文化发展起了重要的历史作用。

2006年妈祖祭奠成为我国首批非物质文化遗产保护项目,2009年妈祖信俗成为联合国教科文组织批准的世界非遗保护项目。近年,我们曾经在福建、台湾、香港、吉林、辽宁、天津、山东、江苏、上海、浙江、河南等地考察了这个全世界约有2.1亿信众的中国民间信仰,在考察中,我们发现除了个别地方①外,大部分地方的妈祖信俗不由宗教部门管理,而是由文化或旅游部门主管。妈祖信仰从一个方面生动地反映了中国民间信仰的特征与功能。本书选择田野调查中的部分内容探索其中的文化精神。

一、十五年前妈祖调查从满族故乡开始

"妈祖"本非神名,而是闽台粤一带民间对高辈分女性的称谓,船员有时直呼其为"船仔妈",表达女神与信众亲如一家的密切关

---

① 如南京下关的妈祖庙已有佛教和尚入住。

系。在中国的民间信仰中，地域或氏族的守护神经常以亲属称谓，如笔者曾调查过的上海郊区某些地方农民对佛教、道教之神与地方神、民俗神统称为"太太"（上海方言：爷爷），北方满族称守护神为"妈妈"（满语：奶奶）、"玛法"（满语：祖父）、"格格"（满语：姑娘）等，体现了中国文化中的人神关系。虽然妈祖受到皇朝的不断敕封，在妈祖崇信的传播过程中，人们也敬称妈祖为"天妃""天后"，但"妈祖"这个原始称谓仍是最普遍的，意蕴着这位民间女神的平民特色。

妈祖本是福建湄洲岛的民间神，因宋、元、明、清皇朝的多次敕封，而成为国家神，自清康熙王朝以来，妈祖与黄帝、孔子同受国家祭奠。妈祖在中国的文化地位，也加速了妈祖在世界的传播。

（一）调查从桓仁满族自治县开始

长白山是满族（清王朝）的肇兴之地。1996 年笔者①在长白山南麓的桓仁满族自治县看到了建于清代的一座天后宫，②该天后宫保存完好，巍然矗立。这里距清朝（后金）第一个古都赫图阿拉不到一百公里，如今仍是满族聚居的地方。该地满汉各族民众的天后崇拜已持续一百余年，直至今天。在远离海洋的东北腹地看到源自南方的中国海洋女神妈祖崇拜的鲜活形态，激起笔者心灵的震撼。

往事越千年。

一千余年前，妈祖崇拜萌生于中国东南海岸一隅——福建莆田湄洲屿，此后的一千余年，中国先民以妈祖为海洋开拓的精神旗帜，使自己的足迹遍及五大洲，拉动了中国式的海洋与大陆的良性

---

① 指王宏刚。
② 这次田野调查是农民企业家余长江发起的，他提供了车辆与相关资金。当时正好遇到 1888 年以来的特大洪水，我们从桓仁满族自治县方进入长白山地区。

互动,推动了中华文明的发展与在世界的和平传播。如今,在五大洲华人集聚的地方都有妈祖庙①,有一定规模的在1 500座以上,信众超过2.1亿人,从而使中国海洋女神的信仰形态带有某种世界性。这是人类文明史中的一个奇迹,寓涵着中华民族文化具有生生不息生命力的历史奥秘。

一个偶然的邂逅引起我们15年的思索。

2002—2003年,笔者在日本千叶大学合作研究期间,考察日本妈祖崇信的史迹,并能静静地阅读有关世界各地的妈祖文化资料。阅读是宁静的,而心路历程却波澜壮阔。北宋以来一千余年的历史中,妈祖崇拜的萌生、形成、发展、传播的历史路线图,记刻着中国人对海洋开拓这一充满艰辛而又光荣的历史步履。通过世界各地华人对当地的艰辛开发的历史足迹与现状,来揭示妈祖所凝聚的中国文化精神,成为笔者的一个夙愿,由此,65集文化专题片《中国的海洋女神》整体构思已完成初稿。

2004—2005年,我们实地考察上海、江苏沿海的妈祖崇信史迹与民俗。虽然,上海作为中国的重要出海口,宋元时期就有妈祖庙,20世纪50年代前曾经有一定规模的妈祖庙8所,但如今已不存在,市内河南路桥的妈祖庙建筑迁至松江方塔园——建成了新"天后宫",反映了妈祖文化遗产抢救、保护的紧迫性。但在民间,妈祖崇信的薪火未断。上海沿海的渔村仍传承着妈祖崇拜的仪式,亲如母亲神的妈祖神像走入渔民的家中。令人振奋的是:明代郑和七次下西洋都要祭祀的江苏浏河天后宫②至今完好,仍是江苏太仓、昆山,上海宝山、嘉定、崇明民众崇信的对象。

---

①　名天妃宫、天后宫、天后寺、圣母坛、文元堂、朝天宫、天后祠、安澜厅、双慈亭、纷丽殿等。

②　即江苏太仓浏河天妃宫,又名"天妃灵慈宫",俗称"娘娘庙",为我国明代航海家郑和下西洋的重要历史遗迹。始建于北宋宣和五年(1123年)。

2005 年秋,笔者有幸与台湾"中华妈祖文化产经慈善发展协会"理事长蔡泰山、台湾兆丰国际集团董事长蔡添寿先生相识,并达成共识:共同探索妈祖崇信在世界传播的文化奥秘。

在对妈祖文化的挖掘、抢救、保护基础上进行系统研究,以提升、弘扬从中国本土走向世界的中国海洋文化,是应对已经到来的"海洋世纪"的举措之一,是中华民族在本世纪中叶实现全面复兴的基础文化工程之一,我们都将为此尽绵薄之力。

本书从妈祖崇信走向世界的历史回顾中,初步探索其文化特征与历史成因。本文是实现我们 15 年夙愿的起点。

（二）中国海神历史性嬗变的成因分析

中国自古就是一个大陆与海洋相连的国度,先民对海洋的开拓甚早,所以产生海神也甚早,据文献记载可追溯到春秋、战国时期,如《山海经》之《海外北经》《大荒东经》《大荒南经》《大荒北经》等记录的海神"人面鸟身";汉代司马迁《史记·秦始皇本纪》记载:"始皇梦与海神战,若人状。问占梦,博士曰:'水神不可见,以大鱼蛟龙为候。今上祷祠备谨,而有此恶神,当除去,而善神可致。'"可见当时人们认为海神为海中之大鱼,但已经有了人的性格。在唐天宝年间又出现了四海龙王,虽然其仍然带有古代图腾主义的绪余——仍以神化的动物形象为主体,但已有人间帝王的威严。在其神话传说中,往往有龙母、龙后,可见其是男性海神。意味深长的是:至北宋初年,妈祖崇信自中国东南海岸一隅迅速传播,不仅在中国沿海,而且深入大陆腹地,并驰骋远洋——在五大洲落户,成为世界华人以及各地部分原住民共同信奉的海洋女神。虽然四海龙王等古代海神的崇信仍未消失,但文化影响已整体式微,某些少数民族仍传承着本民族的海神崇拜,但妈祖无疑是中国信众最多、影响最广的海洋女神。

海洋开拓至今仍是人类最具风险的事业,基本上是男人的事业,但近一千余年来,中国的海神历史定位在妈祖———一位年轻的女神身上,不得不说这是一个引人入胜的历史哑谜。本节从中国海神的历史性嬗变中,探索妈祖崇信的文化根基,从探索中国文化特质的视角来初步剖析其中的文化奥秘。

女神诞生是当时蓬勃发展的海洋开拓事业的需要。

妈祖诞生地紧邻宋代"海上丝绸之路"的重要出海口———泉州。东汉时期,泉州成为中国南北海上交通的枢纽。南朝时期,泉州已开始远洋航运。唐代安史之乱后,陆上丝绸之路中断,南方海路开始承担起中外交流主干道的历史重任。宋初,随着中国造船业的发达与指南针等远航技术的完善,泉州凭其优越的自然条件成为当时"海上丝绸之路"最重要的国际港口之一。当时外销的货物还有瓷器、茶叶等,它又被称为"香瓷之路"。泉州因此成为中外经济、科技、文化交流的枢纽。北宋哲宗元祐二年(1087年),泉州设立市舶司,专责处理海上贸易事务,成为东方第一大港。南宋庆元二年,在泉州的市舶司相邻之地盖了天后宫。此后,妈祖崇信随着闽南船员的足迹遍布世界。如此,是中国海洋开拓事业的客观需要催促了女神的诞生。

妈祖崇信的萌生是满足当时中国先民开拓海洋的精神需求。

海洋远航就意味着远离故土,作为有浓郁家乡情结的中国人,如何慰藉游子的思乡之心?与海浪搏击,需要非凡的勇气、智慧与团队精神,用什么形态的文化精神来铸造征服大海的精神力量?到了远离故土的异地,如何与当地原住民友好交往,以至融为一体共同开发,需要何种文化的凝聚力……凡此海洋开拓的精神要素由妈祖崇信所承载、表达,如此构成了女神诞生的内在原因。

(三)妈祖的神话传说

妈祖诞生的神话传说有多种版本。据有关古籍记载与民间传说,其基本内容如下:妈祖原名林默,世居福建莆田,湄洲屿人。其父林愿,官至训检。林默于北宋建隆元年(960年)出生,5岁能诵《观音经》礼佛,13岁得道士授法,能治病,事亲至孝,救海难。北宋雍熙四年(987年),林默从福建渡海到台湾,同年羽化成神,被民众敬奉为海洋女神。

妈祖出生地主要有两种说法:一说生于该县湄洲屿,一说生于该县贤良港。乾隆年间编修的《敕封天后志》采取了折中的说法,认为妈祖诞生于贤良港而飞升于湄洲屿。湄洲屿东南面对台湾海峡,西临湄洲湾,北与西浦半岛隔海相峙,屿上人们多以捕鱼为业,这是女神诞生的自然、人文背景。

从女神诞生的神话传说中,可以看到佛道的文化因子,但主流是"孝亲"与"助人"的民间巫女,而"孝亲"与"助人"是中国传统文化的健康基因,妈祖的种种"救海难"的神奇传说由此演化而来。妈祖的生平传说没有事关军国大计的丰功伟绩,却都是与渔民、船员、水手生命攸关的海上故事,如此成为他们须臾不能离开的海上守护神。

妈祖崇信的文化基础主要寓涵在其神话传说中。妈祖生平业绩有许多传说,我们据《天后志》及《天妃显圣录》等文献记载的神话传说可大致分为两大类型:

1. 妈祖成神的神话传说

《妈祖诞降》 妈祖父亲林惟悫,母亲王氏,多行善积德,住湄洲岛。惟悫年四十多岁时,已生有一男五女,经常焚香祷告想再生一个儿子,感动了南海观音。一天晚上,观音托梦给王氏并对王氏说:"你家行善积德,今赐你一丸,服下当得慈济之赐。"不久王氏便怀孕了。北宋建隆元年(960年)3月23日傍晚,王氏分娩时,西北处一道红光射入屋中,并伴有隆鸣之声,妈祖降生了。妈祖从出生到满月,一声不哭,所以,其父母给她取名林默。

《菜屿长青》　湄洲岛旁边有一个小屿,传说有一天,妈祖到该地上游玩时将菜子撒在地上,不久菜子花开满地。随后,每年无需耕种,自然生长。当地人视仙花采之。以后,人们就把这个地方称为"菜子屿"。

《祷雨济民》　相传妈祖 21 岁的时候,莆田地方大旱,县尹亲往向妈祖求救,妈祖祈雨,并说壬子日申刻就会下大雨。到了那天,上午晴空无云,丝毫没有下雨的征兆,申刻一到,突然乌云滚滚,大雨滂沱而下,久旱遇甘雨,大地恢复往日生机。

《挂席泛槎》　相传妈祖在世时的一天,海上起风浪,妈祖要渡海,船上没有船桨、船篷,船手不敢开船,妈祖告诉船手"只管起船"。随即叫人将草席挂在桅杆上用作船帆。船开上海面,乘风破浪,飞驰而去。

《化草救商》　相传妈祖在世时,湄洲屿西边要冲叫门夹①。有一次,一艘商船在附近海上遭到飓风袭击触礁,即将沉没。妈祖信手在脚下找了几根小草,扔进大海,小草变成一排大杉划到并附在即将沉没的商船上,商舟得救,船中人免难。

《降伏二神》　相传在妈祖 23 岁时,湄洲西北方向有二神,一为顺风耳,一为千里眼,经常出没为害百姓。妈祖为了降服二神,与村女们一起上山劳动。过了十多天,二神终于出现了,妈祖大声呵斥,二神见妈祖神威,化作一道火光而去。妈祖拂动手中丝帕,顿时狂风大作,二神持斧疾步如飞,妈祖用激将法激二神丢下铁斧并认输谢罪而去。两年后,二神在海上再次作祟,妈祖用神咒呼风飞石使二神无处躲避,只好服输,被妈祖收服为将。

《解除水患》　相传妈祖 26 岁时,福建与浙江两省遭受大水灾

---

① 今天的文甲。

之害,皇帝下旨就地祈神无效。当地百姓请求妈祖解灾,妈祖道:"灾害是人积恶所致,既然皇上有意为民解害,我更是应当祈天赦佑。"于是焚香祷告,突然天开始起大风,并见云端有虬龙飞逝而去,天空晴朗了。那一年百姓获得了好收成,人们感激妈祖,省官向朝廷为妈祖请功并准得到褒奖。

《救父寻兄》 相传妈祖16岁时秋天某日,其父兄驾船渡海北上,妈祖在家织布,忽然闭上眼睛,使尽全力扶住织机,母亲见状,忙叫醒她。妈祖醒来时失手将梭掉在了地上,见梭掉在了地上,妈祖哭道:"父亲得救,哥哥死了!"不久有人来报,果然父兄遇海难,兄掉入海中不见踪影。妈祖陪着母亲驾船前去大海寻找,突然发现有一群水族聚集在波涛汹涌的海面,妈祖知道是水族受水神之命前来迎接她。这时海水变清,其兄尸体浮了上来,于是将尸体运回去。此后每当妈祖诞辰之日,夜里鱼群环列湄屿之前,黎明才散去,而这一天也成为当地渔民的休船之日。

《恳请治病》 相传妈祖在世时,有一年莆田瘟疫盛行,县尹全家染病。县尹亲自拜请妈祖,妈祖念他平时为官不坏,加上他是外来官,告诉他用菖蒲九节煎水饮服,并将咒符贴在门口。县尹回去后遵嘱施行,不日全家痊愈。

《收服二怪》 相传妈祖在世时,湄洲有嘉应和嘉佑二怪,经常出没害民。有一天,一位船客遭怪物作怪,船将沉没。妈祖见之即化作一货船,前去救难。嘉佑见货船前来,立即来追货船。妈祖口念神咒,将其制伏收入水阙仙班。为制伏嘉应,妈祖施计,于山路独行,嘉应以为只是民间美女,便起歹心前来触犯,妈祖一挥拂尘,嘉应见之不妙逃去。时隔一年,嘉应又出来为害百姓,妈祖叫村民带符焚香斋戒,自己则乘小舟,到海上出其不意降伏嘉应。妈祖也将嘉应收为水阙仙班一员。

《窥井得符》 相传妈祖16岁时,与一群女伴出去游玩。她对着井水照妆,一位后面跟着一班神仙的神人捧着一双铜符拥井而上,把铜符授给她,女伴们都吓跑了,而妈祖则从容接受铜符。妈祖接受铜符后,灵通变化,符咒避邪,法力日见神通,以至她常能神游,腾云渡海,救急救难,人们称她是"神姑""龙女"。

《驱除怪风》 相传妈祖在世时,湄洲对面吉蓼城西面,有一座跨海石桥,是南来北往的要道。有一天,一阵怪风刮断了全部桥桩,交通断绝。百姓以为是风神所为,祈求妈祖解难。妈祖到石桥处察看,见远处天空一道黑气,知道是有怪所为,于是施展灵术将怪驱逐远去,从此石桥通畅无阻。

《收服晏公》 相传妈祖在世时,海上有一怪叫晏公,时常在海上兴风作浪,弄翻船只。有一天,妈祖驾船驶到东部大海,怪物又开始兴风作浪,妈祖乘坐的船只摇晃得非常厉害。妈祖即令抛锚,见前方波涛中一舟上有一金冠绣袖、掀髯突睛之神在作怪。妈祖不动声色,掀起狂风巨浪与之抗击,晏公害怕妈祖的神威,叩拜荡舟离去。但怪物一时为法力所制有所不服,于是变成一条神龙,继续兴风作浪,妈祖在中游抛锚,制伏神龙。妈祖命令晏公统领水阙仙班①,成为妈祖部下总管。

《收高里鬼》 相传妈祖在世时,有一个叫高里的地方出了一个妖怪,当地百姓深受其害,染上百病,求妈祖医治。妈祖给求治者一符咒,叮嘱百姓将符咒贴于病人床头上。妖怪知符咒法力巨大,于是变成一只鸟逃去,妈祖追出,见鸟藏在树上,鸟嘴还喷出一团黑气,妈祖追击并将鸟抓获。原来是一只鹪鹩,妈祖用符水喷洒小鸟,小鸟落地变成一撮枯发,妈祖取火烧之,枯发现出小鬼原相。小鬼忙叩请妈祖收留,妈祖于是将它收在部下服役。

---

① 共有十八位。

《铁马渡江》 相传有一天,妈祖要渡海,可是没有船只,这时候,妈祖见旁边屋檐前悬有铁马,于是取之挥鞭,铁马奔海对面风驰而去,待人上了对岸,忽然之间,铁马无影无踪,旁边的人无不惊叹"龙女"的神通广大。

《湄屿飞升》 宋太宗雍熙四年,妈祖时年28岁,重阳节的前一天,对家人说:"我心好清净,不愿居于凡尘世界。明天是重阳佳节,想去爬山登高。预先和你们告别。"家人都以为她要登高远眺,不知其将要成仙。第二天早上,妈祖焚香诵经之后,告别诸姐,一人直上湄峰最高处。这时,湄峰顶上浓云重重,妈祖化作一道白光冲入天空,乘风而去。此后妈祖经常显灵显圣,护国佑民,救人危难,当地百姓感激她,在湄峰建起祠庙,虔诚供奉。据传祖庙后的摩崖"升天古迹"处就是妈祖飞天的地方。

在民间,自古以来流传着更多鲜活的妈祖成神传说。我们收录的文献记载的传说,比较能反映妈祖崇信的历史面貌,所以以上述传说作为分析的根据。从上述传说中,可以看到妈祖如中国许多英雄神一样,有一个神奇的出身,其成神的业绩无不与"孝亲"与"助人"有关,而且在济世救人、除妖降魔的过程中表现出无私、智慧、勇敢的文化品格。妈祖崇信的文化特质是英雄崇拜。

2. 妈祖显灵的神话传说

《女神救船》 北宋宣和初年,莆田人洪伯通有一次航行在海上,突然遇到飓风,帆船差一点覆没,急呼神女搭救,喊声刚毕,大海突然风平浪静,洪氏躲过了灭顶之灾。

《圣泉救疫》 南宋绍兴二十五年(1155年),兴化一带发生瘟疫,无药可治。妈祖托梦给白湖一村民,说离海边不远的地下有甘泉,喝了可以疗愈疫病。第二天民众前去挖掘并取水饮用,果然灵验。消息传开后,远近人都来取水,染疫的人全都得救了,这口井被誉为"圣泉"。

《解除旱情》 1192年夏,闽地干旱严重,瘟疫蔓延,民众向妈祖祈求保佑,果然下雨;嘉定十年(1217年),兴化大旱,百姓祈求于妈祖,妈祖示梦下雨之时,果然灵验;宝祐元年(1253年),莆、泉大旱,两地共祷于妈祖,旱情即除。

《神助修堤》 1239年,钱塘江决堤,江水漫到艮山天妃宫时,水势倒流不前,百姓借势筑堤,大家都说是神力捍御。宝祐四年(1256年),又得妈祖神助建筑浙江钱塘江堤。

《神助擒寇》 南宋乾道三年(1167年),海寇侵扰,官兵数次围歼都无法得手,后凭妈祖神助获胜。嘉定十年(1217年),海寇再次犯境,官兵又得妈祖神助,擒寇首而胜。景定三年(1262年),海寇作乱于兴、泉、漳之间海域,官兵得到妈祖神助,在莆田湄洲一带海域擒获海寇。淳熙十一年(1184年),福建都巡检姜特立奉命征剿温州、台州一带海寇,临战前官兵乞妈祖神灵护助。战时隐约看见妈祖在云端之上,于是乘风进兵,擒获贼首,大获全胜。南宋绍兴二十七年(1157年)秋,莆田城东白湖地方章氏、邵氏二族人共梦妈祖指地立庙,第二年庙建成,护卫海上船民。后十年,海寇侵扰,百姓到庙里祈祷,忽然狂风大作,海浪滔天,敌畏惧而退。后来又来侵犯,妈祖再显灵威,很多敌寇被官军擒获。

《神佑使节》 北宋宣和五年(1123年),宋朝派使者率船队出使高丽①,在东海上遇到大风浪,八条船沉了七条,只剩下使者所乘的船还在风浪中挣扎,忽然船桅顶上闪现一道红光,一朱衣女神端坐在上面,随即风平浪静,使者所乘的船转危为安。使者惊奇,船上一位莆田人告知是湄洲神女搭救。明代郑和七次下西洋中,三次是船队遇到海寇掠夺,以及受到锡兰山国王亚烈苦奈儿陷害,一

---

① 今朝鲜半岛。

次是船队为苏门答剌国生擒,一次是船队在海上遇到飓风和险情,因得到妈祖神灵庇护而脱险。永乐七年(1409年),钦差尹璋出使,同年钦差陈庆等往西洋;永乐十三年(1415年),钦差内官送甘泉于榜葛剌国,同年太监王贵等又奉命往西洋;洪熙元年(1425年)乙未,钦差内官柴山往琉球;嘉靖十一年(1532年),钦差给事中陈侃等人往琉球册封;嘉靖三十七年(1558年),复遣郭汝霖等出使……均有天妃神助而安全往返。康熙二年(1663年),张学礼等往琉球国,归舶过姑米山遇风暴;康熙二十二年(1683年),册使汪辑等出使,归舟遇飓风;康熙五十八年(1719年),册使海宝等奉命赴琉球册封,归舟遇旋风;乾隆二十年(1755年),册使全魁于姑米山遇台风;道光十九年(1839年),册使林鸿年等赴琉球途中两次遇风暴……均得妈祖显灵庇佑而脱险。

《甘泉济师》 康熙二十一年(1682年)10月,清军水师提督施琅率三万水兵驻扎平海,等待乘风东渡台湾。当时正遇到干旱,军中缺水。平海天后宫旁有一被填废井,施琅命令挖掘,并暗向妈祖祈祷,井挖好后泉水甘口,解了老百姓、兵士用水之难,泉水从此不竭。施琅以为这是妈祖赐甘泉济师,亲书"师泉"二字,此井至今仍存在。

《佑助收艇》 康熙二十一年(1682年)12月,施琅率兵渡海,因缺风船行很慢,回航平海。忽起大风,战舰上小艇被风刮下海,不知去向。第二天风停息后,命令出海寻找小艇,均安然停在湄洲湾中,艇上人报告说:昨夜波浪中见船头有灯光,似人揽艇,是天妃默佑之功。施琅大为感动,命令整修平海天后宫,重塑妈祖神像,捐重金建梳妆楼、朝天阁,并请回妈祖神像一尊奉祀在船上。

《澎湖助战》 康熙二十二年(1683年)6月,施琅率兵攻打澎湖,军中士兵感到神妃在左右助战,个个英勇向前。千总刘春梦天妃告之二十一日必克澎湖,七月必克台湾。后来清兵强攻澎湖七昼夜,并台湾统一。当时清兵出战攻澎之日,相传是妈祖派千里眼、顺风耳二神将助战。

《神佑制胜》　康熙十九年(1680年),水师提督万正色驻守崇武,夜梦神妃佐风,于是进兵,迫郑军舍厦门入台湾。乾隆五十二年(1787年),钦差大臣福康安等赴台,返回至大担时迷失航向,得神火引导而顺返。道光二十一年(1841年),侵华英军进驻上海潮州会馆,裸卧天后神前,夜里梦见受到棍击,个个惊喊救命。

《庇佑漕运》　道光六年(1826年),江南有一支千余艘的漕运船队,一日船队抵达黑洋,遭到风暴,得到妈祖神灵护助,整个船队二三万人安然无恙。

上述传说中,妈祖的海事行为均与百姓安生、国家安定有关,并且纵深到内陆。因此中国海洋女神的神话传说是中国开拓海洋的时代心声——集体创作的结晶,它不为个人的兴衰荣辱而悲叹啼笑,乃是作为全人类①的喉舌而发扬踔厉,因此其主题恢宏,题材重大。

在妈祖林林总总的神话传说中,中国文化所孕育、弘扬的人格典范——对生命的珍爱、社会正义、勇敢、无私、孝悌、仁爱、乐善好施等得到生动体现,而且,寓意着中国人和谐大同的社会理想。在中国人的心目中,人与神的根本区别在于后者是永远不死的,妈祖显灵的神话传说正是体现了这种观念。这种观念的积极意义在于:其在追求人类族体永生的不懈努力中,传承了对人类当下与未来发展具有永恒价值的文化基因。

妈祖崇信所寓意的中国文化特质使其成为中国海洋开拓的精神旗帜。

---

① 其范畴有氏族、民族、国家的历史演进。

二、妈祖信仰在台湾①

2006 年元月中共中央总书记胡锦涛考察福建省时强调:福建与台湾一水之隔,促进闽台交往具有得天独厚的优势,80%以上台湾居民祖籍在福建,妈祖信仰等深深扎根在台湾民众精神生活当中。福建要运用这些资源,在促进两岸交流合作中,更好地发挥作用。② 总书记的指示说明妈祖信仰对台湾的重要性以及福建省要用好这个资源来发展两岸关系。

(一)妈祖崇信在台湾地区的传播

台湾自古以来是中国的神圣领土,古称"夷洲"。秦汉以来,与大陆间的交往频频见于史传。自隋朝开始,称为"琉球"。南宋时,澎湖隶属福建路晋江县。元朝在澎湖设巡检司,管辖澎湖、台湾民政,隶属福建省泉州同安县③。当时由于连年争战,社会动荡不安,北方的汉人大量南迁,其中渡海到澎湖、台湾定居的不少。据《林氏大宗谱》记载:"北宋初北方流民涌入莆田湄洲沿岸,林默造木排渡难民往澎湖定居谋生。"引文中的"林默",就是后来的"妈祖"。

被联合国教科文组织誉为"和平女神"的妈祖,自从宋元传入台湾地区以来,一直深受台湾民众的爱戴,并有着大量的信众。妈祖信仰已成为台湾民众文化心理的重要组成部分,深刻地影响着台湾民众的日常生活和思维方式。对妈祖的崇信反映了台湾民众的中国情结与强烈的文化寻根意识,因为台湾地区妈祖崇信是随

---

① 2006 年 9 月,上海社会科学院妈祖文化研究中心主任王宏刚,受台湾"中华妈祖文化产经慈善发展协会"理事长蔡泰山的邀请,考察台北妈祖庙并参加妈祖文化研讨会;2006 年 11 月,上海社会科学院妈祖文化研究中心与上海松江妈祖庙合作,召开了第一届海峡两岸妈祖研讨会,台湾有二十余名学者与会;2007 年 5 月,王宏刚参加泉州华侨大学举办的第一届海峡海西文化经济研讨会。
② 2006 年 2 月 10 日《妈祖故里》头版头条新闻。
③ 今厦门。

着大陆汉族移民的开拓步履传播并传承的。

大陆向台湾移民,历史上以闽人居多,闽人中又以泉、漳两府为最。[①] 据统计,1926 年台湾总人口为 3 751 600 人,其中福建籍 3 116 400 人,占总数的 83.07%。当下台湾的福建籍人仍在 80% 左右。闽人渡台,为求一帆风顺和开垦成功,大多数人都随身携带在家乡崇祀的神像或香火之类的圣物,平安到达目的地后,便将神像或香火挂在田寮或供于居屋、公厝等处,朝夕膜拜,祈求神灵护佑,已成民俗。到了台湾之后,他们就把随船而来的神像供祀于庙宇中,这就是台湾民间宗教信仰中最普遍受供奉的是妈祖的历史原因。由于台湾与大陆之间存在着人缘(血缘)、地缘、神缘、商缘等方面的密切关系,它的民间文化多自大陆传来或受中国传统文化影响而产生,其中又多具有闽南及广东一带的地域特点。

妈祖信仰在台湾的传播是从宋朝汉民移民往来开始的。台湾地区最早的妈祖庙为澎湖天后宫,它建于元朝至元十八年(1281 年)。明代戚继光剿灭海上倭寇后,曾将该庙扩大,万历十二年 (1584 年)再度扩大。台湾规模最大的妈祖庙是鹿港妈祖庙,传说永历十五年(1661 年)郑成功东征鹿耳门港时,妈祖显灵助战,因而兴建。在郑成功、郑经治台时期,台湾就建了十座妈祖庙,即今台南市的开基天后宫祖庙、鹿耳门圣母庙、显宫里的天后宫、今台南县五兴里的朝隆宫、水正里的护庇宫、西港村的庆安宫、今嘉义县东石的港口宫、新港的奉天宫、今高雄县竹东的天后宫、今彰化县鹿港的天后宫。[②]

到了清代,航海者祈求妈祖保佑平安,已成为普遍的社会信仰。因此,哪里的海上船只来往得多,哪里的妈祖信仰就会兴盛

---

① 连横:《台湾通史》(下),403～405 页,北京,商务印书馆,1983。
② 林衡道:《台湾寺庙大全》,271 页,台北,青文出版社,1974。

起来。

在清初康熙帝收复台湾战役中,志书上每有记载妈祖显圣助战的奇迹。例如,康熙二十一年(1682年)十月,施琅征台大军驻屯于平海时,因其地斥卤,水不可饮,只有妈祖宫前一口小井,但水甚浅。施琅虔祷妈祖而得水,此井被命名为"师泉井"。同年,施琅于12月26日夜由平海开船进军,一日一夜,仅到乌丘洋。因无风不得行而回师。倏起大风,浪涌滔天,战船小艇随波逐流,大有全军覆灭之危,施琅率众祷告妈祖……忽见船头有灯笼火把,风息浪平,似有人挽揽而行……到湄洲澳中。将士认为是妈祖的神佑。康熙二十二年(1683年)六月,施琅率水师与郑军战于澎湖,双方海战激烈,炮声隆隆,烟雾迷海……将士恍见妈祖如在左右,遂皆奋勇前进,认为是妈祖显神助战胜敌。先是千总刘春梦妈祖告之曰:21日必将得澎湖,七月可得台湾。后果然。平海多人入天妃宫,咸见妈祖衣袍透湿。由此康熙帝封妈祖为"天上圣母",颁"神昭海表"匾额一方。康熙帝收复台湾后,对妈祖信仰继续采取其鼓励传播政策,以台南大天后宫为当时官方祭祀的中心庙宇。清廷通过皇帝和地方官吏给妈祖赐匾以及由台南府知府率员举行祭祀,提高了妈祖信仰的凝聚力。

建于康熙三十三年(1694年)的北港朝天宫成为台湾香火最盛的妈祖庙,它与莆田湄洲岛上的妈祖庙、天津的天后宫,并称为我国天后宫的三大庙。

自康熙六十年(1721年)至光绪十八年(1892年),台湾妈祖庙得到雍正、咸丰、光绪三个皇帝御笔匾额3块,还得到总督、总兵、提督、知县、钦差大臣等官吏歌颂妈祖神府的匾额45块,推动了妈祖崇信的传播与传承。清廷自康熙十九年(1680年)至同治十一年

(1872年),先后褒封妈祖15次①,并从天妃、天后直至天上圣母,给妈祖以无以复加的崇高地位,与黄帝、孔子一样受到国家祭祀。据统计,从康熙二年(1663年)到清末,台湾新建妈祖庙222座。

1895年6月日本占领台湾后,当局在台推行了"皇民化"运动和"寺庙升天"运动,妄图以日本神道教和靖国神社来取代台湾民间信仰,以此来隔断台湾与大陆的文化渊源关系。当时,许多民间宫庙被列入弃毁的名单,据《重修台湾省通志》载:"因此被其废弃之神像,有福德正神、开漳圣王、关圣帝君、三官大帝、天上圣母、五谷神农大帝、义民爷、玉皇大帝、保生大帝、三山国王、大众爷、斋教龙华派开祖罗祖师等。其他祖公会、神明会等泥涂之塑像用斧推破,木雕之神像则一部分送到台北帝国大学土俗学教室保管,以作研究资料。"②然而,闽台之间"血浓于水"的骨肉亲情与文化联系是任何力量都无法切断的。日本当局的殖民同化政策没有达到预定目标,反而一定程度上激发了台湾民众眷念祖国之情思,到祖庙进香谒祖就是其曲折的表现方式之一。面临着殖民者的重重关卡,他们绕过了日本当局的种种限制,组织香团取道香港或日本到湄洲祖庙进香。

1945年日本战败,台湾又回到了祖国的怀抱,各地寺庙或重建或新建,似雨后春笋一般,如新竹县沓山大后宫的圣母神像、香火炉在日本占领期间被烧毁,大铜钟被抢走,光复后,圣母神像、香火炉及大铜钟都得以及时添置。

20世纪50年代以来,妈祖信仰在台湾各乡镇中持续发展。据1988年统计,当年全世界有一定规模的妈祖庙千座,台湾有800多

---

① 其中康熙帝2次,乾隆帝3次,嘉庆帝1次,道光帝3次,咸丰帝5次,同治帝1次。

② 瞿海源:《重修台湾省通志·卷三·住民志·宗教篇》,259页,台北,台湾省文献委员会,1992。

座,仅台南一地就有116座。从台湾妈祖庙的布点来看,由南向北中心点分别为台南市的天后宫、云林县的北港朝天宫、彰北市的南瑶宫、台中县的大甲镇澜宫等,构成了一条妈祖信仰的中心线。妈祖庙的规模不一,从民间信仰的小寺小庙到颇为壮观的宫院,带有浓厚的乡土意识。台湾民众信仰妈祖的人越来越多,近年达到1 600万人,仅台湾大甲一地的进香团便从数十人发展到50 000人。百姓家中常在神龛中挂"家常五神",妈祖画像位居其中,妈祖与王爷(郑成功)、观音共同组成了台湾民间三大信仰,祭祀仪式也愈加宏伟,妈祖被誉为"天上圣母",又被视为观音菩萨的化身。

台湾著名的人类学家李亦园先生指出,妈祖信仰随闽粤汉族迁移入台后,"以若干原始的庙宇为中心形成很多信仰圈与祭祀圈,并且因盛行进香、割香的仪式活动,至今仍是台湾民间信仰的重要现象"①。由于台湾与妈祖诞生地一水之隔,在近一千年的传播与传承中,妈祖终于成为台湾民众的信仰主体。台湾成为当今世界妈祖崇信最密集最典型的区域,正如台湾人民推动中国和平统一促进会会长郭俊次先生所言:台湾岛即是妈祖岛。

(二)妈祖信仰在台湾的文化功能

妈祖的原生态神话传说在海峡两岸广为流传,妈祖的羽化成神与显灵救海难故事多发生在台湾海峡,《甘泉济师》《佑助收艇》《澎湖助战》《神佑制胜》等一组显灵传说,更是彰显妈祖神佑大陆与台湾的统一。可以说,妈祖崇信的形成离不开台湾海峡与台湾地区这个基本元素,反映了在漫长历史进程中海峡两岸的密切联系。

在台湾,妈祖不仅是救海难的海神,而且是雨水之神。"大道

---

① 李亦园:《人类的视野》,157 页,上海,文艺出版社,1996。

公风,妈祖婆雨"的传说形成了相关民俗。妈祖由"雨神"进一步衍生为"水利神""农神"。台湾濒临太平洋,每年台风频频来袭,丰沛的雨量容易造成洪灾水患,此时的民众即虔诚祈盼妈祖导水消灾。台湾民众每年举行妈祖巡境或迎妈祖时,神轿必会绕过插香之处,昭示若遭遇泛滥之水,就会顺此而流,不侵庄社。这一至今仍恪守不变的习俗,反映了台湾民众对妈祖治水灵力的崇拜。台湾素有"宝岛"之称,农耕以水稻为主,易受水稻病虫侵害,严重时颗粒无收。于是,农民们每年必祭拜妈祖,祈请驱虫灭害,保佑季季丰收。这些民俗与相关神话传说都基于两岸传承已久的妈祖成神、显灵神话传说的原型,如前文所述的《解除旱情》《解除水患》等。在台湾南北皆传说:二战时,美军轰炸台湾,妈祖显灵在半空中掀裙接住炸弹,保护了台湾民众。这则传说是妈祖《收服二怪》《神助擒寇》等驱魔佑民神话传说在后世的演化。可见妈祖文化是随着时代的发展不断丰富、创新的。

综上所述,我们可以看到:两岸共同流传的妈祖神话传说不仅体现了中华民族在悠久的历史中形成的民族文化精神,表达了中国人的人格典范与社会理想,而且,妈祖文化本身也是在两岸的互动中向前发展的。

(三)福建妈祖祖庙的分灵与台湾进香仪式分析

台湾的民间宗教大部分是从我国东南沿海特别是福建一带传去的,如关帝圣君、观音菩萨、清水祖师、保生大帝、妈祖等,其中妈祖的影响最深。台湾几乎每个村、乡、县、市都有妈祖庙,供奉圣母妈祖的家庭就有 300 多万户,这些妈祖宫庙都是从福建分灵衍派出去的。大陆先民渡海来台,为了祈求平安,常以分灵方式求得庙中妈祖神像"分身",捧上船头,漂洋过海,至台湾落籍后,则建庙供奉。如果无法求得妈祖神像分身,则以妈祖的香火袋代替,到台湾定居后,再另雕神像连同原香火袋供奉,称之为"分香"。有时海船遇难,船头妈祖神像落水,随波逐流,被信徒捡起供奉,称为"漂流"。按照妈祖神像在福建的分灵来源地可分为湄洲妈、温陵妈、银同妈。①

在福建妈祖庙向台湾分灵的历史过程中,逐渐形成了福建祖庙(根)→台湾开基庙(枝)→台湾分灵庙(叶)的传承关系。为了维系这种关系,以巩固自己所供奉神像的神圣性,台湾各分灵庙每隔一定的时期都得上福建祖庙乞火,参加祖庙的祭祀,以此证明自己是祖庙的"直系后裔",这种宗教活动俗称为"进香"。

在台湾历史上,进香活动相当活跃和普遍,可分为两大类型:一是各分灵庙至在台开基祖庙进香乞火;二是由在台开基庙发起,选择较有势力和影响的分灵庙参加,组成赴闽进香团,到福建祖庙进香谒祖。如大甲镇澜宫于乾隆年间建庙后,"定期返回湄洲谒祖"。鹿港天后宫特别注重到福建祖庙的进香活动,该宫尚存一只"乾隆丁未年置"的铜制"湄洲进香正炉"。

道光《彰化县志》记载鹿港天后宫(旧祖宫)因交通之便,"岁往湄洲进香"。吴瀛涛在《台湾民俗》中记载了清代北港朝天宫赴闽进香中发生的一件趣事:某年,北港妈祖循例回湄洲谒祖进香。当时,关于奉驾之船只,信众求卦请示妈祖,妈祖不选新船而挑了一只老船。信众以为神意不可逆,只得遵命,但内心都惶恐不安。去程平安无事,回程遇到风暴,随行的船只惨遭灭顶,只有妈祖的船安然无事。此因随行船只都是新船,行驶较快,以致冲入台风旋涡,而妈祖的船,船旧行驶缓慢,得免于难。船到港后,信徒走下奉驾妈祖的船只,发现有一袋米正好塞住船底的破洞。从上述传说

---

① "湄洲妈"自原兴化府莆田县湄洲屿一带分灵而来;"温陵妈"自泉州府一带分灵而来;"银同妈"自同安县一带分灵而来。

故事来看,北港朝天宫在清代也有赴湄洲进香之举。

据《台湾日日新报》记载,日本占据台湾时期,台湾妈祖庙到大陆进香至少有 9 次,台湾各分灵庙进香时间分别为:

基隆庆安宫　1911 年

彰化鹿港妈祖庙　1916 年 12 月 18 日

新竹北门外(金)长和宫　1917 年 6 月之前

新竹内天后宫　1917 年 7 月 1 日前

云林西螺厅麦寮拱范宫　1919 年 4 月 4 日

嘉义朴仔脚配天宫　1920 年 2 月 22 日

嘉义溪北六兴宫　1920 年 4 月 14 日(旧历)

新竹天后宫　1921 年 4 月 2 日

台中市万春宫　1924 年 4 月 1 日(旧历)①

台湾妈祖信众到湄洲祖庙进香的实际次数远远超出此数字,如 1922 年台湾鹿港天后宫组织朝圣团到湄洲谒祖,至今鹿港天后宫还保存着多幅当时拍摄的"圣地湄洲祖庙圣迹相片"和"自昔以来岁往湄洲祖庙奉请灵火正神"的牌匾及圣旗等。

进香时,台湾信众热切希望能够请回祖庙妈祖的分灵神像,如 1911 年基隆庆安宫进香时请回黑面妈祖,1916 年彰化鹿港妈祖庙进香时请回湄洲正二妈,1924 年台中市万春宫进香时请回湄洲六妈等。进香时能请回妈祖神像被视为一大盛事,如基隆庆安宫请回黑面妈祖,其地位仅次于鹿港天后宫的妈祖分灵。

日本占据台湾之前,除少数分灵庙举行较大规模的、定期的赴福建祖庙进香活动外,就总体来说,台湾分灵庙到福建祖庙的进香,规模不大,且未形成定规。当时,在台分灵庙到在台开基祖庙

---

① 参见王见川、李世伟:《关于日据时期台湾的妈祖信仰》一文中的"日据时期台湾妈祖庙到湄洲进(晋)香表",文载(台湾)《民间宗教》第三辑,1997(12),354 页。

的进香活动盛况空前。位于云林县的北港朝天宫,在不断的发展中成为台湾香火最盛的妈祖庙,拥有 90 多座分灵庙,每到农历三月二十三日妈祖诞辰,各地分灵庙组织起庞大的进香队伍,全副銮驾,来此谒祖。进香途中,再联合沿途之庙宇,声势愈加壮大,参加者数以万计,整个北港锣鼓喧天,弥漫着香火烟雾。台南学甲慈济宫自庙建成后,"上白礁"进香谒祖的传统一直保留下来。日据时期由于殖民者的百般阻挠,信众无法实现去福建祖庙进香的愿望,只好改在将军溪畔设案供香,举行面向大陆遥祝叩拜的象征性的"上白礁"仪式。为了寄托祖籍之思,台湾信众还在台南慈济宫前竖立一块石碑,上面刻有"我台人士祖籍均系中国移来"。

台湾妈祖信众的进香路线正好是大陆移民路线的反向。先民由唐山(大陆)过台湾,在台由南而北拓垦,今人到大陆进香,由北而南在台湾各地的历史名庙展开进香,浸透着信众回思先民筚路蓝缕、移垦艰辛的望乡意识。因此,郑成功登陆最早地点的鹿耳门之妈祖庙,中部移民进出的港口如鹿港与笨港,均有妈祖庙。

福建妈祖祖庙的分灵与台湾进香仪式是妈祖崇信传播、传承的重要方式,不仅说明两岸的妈祖崇信同出一源,而且只有在对其发源地的不断"朝圣"中,才能保持其神圣性。这与伊斯兰教的麦加"朝圣"、藏传佛教的"朝圣"①的宗教意义是相同的,都有文化认同的重大意义。台湾的进香仪式凝聚着同胞深沉的思乡情愫,也推动了大陆妈祖文化的发展。实际上,两岸的民间信仰就是在互动中产生并发展的,也存在一些台湾民间信仰回传福建的现象,最典型的例子是晋江深沪宝泉庵的保生大帝神像是从台湾学甲请回来的。

---

① 世界上不少宗教有类似的朝圣活动。

三、湄洲岛调查①

福建莆田湄洲岛是妈祖林默的故乡,岛上关于妈祖的祭祀仪式、民间习俗和故事传说等妈祖信俗尤为典型。

（一）祭祀活动

1. 妈祖祖庙和庙会

宋雍熙四年(987 年)妈祖仙逝后,乡人感其恩德,就在她升化之地建庙奉祀,这就是世界上最早的妈祖庙,以后所有的妈祖庙都是从这里分灵出去的,因而被尊称为"祖庙",至今已有千年历史。据有关文献记载,该庙开始仅"落落数椽",历经元、明、清数个朝代的修建、扩建,到清乾隆以后,湄洲妈祖祖庙已颇具规模,成为有 16 座殿堂楼阁、99 间斋房、号称"海上龙宫"的雄伟建筑群。"文革"期间,祖庙受到严重毁坏。20 世纪 80 年代以后,祖庙陆陆续续开始重建,尤其是近十多年来,海峡两岸妈祖信徒同心协力,自愿捐物捐资,进行大规模的修复兴建。如今,建筑规模远远超过了历史任何时候,特别是祖庙的南轴线新庙宇群占地 80 亩,总建筑面积32 000平方米,总长 323 米(不含天后广场),宽 99 米。其中天后殿高 21 米,面积987 平方米,可同时容纳千人朝拜。殿前的天后广场面积达10 000多平方米,两旁的观礼台及角楼各长 129 米,各有 13 个阶座,能容纳万名观众。在祖庙山顶,还建有 14 米高的巨型妈祖石雕像,面向大海,栩栩如生。

祖庙的天后宫主殿,也就是妈祖的寝殿,里面供奉着妈祖金身。金身妈祖是宋代千年樟木所雕,经历了一千多年沧桑,是世界

---

① 2007 年中华妈祖交流协会工作人员唐毓协助王宏刚在湄洲岛调查,重点调查了祖庙的妈祖祭祀仪式、妈祖戏和湄洲岛的妈祖神话传说等。唐毓现在湄洲岛精神文明办公室工作。

上最古老的妈祖像,也是世界上唯一的妈祖正身像。金身妈祖神像神情慈和如水,显现出高贵的气质。在金身妈祖的背后,有一尊元代的石雕妈祖像和一尊泥塑的镇殿妈祖像,当金身妈祖出巡时,镇殿妈祖在庙里接受信徒的朝拜。

妈祖神像两边各有一执扇侍女像,司花和司香。殿堂两侧是掌管风雨的"五风十雨"神和掌管文武大事的官司员塑像。两边廊庑供奉的是"五湖四海九河"共 18 员部将,也即"水阙仙班"神像。神座上跪着的小神像是妈祖生前收服的高里鬼,后为妈祖收发文书的通讯司。寝殿里悬挂的匾额"神昭海表",是清雍正四年(1726年)雍正皇帝御笔亲书的。

妈祖曾受到历代帝国的褒封嘉奖——宋朝封"夫人""妃";元朝晋封为"天妃";明朝永乐帝复加"弘仁普济"天妃,并亲撰歌功颂德碑记;清朝再晋封为"天后";封号累叠至 64 个字,最后被尊称为"天上圣母"。随着封号的不断晋升,始于妈祖的宫庙祭祀活动也历经元、明、清不断扩展充实,到清代,基本定型,以"太牢之祭、三献之礼、宫弘之乐、八佾之舞"为基调进行。

宫庙祭祀分成日常祭祀和庙会祭祀两种。一般的日常祭祀是信众到妈祖庙向妈祖神像行礼,主要包括献鲜花、点香火、摆贡品、行跪拜礼以及燃鞭炮、烧金帛、题缘金等方式;庙会祭祀则举行祭祀大典。

祭祀大典,包括仪程①、司祭②、祭器③、祭品④、仪仗⑤、祭乐⑥、

---

① 仪式过程。
② 湄洲妈祖祖庙主持人担任主祭,世界各地妈祖分灵庙负责人参加陪祭。
③ 祭坛上配有烛台、香炉、钟鼓等。
④ 供桌上摆放用面粉、香菇、木耳等食品制成仿海洋生物和自然山景等。
⑤ 由清道旗、銮驾、仿古兵器等组成。
⑥ 由乐生用唢呐、鼓、磬、琴、笛等 28 种乐器演奏地方曲调和曲牌。

祭舞[①]等。大典仪式一般在擂鼓鸣炮中开始,仪仗、仪卫队就位,乐生、舞生就位,主祭(1人)、陪祭(若干人)、与祭(人数不限)就位,然后上香、奠帛(先盥洗)、诵读祝文、行三跪九叩大礼,接着行"初献礼"(献寿酒,奏《和平之乐》)、行"亚献礼"(献寿面,奏《海平之乐》)、行"终献礼"(献寿桃,奏《咸平之乐》),然后焚祝文、焚帛,再行三跪九叩礼、送神,最后礼成退场。

如果妈祖"出游",有"銮驾"和"卤簿"两者兼而有之的执事和仪仗队。所谓"銮驾",就是妈祖坐的神舆。所谓"卤簿"[②],就是仪仗队。仪仗队包括:龙头杖、大锣、长管铜号、铜镜、红灯、彩旗、"天上圣母"衔牌、"肃静"牌、"回避"牌,以及玉斧、大刀、画戟、驱妖牌、斩怪刀等各种器械仪仗,有由人着装打扮的开路神、八班、御林军等神曹,有吹笙、车鼓、十音、八乐、马队、妆阁等队伍,还有香亭、"鲎扇"和凉伞等拥护着妈祖的神舆。

但凡有奉祀妈祖的宫庙,其祭祀活动方式与内容大致相同,但以莆田湄洲祖庙最为典型。2004年,首个世界性妈祖文化社团"中华妈祖文化交流协会"在湄洲岛妈祖祖庙成立,妈祖信仰正式被界定为妈祖文化,湄洲妈祖祖庙成为祭祀规格最高的妈祖宫庙。现在每年有100多万人次香、游客赴祖庙谒祖进香、朝圣旅游,其中台胞达10多万人次,这种习俗不断发展,成为一种规模盛大,影响广泛的庙会。

湄洲妈祖祖庙庙会分为定期和不定期两种形式。定期的按照传统的已有历史性的时间、地点、内容进行,如农历三月廿三妈祖诞辰日、农历九月初九妈祖逝世纪念日、春节元宵闹妈祖、妈祖文

---

① 由舞生执凤羽、龠管,采用云步、叠步等传统戏曲舞步。

② "卤簿"的缘由有两种说法:一是说,"卤",就是大盾,"出游"时兵卫以大盾为前导,其余仪仗队排列的次序,都记在簿籍里,故叫"卤簿";一是说,"出游"时以卤水洒道,使路面不会马上干,可以清除尘埃,仪卫在簿籍记载着"以卤开头",故叫"卤簿"。

化旅游节,等等;不定期是根据某方面的需求另行择定时间进行的,如1997年妈祖金身巡游台湾、2000年台湾大甲大型赴湄洲进香、2002年妈祖金身巡安金门、2004年妈祖金身巡安澳门、2007年莆台妈祖文化活动、2008年鹿港(连续三年)大型进香、三月二十三日前期各地来谒祖进香,等等。[1]

每逢特定节日和重大祭祀活动时,妈祖祖庙就会举行盛大的庙会。如2007年一次真正有"庙会"会标的活动,海内外40多个妈祖宫庙的一万多名妈祖信众代表参加,有近百支共3 000多人的民俗表演队参与演出。庙会开幕式上举行升幡挂灯仪式,庙会中除了举行祭祀大典以外,还有"妈祖贡品展示","民俗文艺队表演","点烛山祈平安","观夜景沐圣恩","醮筵"及《海之传说——妈祖》首映式等系列活动[2],场面恢弘壮观。

每逢大祭之日,由祖庙女员工组成的诵经团要给妈祖诵经、为香客祈愿。最多诵经人数可达15人。诵经时间分半场[3]或全场[4]。司仪"报幕"后,身着黄衣代表权威的中军站在中间,其他队员身着黑衣,行礼,在神龛周围排开阵式,各自持起法器开始诵经……持拂铃的中军、持铿的"流音护法"、打小钹的"木鱼护法"等人是主要诵经人。诵经分一节一节进行,其间当中军向妈祖行叩拜礼时,主祭、陪祭和在场的随祭人员也要跟随中军叩拜,礼毕,中军拿符念咒祈给妈祖得知主祭人所祈的愿望并求得妈祖福佑,快到经完的时候,两个司仪将供品传递于中军手中,中军一边祈唱一边转交到主祭人手中,供品传递完后相续叩拜,主祭、陪祭向中军行礼退下,

---

① 周金琰:《湄洲妈祖庙会初探》,见《海峡两岸妈祖文化学术研讨会文集》,345页,北京,中国文史出版社,2010。
② 周金琰:《湄洲妈祖庙会初探》,见《海峡两岸妈祖文化学术研讨会文集》,346页,北京,中国文史出版社,2010。
③ 半个小时。
④ 一个小时。

中军示意诵经人员放下手中的法器,诵经人员相互行礼退下,整个诵经活动结束。

2. 里社妈祖官庙和进香活动

湄洲岛上还有14座里社妈祖官庙,按地理位置历史背景及各种条件分成四阁。一阁为宫下上兴宫、石后上林宫、东蔡上英宫;二阁为寨下寨山宫、田厝龙兴宫、炉厝回龙宫、汕尾进福宫;三阁为莲池莲池宫、湖石湖石宫;四阁为北埭文兴宫、白石白石宫、港楼天利宫、后巷麟开宫、下山麟山宫。每一个宫庙的炉下弟子都是附近自然村的人。这些宫庙除龙兴宫、麟开宫建于20世纪外,大多都有较悠久的历史。各宫庙奉祀的神祇十分繁杂,但均以妈祖为主祀对象。里社宫庙和祖庙紧密结合,每年妈祖诞生日和妈祖羽化升天日,各宫庙信众都会去祖庙参加庙会,特殊日子如妈祖金身巡台湾、澳门起驾日或回銮日,全岛信众都会随各宫庙妈祖前往祖庙欢送或喜迎,元宵妈祖节期间大多数宫庙都有信众去祖庙请香。但各里社宫庙又具有相对的独立性,如:各宫庙每年妈祖元宵活动的起止和持续时间不一样;绕境出游等都是各宫庙信众自己组织、举办,很少有其他庙的炉下弟子参加;每月农历初一、十五,信众也都是在自家宫庙中烧香朝拜。①

湄洲岛上除了农历三月廿三、九月初九等定期的节日外,遇到宫里一些重大活动,如宫庙经修缮重新开光、新的妈祖像开光或庙庆等,各里社宫庙都要组织进香队伍到祖庙天后宫主殿举行进香活动。所谓"进香",狭义上泛指烧香,如到宫庙中或在家中,抑或在可以敬神的地方点香、插香、跪拜、呼神、祈求、祈愿等,通常信徒口头上"××日到××宫(庙)烧香";广义上的"进香"包括寻根、谒祖、烧香、祈愿、过炉、刈火、祭拜等在内的连续活动,每一次活动

---

① 王连弟、陈金海:《莆田湄洲里社妈祖宫庙调查》,载《莆田学院学报》,2008(3)。

要涉及组织、择日、筹划、安排、协调等工作,具体视时间和空间以及群体和个人情况而定。① 进香队伍按规模分"大型""中型""小型"三种,这取决于活动的重要性和资金的多少,队列大同小异。

2007 年 11 月 10 日,我们在祖庙看到了一次进香活动。因为这天是农历十月初一,前来祖庙烧香的香客比以往要多。锣鼓声、鞭炮声不绝于耳。我们到达的时候天后宫平台上已站满了香客,围得水泄不通,通往天阁的台阶上竖着两面大旗,并排站立着一群手执三角旗的小伙子。台阶的过道旁有拎香包、挑花篮的"福娃"团。天后宫大院中排列着四大民间文艺阵容的车鼓队、腰鼓队、西乐队和宫内自己组合的十音八乐队。据了解,这次活动的主办方是后巷麟开宫,该村村民介绍,他们一早就起床到后巷麟开宫等候了,早 7:30 集合,着装、执器具,负责人交代具体事项后于 8:30 出发,队伍排成一条"长龙",徒步缓缓前行,途中锣鼓喧响,鞭炮四起,场面十分壮观,走了差不多两个小时到达祖庙。跟随在后的该村香众一到祖庙就急忙"烧香",即拈香、跪拜、叩头、祈愿等。烧完香,大家就聚着看文艺表演。表演要持续 30 分钟左右,结束后,福首带领头人进殿举行请香仪式。只见福首把大香点上,分到每个头人手上,大家按福分大小顺序在神案前面站成排,披红领、穿红马褂的福首站在最前排,口中念念有词,向妈祖祈福:"这次是××成功(或××落成),××前来进香,请妈祖保佑,并请求赐福香火……"接着就一起跪拜妈祖,最后由福首带领走出大殿,并组织大家回宫。

简单地说,这次活动就是从后巷麟开宫请出香到祖庙天后宫进香,再从祖庙天后宫把得到赐福的香带回后巷麟开宫。

---

① 周金琰:《浅谈闽台妈祖进香活动》,载《第二届海峡两岸妈祖文化研讨会文集》,2008(11),16 页。

整个进香活动都是由乡里自主组织的。我们了解到：所谓"福首"，即福分首居之人，也就是村里按年龄辈分选定的最有福气的人，他是节日的总指挥；所谓"头人"，是配合福首做好节日中各项具体工作的负责人。头人要服从福首的安排。另外还有节日中管财务的会计称做"社长"。1个福首、16个头人、1个社长都是在妈祖像前由董事会推举一位德高望重的人主持"卜杯"产生的。福首、头人、社长一旦产生，当天便由董事会贴出红榜，公示于众。从公布之日起，福首就负起责任，每天早晚要到宫中烧香点烛，还要准备节日的各项工作，一直负责到节日结束。

祭祀活动的资金筹措，都是由宫中的董事会负责人协助福首、头人筹集的。宫庙所设的董事会也是按甲头推选年纪较大的、德高望重的老人作为董事会成员，并由董事会成员产生出董事长一人，主持宫庙的日常事务，节日中配合福首、头人、社长搞好财务往来。活动资金按各户（灶）丁（人口）的实数摊派筹集，也有一些在外的富商回乡出钱赞助。这些资金除节日开支外，多余部分归董事会保管，留作宫庙日常开支和日后修缮之用。

说到"卜杯"，即用珓杯问卜，珓杯是妈祖生前的法器，它由木或竹制作的，呈半圆形，一面平坦，一面隆起，合成一对，亦名"圣杯"。相传此物为妈祖娘娘所授，遇事难断则以此问卜，相当于与天界通话。"圣杯"既是组织活动时选头人、福首与妈祖的交流器具，也是香众们占卜凶吉的器具。有"卜杯"就离不开抽签，签是用来解释杯的好坏的，在有的宫庙是一体化的。抽签也是民间问卜的一种古老方式。许多宫庙保存有签诗，一签一诗，一般有59首，其诗文可分为五类：①出门、行程、书信；②风水、择居、坟地、迁居；③婚姻、寿诞、生子、兴旺；④前途、禄位、求财、富贵、生意、诉讼；⑤探病、祸灾、病情、神明，等等，皆与人们日常生活相关。

湄洲岛上不光有节庆进香活动,还有谢恩进香活动。岛上经常会出现一支谢恩团,特别到年底,有时一天之内会出现三四支谢恩团。他们为了感谢妈祖保佑家人平安、添财添福、年得大丰等向妈祖谢恩朝拜。

调查中我们遇到一位六十出头的大娘,她身穿大红装,头梳"船帆髻"①,在神龛前跪拜了十来回,打了十来个杯,口中不停地念着……经了解,她是来自岛上莲花村的族家,姓李,这天是来求日子准备"谢恩"的。她的孩子们都到外面跑生意,发了点小财,感谢妈祖庇佑,求子孙更有福。为了不打扰她,我们又进殿内找殿里的老人了解谢恩进香的情况。

原来谢恩进香和节庆进香很相似,但是前者是一个宗祖系私家的民间活动,后者是代表一个村、一个社团等集体的民间活动。岛民认为谢恩是光宗耀祖的事,所以很重视,整个活动程序就更复杂。谢主先要在一个月前选个好日子到天后殿的金身妈祖神龛前打杯,向妈祖求允,得允后,要回家祭天,把一切事物备齐并通知到活动的有关人员,还要择日上天后殿进香谢恩,因为整个谢恩活动要经过三个"牙祭":初一到十五至下月初一,所以择进香的日子要在过了来月初一或后几天中,选个不冲祭主"岁"的好日子。在活动开始前的日子里,谢主到村里的宫庙内提缘金,备上一些礼品,找宫庙负责人请出宫庙仪仗组织,并把这些礼品发到组织人员手上,让大家沾沾谢主的福气。到了第一次谢恩日子的早上,大家按时到宫庙集合,编排好队伍后就出发了。

除了宫里的仪仗队外,谢主族人队伍在排列和服装上是很讲究的。我们曾看到这样一支谢恩队伍:一批化了妆的手持物件的娃子引路,先是宗族里的长辈,男队在前,女队接后,接着是谢主带

① 也就是俗称的妈祖头。

头,紧跟族里的兄弟、兄弟的内室,再是姐妹夫、谢主的姐妹。至于成双或落单,从服装上可以看出:大爷们穿深蓝色的长袍,胸戴花,大娘们穿一身红装,头插花,后面几位着暗红装的表示老伴已过世。新一辈以长子为主的家族成员,也是先内室后外室,新一辈成员显出家族景气的是按成双成对排列的男左女右,后面一列最特别,女人们左手上挽着蓝长袍的,说明其丈夫在外打拼没能及时赶回来参加活动。新一辈服装也是男的蓝长袍女的大红装,但比老一辈的鲜艳。最后是乘在一辆车上的穿着戏服、挂着银饰的“福娃”,他们都是由内室的小男孙们组成的。据说这些小孩是收集活动资金的重要助手,因为在进香活动结束后,他们就到亲戚家挨家挨户串门,按当地的说法就是“行乞”,亲戚们会给他们一些钱或金饰、银饰让他们挂“月豆”。

谢恩队伍到了祖庙,由主祭人带头跪拜,把刚才从家里点来的香插进天后殿香炉,然后有关人员按计划表演节目庆祝一番,接着由主祭人带陪祭人员进天后殿内请香谢恩:点上香,读祝文、祈福,跪拜,并把天后殿的香灰装进自家带来的香炉里……回到所在的宫庙,也要进行一回请香仪式,把两处的香灰放进同一个炉子里表示聚福,接着把香灰装进香炉子请回家中,安放到家里布置好的神龛上,族人聚在放神龛的大堂举行祭祖、谢天地仪式,感谢大地、祖宗庇佑、赐福,然后把在天后殿请回的香插进神龛的香炉中,活动的第一阶段算是结束了。

第一阶段过后,留下一批细心的女人看护香火[1],祖庙的几个主殿和乡里的宫庙都要巡回一遍点上香,主事人员负责去请戏班

---

[1]　香火要一直续到整个活动结束。

子、吹鼓头①、师公②等③。

第二次谢恩的日子就是上天后殿祈来的日子。谢恩主要是再次组织人员上祖庙进香、请香。这次规模更大点，所用资金更多些。这次把香请回去就没有男人们的事了，留下的就是一些妇女日夜看保香火，有日子上祖庙点香，也有请鼓吹队上祖庙助威，等到第二个月的第一个牙祭，整个谢恩活动就结束了。

(二) 妈祖戏

湄洲岛上所有的妈祖宫庙都建有永久性的戏台。祖庙的大戏台高 26.5 米，十分壮观。里社宫庙中的白石宫、麟山宫、天利宫、上英宫、莲池宫的戏台也尤为华丽。演戏酬神娱人是湄洲岛妈祖信仰的重要民间习俗，岛上如有举行庆典活动的戏剧演出，都要恭请妈祖神像驾临观赏或请戏班演员到妈祖神像前"弄仙"。家族谢恩妈祖也要请戏班子演戏热闹一番。

戏班子主要演莆仙戏。莆仙戏原名兴化戏，流行于福建省莆田、仙游二县及惠安、福清、永泰等邻县的兴化方言区，因宋时莆田、仙游隶兴化军，明、清时隶兴化府而得名。新中国建立后，始改称莆仙戏。莆仙戏源于唐，成于宋，盛于明清。其演出形态比较古老，剧目丰富，演的主要是各个朝代发生的情趣故事和莆田民间流传的故事。莆仙戏是莆田老一辈人的爱好，是他们从小就最喜爱的民社娱乐。

据史料记载和调查考证，莆田戏是在古代"百戏"的基础上发展形成的，表演古朴优雅，不少动作深受木偶戏影响，富有独特的艺术风格。行当沿袭南戏旧规，原来只有生、旦、贴生、则旦、靓妆

---

① 当地的十音八乐演奏的俗语，一种祝神活动。
② 谢主为求神明保佑，上宫庙雇师公来家里祈神。师公是能和神明交流的人。
③ 请戏班子、吹鼓头、师公，俗称"三献"，认真的则添置"五献"，即除"三献"外还要请和尚和木偶戏班。后两献现在比较少有。

（净）、末、丑七个角色,俗称"七子班"。莆仙戏音乐传统深厚,唱腔丰富,保留了不少宋元南戏音乐遗响,主要是"兴化腔",由莆仙民间歌谣俚曲、十音八乐、佛曲法曲、宋元词曲和大曲歌舞融合而成,用方言演唱,具有浓厚的地方色彩和风味的声腔。传统剧目有五千多个,其中保留宋元南戏原貌或故事情节基本类似的剧目有八十多个。至新中国成立后,莆仙戏经过整理、改编、演出的优秀传统剧目有两百多个,其中《琴挑》《团圆之后》《春草闯堂》《状元与乞丐》等剧目比较著名。

晋末南北朝,中原百姓大批南迁福建,当时盛行的中原"百戏"亦随之传入福建莆仙,并形成了在语言、唱腔和表演上具有浓郁地方特色的戏曲声腔。唐代莆仙民间歌舞百戏盛行。据传唐开元年间(713—741年),莆田江东村美女江采频被唐明皇选调入宫,赐封梅妃,备受宠幸。① 其弟曾随同觐见,封为国舅,后来回莆,明皇赐其一部"梨园",带回供宴乐,于是宫廷教坊歌舞百戏传播莆仙。故莆仙音乐歌舞有"集盛唐古曲之精英,留霓裳羽衣之遗响,采宫廷教坊之荟萃,取山村田野之歌调"的美称。唐咸通年间(860—874年),福州玄沙寺住持宗一大题"南游莆田,县排百戏迎接"。② 唐代"百戏",亦称"散乐",是一种"俳优歌舞杂奏"。③

宋代,兴化民间流行的歌舞百戏吸收了"吴歌""楚谣"④及杂剧表演,逐渐形成既有戏剧故事,又有综合唱、做、念、舞和服饰化妆,在戏棚上表演的戏曲,时称优戏。当时兴化民间优戏演出的故事有:楚汉刘鸿沟的"鸿门会"、项羽兵败垓下的"霸王别姬"、两晋兴亡的"东晋西都"、古代神话的"夸父逐日"以及外邦朝贡的"昆

---

① 见《中国人名大辞典》"江采频"条,《唐宋传奇梅妃传》。
② 见宋道原纂《景德传灯录》卷十八。
③ 见《旧唐书·音乐志》,丰富多彩的杂戏和歌舞表演。
④ 见林光朝《艾轩集,闰月登越王台次韵经略敷文所寄诗》。

仑奴献宝"等。有剧本流传的有五十多个,如《目连救母》《活捉王魁》《蔡伯喈》《张洽》(即《张协状元》)及《朱文》《乐昌公主》《刘文龙》《陈光蕊》《王祥》《郭华》《崔君瑞》《王十朋》《刘知远》《蒋世隆》《杀狗》《琵琶记》等,与《南词叙录》"宋元旧篇"著录的南戏剧目相同或基本相似。

莆仙戏的部分曲牌,其名目、音韵、词格与唐、宋大曲和宋词调相同。尤其是仅存于早期南戏《张协状元》的"太子游四门",是莆仙戏常用的曲牌。莆仙戏乐器早期很简单,也像宋元南戏一样只有锣、鼓、笛。鼓用大鼓,锣称沙锣。锣鼓是节制舞台表演的,锣鼓经有三百多种,规矩严格。笛称笛管,有芦笛和梅花二种。芦笛亦称头管,传自古代筚篥,是莆仙戏独特的吹奏乐器;梅花,一名唢呐,也是莆仙戏的主要乐器。

所谓"吹鼓头"也就是当地的十音八乐演奏的俗语,十音八乐就是民间的小乐团,人数10人、8人不等,乐器有鼓、唢呐、二胡、笛子、小钹等。这是莆田民间技艺的一大亮点,每场庆祝活动都少不了它们的身影。在谢恩的日子里,谢主会雇岛上的鼓吹组织,到祖庙和当地宫庙大鼓吹,也有设在家里的安放于神龛的大堂上。大鼓吹分三鼓,开鼓和每鼓结束都要放鞭炮。大鼓吹演奏的是莆田当地的民间小唱、老调,一般是边奏边唱,这是民间艺术的一种祝神活动。

按照莆田当地的习俗,每演一场戏,都要先到庙里"唱八仙",唱八仙就是戏子穿上八仙一样的服饰拿上法器,在所演的宫庙内为雇主祈福。每个唱八仙的手里都拿着一张雇主画的"心愿符",把"心愿符"的内容唱出来,然后由领队总括意思,最后八个人聚在一起跪拜神灵。湄洲岛作为莆田妈祖文化的发祥地以及祖庙的所在地,规矩更多,如大"唱八仙",要在祖庙天后宫几个主殿逐一巡唱完后再到所在地的宫庙祈唱,每次开场还要大放鞭炮助威。一台戏几天演下来有的要花费上万元。

(三)湄洲岛的妈祖神话传说

妈祖是一位从民间走出来的女神,因而少不了富有民间神奇色彩的妈祖故事,虽无历史的考证,但这些传说一千多年来一直在民间流传,只有被人人敬重的"神",才会被人们添上这么美好的传说,而且在现代妈祖显灵的事迹传说还不断增多。这里介绍几则最有代表性的故事:

1. 林默出世

相传林默出世有这样一段神奇的传说:

一日,观音菩萨带着龙女和善财童子驾祥云路过莆田湄洲上空时,突然一股黑云直行天庭。走在前面的龙女拨开云霄一看,只见海面上几艘渔船翻沉了,许多渔民在恶浪中挣扎,几个海怪在争夺尸体,海岸上,妇女儿童哭夫叫爹,惨不忍睹。

观音菩萨屈指一算,知道是湄洲湾的一群海怪在兴风作浪。龙女请求观音:"师父,请发慈悲,普度众生。"

观音微笑着说:"此乃天数,为师早有主张,你日后自然明白。"

回到观音阁,三人立刻化身入座,受人香火。只见湄洲林愿大妇前来进香,林夫人虔诚地点了香,在观音像前祈求:"大慈大悲的观音菩萨,我林家生了一男五女,族大丁微,求菩萨再赐男儿,光大门楣……"

观音悄然嘱咐龙女:"龙女贤徒,后日你去投胎他家,一则了结缘分,二则除却妖魔。"

龙女正要细问,观音却说:"此乃天意,不必细问! 去吧!"

龙女拜别观音,走出厅堂,对善财说:"师父要我下凡,除却妖魔。只是我既成了世间凡人,如何做得了此等大事呢?"

善财听了,说:"你且安心去吧!到时,我会去助你一臂之力的。"

龙女听了,十分感激,便道别了善财而去……

再说林愿夫人自从前往观音阁进香回家后,不久便有了身孕,全家转忧为喜。

光阴似箭,日月如梭。夏历三月廿三那日晚上,林夫人即将分娩,只听一声巨响,一道红光闪过,照得满府通红,同时,林夫人诞下了一位千金。

小女孩降生后不啼不哭,林家就给她取名叫"默娘"。

不明就里的林愿见又生一女孩有些失望,再加上她从落地到满月,从不啼哭,以为是恶物降生,就想要将她抛弃。一天,林愿瞒着夫人偷偷把小女孩抱出家门,来到一处僻静的山冈,正要丢弃,迎面来了一个道士,那道士口中念道:"罪过!罪过!不可造孽!"

林愿便问道士:"师父有何指教?"

那道士问道:"这小女孩有何罪过,为何要将她丢弃在此?"

林愿说:"孩儿已满月,可至今不啼也不哭,我怕她是不祥之物,将来招祸家门,如何是好?师父,她若能哭一声,我就带回去抚养;若不能,不如请你带走!"

"好!"说着,道士跨前一步,对着小女孩耳语一阵,小女孩竟哇哇地哭了。林愿又惊又喜,正要问明道士名号,那道士却已经不见了。

相传那个道士便是善财化身来点度的。

2. 鼎砂铸杯

相传宋朝时,莆田有一个名叫刘义的铸鼎师傅,他的铸鼎技术远近闻名。有一次,他到湄洲铸鼎,因为岛上从来没有来过铸鼎师傅,而且刘义收的工钱又便宜,所以他一到岛上便东家请、西家请,一连几个月忙得根本无法回家。

这一天,刘义正为一家渔民铸鼎,旁边围着一大群乡亲看他的手艺。这时,林默刚好路过,也挤进去看。

只见刘义把烧熔的铁砂浇进鼎模型中,冷却后起模取鼎,一看鼎底竟然有个小洞! 刘义傻眼了,他不知铸了多少具鼎,从来没有发生过这样的事,心想:是不是由于急着回家,算错了铁砂斤两? 于是,他决心重铸一次。

这次他算足了铁砂的斤两,拨旺炭火,等铁砂炼红以后,又小心地浇铸起来。可是等到起模后,取鼎一看,鼎底又有一个小洞! 这到底是怎么回事呢? 围观的小孩子们都笑着乱叫:"铁砂烧红红,越铸越塌孔。"

刘义听了,心里十分难受,一时竟不知如何是好。围观的人渐渐散去了,只剩下林默和几个好奇的小孩子。

刘义生气了,将漏底鼎狠狠地摔在地上。孩子们被刘义的这个举动吓跑了,只剩下林默一个人。她看这位师傅连续铸两个鼎都失败,心里很同情,就对刘义说:"师傅,我来帮你好吗?"

刘义见她是一个女子,以为是她冲了火神,便把满腔的怨气都迁怒于林默的身上,气冲冲地说:"谁要你帮忙? 快给我让开!"

林默本是真心诚意地想帮他的忙,不料反遭一顿臭骂,也就没好气地说:"好吧,你给我一些鼎砂,我马上就走。"

她本是想讨些鼎砂,拿回去自己试试看的,不料刘义的怒气未消,误以为她要烧红的鼎砂,就问道:"你真要鼎砂吗?"

"是的。"

刘义端起砂锅,把剩下的一些烧红的鼎砂往林默的跟前倒,不料林默把两手一并,手心向上,伸手去接。刘义吓了一跳,以为这下必定烫伤她的手了,赶忙收拾担子,挑起就跑。他哪里知道,林默竟然安然无恙。

她把烧红的鼎砂一直捧到家里,往地上一放,只见地上现出两个月牙形的鼎砂玟杯,一个凸面朝上,一个凸面朝下,可指示阴阳。家人见了,都大吃一惊,觉得林默这孩子真有点神奇。

后来,人们便学林默,用两个月牙形的鼎砂玟杯来占卜吉凶。现在,还有不少的妈祖庙使用玟杯呢!至于林默用双手捧着烧红的鼎砂却没受伤的事,据民间传说,那是因为林默是水神,水能克火,所以烫不着她。

3. 智收两怪

妈祖手下有两个助手,一个叫千里眼,一个叫顺风耳。

传说这两个妖怪,原是殷末纣王的部下高明、高觉两兄弟,二人被姜子牙打败以后,就逃到桃花山,兴妖作怪,扰害生灵。桃花山附近的老百姓不得安宁,就祈求妈祖除害。

妈祖扮成村姑来到了桃花山,看见一群女孩子嘻嘻哈哈在桃花山上采野菜,就跟她们一边采,一边观察动静。

果然,两个妖怪出现了,他们一看到这些女子,就上前调戏,妈祖挺身挡住。两个妖怪想:一般女子见了我们个个吓得魂飞魄散,这个女子如此大胆,是何缘故?须小心为妙。

于是,两个妖怪腾空一跃,化作一道亮光,叫人看得眼花缭乱。妈祖见了,立即施展法力,将手中一条丝帕向空中拂了一下,顿时,红云翻滚,狂风大作。两个妖怪知道自己无法抗拒,只好现出原形。一个拿着斧头,一个拿着方天戟,恶狠狠地向妈祖冲了过来。

林默不慌不忙,顺手抓起一把沙子撒去,迷住了妖怪的眼睛,厉声喝道:"大胆妖怪,还敢作恶吗?"

两个妖怪慌忙丢下器械,跪在林默面前求饶。妈祖收了法力,警告两怪说:"今后如再作恶,决不饶恕!"

过了两天,这两个妖怪眼睛好了,又出来捣乱,不时在海上兴风作浪。受害的渔民又来向妈祖求救,妈祖知道这两个妖怪原来是北方的水星和西方的金星,需用土来克水,用火来克金。

于是,她就扮成一个渔女,驾船到了海上。两个妖怪见有船经过,就冒出海面。林默立即抛出一撮土和一把火,只见那一撮土变成一座山压向千里眼,一把火化为熊熊烈焰,扑向顺风耳。两个妖怪眼看这一招必输无疑,急忙跳上林默的船磕头请罪,发誓永远改邪归正,听从妈祖使唤。

从此以后,这两个妖怪便成了妈祖手下的部将,红脸的叫"顺风耳",蓝脸的叫"千里眼",两怪跟随妈祖在海上救人,立功赎罪。

4. 雷击鲤精

莆田湄洲岛南端有一座小山丘,当地人叫"鲤鱼十八节"。传说很早以前,东海有一条鲤鱼精,农历每月初八、十四和廿三这三天,都要变成妖魔鬼怪,出海兴风作浪,翻船吃人。有一次,鲤鱼精又来湄洲作祟,岛上渔民无法对付他,纷纷祈求妈祖保佑。

这天下午乌云盖天,雷雨交加,人们纷纷躲进屋里,不敢出门。妈祖掐指一算,知道是鲤鱼精又在作恶,立即报知东海龙王。

龙王派龙太子前来降伏。龙太子找到了鲤鱼精,劝他改邪归正。但那鲤鱼精不但不听劝告,反而认为自己有些本领,任谁也管不了,说不到两句话就动手跟龙太子打了起来,双方各施法力,斗了三十多个回合。最后,龙太子体力不支,招架不住,眼看就要败下阵来。

妈祖站在云端看得很清楚,便马上派出"千里眼"和"顺风耳"两将下去助战。"千里眼"拿起方天戟瞄准鲤鱼精,自上而下用力刺去,可是因一时心急没刺到鲤鱼精,倒将一座小山刺了个大洞,这个大洞现在被当地人称为"洞顶洞下"。"顺风耳"举起斧头朝鲤鱼精劈去,鲤鱼精一闪,"顺风耳"那一斧把山上一块大石块劈了一条大裂缝,像用手掰开似的,至今当地人称为"掰石"。

妈祖看见鲤鱼精不肯服输,便招来雷公。雷公朝鲤鱼一锤打下去,霹雳一声巨响,鲤鱼精被打成十八节,化为石头。至今十八块石头前后一字排着,第一块石头活像鲤鱼头,有嘴巴有眼睛,很像一条鲤鱼。因此,这个地方后来就叫做"鲤鱼十八节"。

再说,雷公锤打鲤鱼精时,龙太子正在鲤鱼旁边,急忙使劲一蹦,避入海底,由于用力过猛,把沙滩撞出了一个大窟窿。现在,当地人还称这个地方叫"龙使坑"。

5. 羽化升天

传说妈祖原是观音菩萨的门徒,是一个皈依佛门的龙女。她随观音云游东海,见湄洲岛渔民屡遭海怪残害,经常船翻人亡,悲惨万分,便向观音请求,允她下凡收服海怪,救护生灵,功成之后,再回西天修炼。观音心怀慈悲,自然答应,临别吩咐:"二八为期。汝去吧!"

龙女转世凡间,投胎在湄洲岛林愿家里,于宋建隆元年三月廿三日出世,取名林默。长大后,专为岛上乡亲排忧解难,男女老少无不敬仰她。默娘16岁时,得到了玄通道士的秘法,终于收服了晏公、千里眼、顺风耳等海怪,从此渔民在海上出入平安,无灾无祸。

一天夜里,默娘在梦中听见观音菩萨说:"二八为期,你下凡期限已到,速回普陀山。"

默娘心想,自己来到岛上,与家人、乡亲朝夕相处16个春秋,突然要离去,如何舍得?这正是真情难舍,师命难违,进退两难。

天亮后,她独自在海滩上走来走去。时而抬头望一望天,时而回首看一看海岛,想不出两全其美的办法。这时,玄通道士来到她的身边,指点她说:"神姑心跳,老道尽知。'二八为期'可作两解。汝可再留人间十二年,既不违师命,又不绝人情。"

默娘觉得道长说得有理。"二八为期",可说是 16 年之限,也可说是 28 载之期,何况自己并非贪恋红尘,一片丹心,苍天可鉴,料观音菩萨也不会见怪的。于是,林默又在岛上留了下来。

光阴似箭,日月如梭。不知不觉又过了 12 年。有一天,默娘看见观音菩萨出现在云端,说道:"弟子可记'二八为期'吗?如今河清海晏,百姓康乐。你应于重阳吉日,速回天庭!"

默娘合十点头,记住重阳该是自己升天的日子。

重阳节那天,默娘早早起床,梳妆打扮,焚香祝愿人间平安幸福,然后向父母姐妹以及岛上乡亲请安,并说:"今日重阳佳节,我要上湄峰祭天,也许不回来,大家不要挂念。"

林默一步一止登上湄峰,在一块洁净的石面上坐了下来,双手合十,两眼轻闭。待到黄昏时辰,只看见天上仙风悠悠、彩云片片,观音菩萨带善财童子迎接她来了。她的灵魂渐渐地脱出了凡体,随一阵清风,直飘天庭。

林默的父母姐妹和乡亲们见她迟迟未归,忙上湄峰顶上寻找。只见她神态安宁,静静地坐化在石头上。众人不禁悲痛万分,哀哀哭啼,悲号之声传于百里之外。

玄通道士早知有今日,便飘然而至,劝慰群众说:"神姑既已升天,大家不必悲伤,应该为她立像,四时奉祀,愿伊神灵永驻人间,庇佑众生!"众人听后,才收住泪水,不再哭泣。

不久,湄洲岛上出现了第一座妈祖庙,庙内第一尊妈祖神像是全岛男女老少每人献一撮海泥塑成的。

6. 油船脱险

据被调查者说,这是一个真实故事。1992 年春下山村村民陈先生、周先生、谢先生等7人到秀屿采购柴油。油船满载柴油返航时正是下午3点左右，遇着大雾迷失方向，慌了手脚，又遇退潮最低位，到处是暗礁浅滩，渔网密布，油船没锚又没灯，在雾里摸索行驶，步履艰难，一不小心，随时都有翻船的危险，一路上险象环生。至次日上午10点左右，不到5海里的路程整整行了近20个小时，还不知道船处在什么地方以及如何返回目的地。当大家晕头转向、束手无策时，船老大跪下求妈祖保佑，话音刚落，迷雾中出现了妈祖头像，大家认定那是祖庙山妈祖石雕像，刹那间，妈祖头像又隐没在雾中，大家立即跪下拜谢妈祖。有经验的船老大确定了船所处的方位，船安全抵达下山深布底码头。三位村民说：要不是妈祖保佑，我们都到"西天"去了！

7. 船火自熄

据平潭县一批信众介绍，有一次，他们有一艘渔船在海上作业时突然起火，任你怎么扑救都没有见效，火势越烧越旺，船民们只好一边祷告妈祖，一边扑救，但火还是怎么扑都扑不灭。正当船员准备弃船逃生时，船漂流至平潭娘宫前奇迹出现了：大火突然熄灭，渔船平安返航。一回到家，船员们便带亲属到妈祖像前祭拜。

8. 漂流九昼夜，遇救游世界

据被调查者说，1989年11月13日[①]，湄洲镇后巷村年近花甲的村民唐亚泉受雇为湄洲联运公司守夜看护一艘载重110吨的机帆船，不料半夜狂风骤起，巨浪滔天，这艘船已脱锚漂离港口，唐亚泉孤身一人，叫天天不应，只好眼睁睁地随船向大海漂去。

一连几天，海面上大北风不断，船越漂越远。唐亚泉环顾茫茫大海，只有他一条船，因船颠簸剧烈，很难生火煮饭，仅靠盐水充饥。每天清早，他都虔诚地跪在妈祖神像前烧香、祷告，祈求妈祖

---

① 农历十月十五日晚。

保佑。突然一天晚上，朦胧中他似乎听到一位女子的声音："老伯，请宽心，您会平安无事的，过不了几天就会有船来救。"一觉醒来，原来是个梦，他便虔诚地跪在妈祖神像前，感谢妈祖指点。到了第九天下午约4时，他已随船漂流到海南岛外的公海上，天下起了蒙蒙细雨，他忽然看到西方驶来一艘希腊的"阿加梅农"号大轮船，已饿得奄奄一息的他，这时却一跃而起，使尽力气挥舞着衣服，大轮船上的水手们终于发现了他。大轮船绕着他的船不断地兜圈，终于靠上了，水手们向他抛来绳索，把他吊上甲板，为他解开绳索，换了衣服，端来了热咖啡。水手们对他非常热情，可是因为唐亚泉目不识丁，不会写字，又只会说莆田话，他们之间根本无法交谈。水手们为了弄清他的国籍，搬来世界各地的国旗图谱，唐亚泉翻着翻着，看到一颗红五星，高兴地笑起来，使劲在这颗红五星上连点了四下，异国的朋友们终于知道了他是中国人。

"阿加梅农"号轮船把他带到美国旧金山，通知了我国驻旧金山总领事。12月31日，唐亚泉老人满怀兴奋感激之情，挥泪告别希腊朋友和我国驻旧金山领事馆人员，于1月4日①满面春风地回到了家乡。这个死里逃生的老人激动地说："如果没有妈祖保佑，我早就翻船死掉了。我感谢妈祖给我第二次生命……"②

四、浏河与上海的妈祖信仰的互动

2005年夏，我们③在始建于北宋宣和五年（1123年）的太仓浏河天妃宫——郑和七次下西洋都要亲祭的地方瞻仰妈祖像，感受到了妈祖凝聚的中国文化精神所创造的开拓海洋之伟大力量。

---

① 农历十二月初八。
② 此故事曾作为莆田市建市十周年十大奇迹之一，《福建日报》张玉钟记者对此作过专访，刊登在1990年6月23日的《农民日报》上。
③ 指王宏刚、张安巡与王宏刚的学生谢启明、施华、左晨。

（一）浏河天后宫调查

明永乐三年（1405 年），一支由巨轮 62 艘、士卒及随员 27 800 余人组成的人类有史以来最庞大的船队，自太仓刘家港①起航，乘风破浪，开始了人类有史以来最伟大的远航——郑和下西洋。妈祖信仰在世界的广泛传播正以郑和七下西洋为契机。

据《天妃之神灵应记》碑记载："而我之云帆高张，昼夜星驰，涉彼狂澜，若履通衢者，诚荷朝廷威福之致，尤赖天妃之神保佑之德。"《娄东刘家港天妃宫石刻通番事迹碑》所载亦同。② 他们认为郑和下西洋能在海上平安航行，主要靠朝廷的威福和天妃的保佑。

郑和下西洋行前沿途要祭祀天妃，平安归来后要酬谢天妃。郑和使古里、满刺加还，言神多感应，为此朝廷于永乐五年新建成南京龙江天妃庙，遣太常寺少卿朱焯祭告。永乐七年郑和第三次下西洋，内官尹璋往榜葛剌国公干，祷神求显应。遣郑和和太常寺少卿朱焯传诣湄山致祭，加封天妃为护国庇民妙灵昭应弘仁普济天妃。赐庙额曰："弘仁普济天妃之宫"，岁以正月十五日，三月二十三日遣官致祭，著为令。永乐十四年明成祖御制《南京弘仁普济天妃宫碑》，对天妃保佑"遣使敷宣教化于海外诸番国"加以褒扬。此碑立于南京天妃宫内。永乐十七年九月郑和第六次下西洋归来后，为了报答天妃护佑之功重修天妃宫于南京凤仪门外。宣德六年春，郑和第七次出使西洋，舟师泊于娄东刘家港天妃宫祠下，思昔数次皆仗神明护助之功，修饰天妃宫，郑和勒《娄东刘家港天妃宫石刻通番事迹记》碑昭示永久，并植西域海棠于天妃宫内。

湄洲屿为天妃升化之地，也是最早建天妃宫的地方之一，郑和

---

① 今江苏省太仓市浏河镇。

② 宣德六年（1431 年）春，郑和率领船队第七次下西洋。驻泊太仓时，立下了《娄东刘家港天妃宫石刻通番事迹记》碑。后经福建长乐时，又立下了《天妃灵应之记》碑。这两块碑石，成为研究郑和七次下西洋的第一手资料。

数次到湄洲天妃宫祈求天妃保佑。永乐七年郑和第三次奉使,途经福建时,奉旨到湄山致祭天妃。永乐间,"中贵人三保者下西洋,为建庙宇海上,大获征应"。宣德六年郑和等率领兴平三卫指挥千百户并府县官员诣湄屿买办木石,修整庙宇。

泉州为郑和下西洋所经之地,永乐五年以奉使西洋太监郑和责令福建守镇官重修泉州天妃庙,自是节遣内官及给事中行人等官出使琉球、暹罗、爪哇、满剌加等国,以祭告为常。

北宋年间,海盗猖獗,东南亚诸国干戈纷争,中国船队有强大的军力保卫自己。在28年的漫长经历中,只发生过3次海战,而且每次都是战前再三和平宣示,在不得已的情况下方自卫反击,歼灭了盘踞在旧港的海盗陈祖义部,安抚了施进卿部,使其成为受政府册封的海外华人领袖;调解暹罗与满剌加、苏门答剌、占城、真腊等国冲突,使海洋成为中外经济、文化交流的和平通道。

伟大的航海家郑和在第七次下西洋的途中病殁于古里①,长眠在他开辟的和平途中。他以半生的心血实现了中华民族"怀德而柔远人"的大同思想。《明史》评价道:"至其季年,威德假被,四方宾服,受朝命而入贡者殆三十国,幅员之广,远迈汉唐,成功骏烈,卓乎盛矣。"郑和将中国的社会理想、历法、度量衡制度、农业技术、制造技术、建筑雕刻技术、医术、航海技术等文明成果远播海外,造福于沿途国家与地区。如今,东南亚众多的三宝山、三宝井、三宝垄、三宝庙等以郑和名字命名的遗迹与相关民俗,仍然诉说着当地人民对这位传播中华文明的先驱的敬意。

郑和下西洋的28年间,有关亚非国家使节来华318次,文莱、满剌加、苏禄、古麻剌朗国4个国家先后7位国王亲自率团前来,最多一次有18个国家朝贡使团同时来华,还有3位国王在访问期间

---

① 今印度科泽科德。

在中国病逝,他们遗嘱要托葬中华,明朝都按照王的待遇厚葬。这是中国海洋开拓与和平外交史上的光辉一页。

郑和船队完成的中国海洋开拓的伟业的精神力量之一就是妈祖崇信,也可以说明朝船队实践了妈祖崇信所承载的不畏强暴、追求和平的社会理念。

近一百余年来,中国劳工带着自己的妈祖崇信,跨洋来到五大洲。他们含辛茹苦,用自己的汗水、心血甚至生命与所在地民众共同和平开发,终于有五千万以上的华人长住该地。[1] 海外华人用自己的勤劳、智慧在五大洲立足,只建有唐人街与妈祖庙作为与祖国传递真情的精神纽带。如此,妈祖崇信在世界范围内传承、传播。

郑和与明朝对妈祖的笃信,加快了妈祖崇信走向世界的历史步伐。

（二）从浏河看上海的妈祖信仰

江苏省浏河不仅有郑和下西洋的历史遗迹与文物,而且出海口离上海宝山仅一公里,又有大片海滩,可以看到对面的崇明岛,浏河与今属上海市的崇明、嘉定、宝山共同打造了中国海洋文化展示区的天然场所。作为中国历史悠久的重要海港,上海在宋代就传入了妈祖信仰。至新中国成立前,上海已至少有八所史籍上记载的妈祖庙,如今在金山、崇明、宝山、嘉定、浦东新区、松江等地都有部分渔民、农民信仰妈祖。例如,金山山阳渔村妈祖庙虽然在抗战时期被炸,但今天的渔民家里仍然祭祀这位海洋女神。郑和七下西洋每次都隆重祭奠的浏河天妃宫,也是崇明、嘉定、宝山居民经常祭祀的地方。崇明至今仍留有当年郑和泊船的地方与两所明代妈祖庙,说明古代上海先民也见证了郑和下西洋的历史壮举,由

---

[1] 2005 年,王宏刚在加拿大渥太华大学参加国际学术会议时,听加拿大教授说起中国劳工对北美大铁路所作出的默默牺牲与巨大贡献,这一段历史令人动容。

此也填补了上海"海派文化"的海洋要素缺位。

上海地处长江口、东海边,早就是水路交通的枢纽港口。据元初宋渤《(顺济)庙记》称:"莆有神,故号顺济……松江郡之上海为祠,岁久且圮,宋咸淳中,三山陈珩提举华亭市舶,议徙新之。"以此说明,上海在宋咸淳前当已有妈祖的庙宇了。市舶司提举陈珩发起改地建造妈祖的庙宇,在宋咸淳七年(1271年)着手进行,然而这一工程断续延宕,一直经过了19年,即到了元朝至元十九年(1282年),始告正式完成。新庙称为"顺济庙",又叫"圣妃宫",地在小东门外的黄浦江边。① 元代以后,妈祖被封为"天妃",这顺济庙也叫了"天妃宫"。元明交替至明嘉靖年间,上海几遭战祸,天妃宫终被毁坏流为荒地,后由道士募金重行建造,天妃宫得以再度面世。清康熙年间,妈祖被封为"天后","天妃宫"改称为"天后宫",规模渐大,香火也更旺了。小东门外本是县城和黄浦江之间的主要通道,中心港区所在,天后宫地处其间为其添加了光彩。然而,到了近代,小东门外成了多事之地。1853年上海小刀会起义,天后宫大部分建筑被毁。小刀会起义失败,地方绅商集资对其再建,但工程尚未全部完成时,太平军攻打上海,此地又成兵燹之场。1861年,天后宫址被划入法租界,国人难以插手,无人问津,于是这里的天后宫烟消云散了。

小东门外的天后宫毁去后,天后庆诞及平时船民出海前祈求天后护佑的活动改在商船会馆、浙宁会馆、潮惠公所等处进行,这些会馆公所里都供奉有天后圣像,同样可以顶礼膜拜,只是场地狭窄,规模缩小,大不如昔日天后宫的旺盛热闹了。

---

① 参见郑祖安:《上海苏州河天后宫兴衰史》,系2006年上海社会科学院妈祖文化研究中心与松江天妃宫召开的第一次海峡两岸妈祖文化研讨会上的发言。郑祖安是上海社会科学院历史研究所研究员,现已退休。

　　光绪五年(1879 年),上海地方遵朝廷之命着手重建天后宫,其时正好吴淞铁路因遭群众反对,清政府以重金将其买回拆毁,以苏州河边吴淞铁路为起点,即河南路桥的西北堍,作为兴建天后宫地址,最有利的是这里离市中心区很近,水陆交通方便,空地面积较大,以 4 亩多地建天后宫,以 5 亩多地在天后宫边建出使行辕,两相邻接,共同兴造。德、美、英、俄等驻华大臣及北洋大臣李鸿章、上海道都捐了银,一些地方机构及人士、船商等也出了钱。工程于 1883 年 2 月正式开工,次年 6 月完成。两者的布局为:出使行辕面临苏州河,位在南部;天后宫紧挨其北,大门东向,开在河南路上。天后宫内部的建筑从南向北:头门戏楼,东、西厢房、看楼,钟、鼓亭,大殿,寝宫楼。在戏楼与大殿间,是一大庭院,院中置有大香炉。大殿即天后娘娘所在之处,天后像高高在上,左边的佛龛内是观音菩萨,右边的佛龛内是"三清尊神",钟、鼓楼里各有一天后宫的护卫神——"顺风耳"与"千里眼"。如此,上海城又有了天后宫,船商、船主、船民们又有了一个敬祀天后的正规场所。尤其是庙内还经常演戏谢神,天后宫内外热闹非凡。晚清有不少竹枝词记录了新天后宫建造后曾有过的盛况。

　　至 1893 年,根据中、美正式协议与界石来看,河南路桥北堍的出使行辕和天后宫,落了在美租界的范围里,是中国在租界中的一块"飞地",其主权在中国一方。辛亥革命以后,出使行辕作为清政府的地方机关之一,被上海军政府取缔,改作"上海商务公所"[①]办公地,天后宫作为公产,由上海县款产处接管后,在时代革故鼎新和社会风云变幻的大潮中,天后宫也受到了冲击,走上了衰落的历程。1923 年,在后面的寝宫楼内设立县立第三小学,前边的戏楼,东、西看楼则租给中华职业教育社,开设商业补习学校,中间的大

---

　　① 即以后的"上海总商会"。

殿仍为天后殿,供各方进香、朝拜。1925年县立第三小学也就此改名为"上海市立树基小学"。1927年国民党一支部队挤进天后宫内,借用钟、鼓亭和看楼的部分房屋为办公驻地。1937年"八·一三事变"爆发,天后宫与闸北战区相距不远,这里成了第四十难民收容所,收有难民1 200余人。

1949年5月上海解放,随着破除迷信活动大张旗鼓地展开,天后宫佛事活动终于完全结束。1950年占天后宫内主体的树基小学改成了"河南北路小学",1977年改建为"山西中学",天后宫大殿被占了相当大的面积,内部采光不良,有关部门考虑将其拆除重建新楼。这时,松江城内的"方塔园"正拟兴建一座古典式的江南园林,到处收罗传统的老建筑和历史文物。天后宫大殿是上海地区难得的一座典型的清代殿宇建筑,因此有关部门决定将其重加利用,原封不动地全部迁移到松江"方塔园"内,与周围的方塔、照壁、厅堂、池桥、花木等一起,组成了一幅富有历史文化底蕴的园林风光美景。进入本世纪,松江政府决定重修方塔园内的原天后宫大殿,在里面重塑妈祖像,传承浦江妈祖文化,推动具有悠久传统的妈祖文化的传播和发展。①

上海郊区的妈祖文化也历史悠久,发端于闽南的妈祖信仰很早就传播到松江。松江府始建于元世祖至元十四年(1277年),初名华亭府,一年后改名为松江府。之前则是华亭县,始建于唐天宝十年(751年),其疆域与后来的松江府相同。

妈祖信仰自宋代传入松江后,历经百余年发展,逐渐与当地民风民俗融合,成为众多信众的保护神。无论是信众数量还是妈祖宫庙建筑,都呈不断上升趋势。更由于历代王朝的褒封,妈祖从民间神成为国家神,当地对妈祖的祭祀极其隆重,《松江府志》以及相

① 参见郑祖安:《上海苏州河天后宫兴衰史》。

关县志都把"天后宫"记载于"文帝庙""武帝庙"之后,彰显了妈祖信仰在当地政治、宗教以及民俗文化中的重要地位。① 元王朝至元十八年(1281年)到天历二年(1329年)近半个世纪内,先后5次册封妈祖为"天妃",松江的妈祖信众增多,不但本地信众有奉祀妈祖的习俗,各地经商贸易以及参与漕运的水手也有祈祷妈祖护佑的需求,因此境内各城镇交易之地大都建有规模不等的妈祖庙。

明代松江经济高度繁荣,郑和七下西洋更使妈祖信仰广泛传布。明代洪武五年(1372年)、永乐七年(1409年)两次册封妈祖为"圣妃",松江城内的圣妃宫即当时所建,妈祖从民间神上升为国家神,地位更加稳固了。

明清易代,妈祖崇信一脉传承下来。施琅在收复台湾之役中感受到妈祖显灵协助,康熙遂于康熙十九年(1680年)册封妈祖为"天妃",不久又晋封为"天后"。终清一代,从康熙至同治,对妈祖褒封次数多达八次,封号也越来越长。按清《礼部则例》,乾隆五十三年载入祀典,官员于春秋两仲月妈祖诞辰和羽化日隆重致祭。其时松江府所辖七县一厅均建有天后宫,维修和整建次数也相当频繁,如嘉庆年纂修的《松江府志》在"天后庙"条目下记载:岁春秋二仲月上辛日致祭;同书在记述娄县天后庙中写道:国朝康熙中改建,乾隆十二年修;在金山县"天后宫"条目下载明:国朝顺治三年总兵李成栋参将张道瀛修;川沙抚民厅在"乾隆五十年川沙营川将黄楷率府属捐俸倡建"。同治之后,虽经战乱破坏,但各县的天后宫庙均经官府或地方人士修复,一部分由僧尼募钱重修。

妈祖,作为一位载入国家祀典的神祇,历经数百年传承,其在

---

① 参见王正、张娟:《妈祖信仰与松江古代社会的和谐融合》,系2009年在宁波召开的第三次海峡两岸妈祖文化研讨会上的发言。该会是上海社会科学院妈祖文化研究中心与宁波安庆宫主办的。

人们心目中的地位仍较一般神道为高,妈祖的文化精神仍然深刻地渗透进了上海郊区的社会生活。

(三)郑和下西洋后世界主要妈祖崇信地

郑和下西洋后的六百年,是妈祖崇信不断走向世界的六百年。在近代华工出海的浪潮中,妈祖崇信的传播又掀起高潮,终于使妈祖足迹遍及五大洲的华人聚居地。

(1)明永乐二十二年(1424年)琉球国王在首府那霸修建妈祖庙,妈祖被当地民众信奉。明洪熙元年(1425年)特使紫山东渡琉球,在琉球主持建造"弘仁普济宫"①。明朝末年,莆田人林北山携7尊妈祖像只身渡海到鹿儿岛,定居片浦港,建妈祖庙,当地不少日本人开始信仰妈祖。长崎的唐三寺,为三座妈祖庙,日本人称为唐三寺,作为中国文化的象征。东京、千叶、琦玉、大阪、岐阜、八重山等地都建有妈祖庙,华人会馆传承着天后圣诞盛典。

(2)朝鲜半岛:汉城、釜山、仁川、平壤、新义州等地都建有天后宫,为华人社团与当地部分民众信仰。

(3)东南亚:该地临近妈祖诞生地,自宋以来,华人就较大规模地参与了当地经济、文化开发,所以东南亚是海外妈祖崇拜最兴盛的地方。马来西亚有妈祖庙35座,其中马六甲半岛青云阁建于明隆庆元年(1567年),历史最久。吉隆坡天后宫建于1995年,规模最大,经久不衰。菲律宾的马氏格的凤里庵、隐秀寺,以及宿雾、亚笼计、拉元萨等地都有妈祖堂,达杜天主教堂中有着洋装的妈祖像,1954年罗马教皇在这里为妈祖举行圣母加冕典礼。印度尼西亚雅加达、泗水、万隆等地建有天后宫。新加坡于清道光二十三年(1843年)建有天福宫等妈祖庙。缅甸建有仰光的三山天后宫等妈

① 即天后宫。

祖庙。泰国建有曼谷灵慈宫等妈祖庙。越南建有西贡①天后宫等妈祖庙。东南亚的华人会馆、同乡会、宗亲会的祠堂或神堂中几乎都供奉妈祖,天后圣诞时华人与当地民众要举行盛大庆典。妈祖崇信已渗透到东南亚的民俗中,成为中国与东南亚文化交流的历史见证。

(4)北美洲:美国檀香山、纽约、旧金山、洛杉矶、华盛顿、得克萨斯、夏威夷等地,以及加拿大多伦多、蒙特利尔等地建有妈祖庙。妈祖为当地华人社团成员及部分当地民众所信仰,保留了天后圣诞节等民俗。

(5)南美洲:巴西圣保罗、阿根廷布宜诺斯艾利斯等地建有妈祖庙,华人与当地部分民众传承了妈祖的崇拜仪式与风俗。明代时墨西哥就有天后的传说流传。

(6)澳洲:澳大利亚悉尼建有妈祖庙,华人传承了妈祖崇拜习俗。

(7)西亚与非洲:沙特阿拉伯、南非开普敦等地建有妈祖庙,为华人与当地部分民众信仰。

(8)欧洲:法国巴黎"真一堂"供奉妈祖,称妈祖为国际和平女海神。

上述妈祖崇信地多是多种族、多元文化地区,妈祖文化能落户其中,不仅为华人信奉,而且受到当地居民的敬仰,证明了中国文化的亲和力。妈祖的足迹是中华民族文化在世界传播的重要路线图之一。

五、妈祖崇信的内地传播

妈祖崇信的肇始者虽然是闽南船员,但很快成为本土与外来

---

① 今胡志明市。

居民的共同信仰,不仅有隆重庄严的祭礼,而且形成了丰富多彩的民俗,推动着妈祖文化的发展。中国内陆已有大量妈祖庙,单巴蜀地区历史上就有两百余所,多是闽南船员沿江河而上来到内地并落户内地的精神标记,记刻着中国内陆与大海互动的历史步履,这种互动是中华文明绵延五千年不断发展的原动力之一。

(一)妈祖文化的普世性

明崇祯年间香山县《大榄天妃庙碑记》云:"粤与闽境相接,而妃之灵爽又每驾海岛而行,故粤不论贵者、贱者,贫者、富者,舟者、陆者,莫不香火妃,而妃亦遂爱之如其手足。吾所居之里,出入必以舟;亦为山泽之薮,群盗乘以出没,而妃之相之者,纤悉不遗。故其间或官、或士、或农、或商、或往、或来,有于海上遇危难者,群匍匐号泣呼妃。妃来则有火光从空而下,止于樯,无樯止于舟之背,或其橹柁,众乃起鸣金伐鼓而迎之。须臾舟鬼,火将往,众又鸣金伐鼓而送之。诸如此类,岭南人在在可据,大与寻常饰说鬼神而不同。"①可见,妈祖崇信不仅是跨区域的,而且是跨社会阶层的,也意味着其有全民性。这是妈祖崇信能广泛传播的内在原因。

(二)妈祖崇信在内地的传播

妈祖作为海神,在海岸与岛屿的传播是容易理解的。妈祖崇信首先从其诞生地向周边的海岸与岛屿传播,泉州、台湾、香港、澳门都是妈祖崇信最密集的地方,香港、澳门的名称都与妈祖崇信有关。据明人笔记《琅琊代醉编》记载:洪武初年,"海运风作,飘泊粮米数千石于落祭,万人号泣待死,大叫'天妃',则风回舟转,遂济直沽"。这是一则天妃救海难使漕运平安到达直沽的传说,天津的名称由此而来。实际上,从中国南端的北部湾到辽东北端的丹东都

---

① 参见(光绪)《香山县志》卷六《建县·坛庙》。

有历史悠久的妈祖崇信,而舟山群岛有人居住的岛屿几乎一岛一妈祖庙。

令人感兴趣的是:在中国大陆腹地也有不少妈祖庙及相关崇信民俗。至少从元代起,北京就建有天妃庙。元代熊梦祥的《析津志》中的《祠庙·仪祭》记述:"天妃,姓林氏,兴化军莆田都巡君之季女,生而神异,有殊相,能知人祸福,拯人急患难。"作为元大都的北京,当时已是全国统治中心。元廷开通海上漕运,从江南海运漕米到直沽①,经通惠河运到北京大通桥下。为祈保漕船运粮平安,元泰定帝泰定三年(1326 年),官府便在北京大通桥边建立天妃庙。同时期在北京通县大运河边也建有两座天妃宫。可见当时朝廷视妈祖为国家经济命脉的重要守护神。

建于明孝宗弘治年间(1488—1505 年)的闽商汀州会馆,位于崇文门外长巷二条,其北馆主院五开间正房亦是天后殿,一直供奉着高大的妈祖牌位。清乾隆年间,崇文门外缨子胡同的延邵会馆内建有妈祖庙,并悬挂大学士漳浦人蔡新题写的匾额"海邦仰圣"。每逢农历三月廿三妈祖诞辰日和春节,在京的闽商及同乡们必在此搭戏台,演戏恩谢妈祖。位于宣武区南柳巷的闽商建宁②会馆,其后院也曾建有天后殿。

目前,我们发现的处于最北端的是长白山南麓的桓仁满族自治县的天后宫。实际上,松花江、乌苏里江、黑龙江流域都可能有妈祖的历史足迹,需要仔细寻觅。例如:原是清朝都城的沈阳也建有天后宫,宫中妈祖与王母娘娘、观音娘娘、授儿娘娘、治病娘娘、歪梨娘娘③同受供奉,为满汉各族民众所信仰。长白山是满族(清

---

① 今天津。
② 今建瓯。
③ 满族庇护妇女儿童的女神。

王朝)的肇兴之地,我们在桓仁满族自治县看到天后宫建于清代,该地满汉各族民众的天后崇拜已持续一百余年,直至今天。

西北的兰州黄河畔建有天后宫,山西介休绵山始建于乾隆三年的妈祖殿,近年都与台湾慈龙宫建立了长期交流关系。

在西南贵州黔东南苗族侗族自治州镇远、云南乌蒙山腹地会泽县城都建有宏大的妈祖庙,后者的第二殿为妈祖殿,中塑妈祖,左右各为女娲和九天玄女,上古时期的中国创世女神与道教女神与海洋女神同奉一堂,第三殿圣宫圣母殿,塑的是妈祖的父母亲,建庙人与妈祖同样"孝亲"。广西的山区怀集等地曾经建有妈祖庙,而四川巴蜀地区曾经建有两百余所妈祖庙,蔚为大观。

在内陆中心腹地湖南芷江、安徽天长、江村、江西三清山、景德镇等地都建有雄伟的妈祖庙。在安徽宿松长江沿岸的小孤山古刹启秀寺供奉有妈祖圣像,妈祖进入佛教寺院中。

(三)妈祖崇信与儒佛道互动

妈祖崇信之所以从湄洲屿深入内地,遍及五洲,是因为其蕴涵了中国人最普遍的社会伦理憧憬、人格品质理想以及实现这种追求的勇气、智能、胸怀与胆识,因而有广泛的普世性,能与中国的传统主流文化——儒佛道互动。

宋绍兴八年(1138年),状元黄公度在《题顺济庙》中写道:"枯木肇灵沧东海,参差宫殿翠晴空,平生不厌混巫媪,已死犹能效国功。万户牲醪无水旱,四时歌舞走儿童。传闻利泽至今在,千里危樯一信风。"[1]明成祖永乐皇帝题诗道:"扶危济弱俾屯亨,呼之即应祷即聆。"都是从儒家社会理想的角度歌颂妈祖。妈祖受到历代皇朝六十余次的敕封以及文人雅士的赞扬,都因为其蕴涵了儒家"安

---

[1]　黄公度:《知稼翁文集》卷五《题顺济庙》。

邦济民"的理想。儒家的思想也渗透在民间,2003 年我们在武夷山地区考察时,一些农民家庭将妈祖供奉在宗族的祠堂中,将妈祖作为祖先崇拜的一部分。

道教创造出《太上老君说天妃救苦灵验经》等经文将其纳入道教神系,而在生活中,大部分妈祖庙也属道教。佛教将妈祖视做南海观世音菩萨的化身,部分佛教寺院也供有妈祖。

郑和是虔诚的穆斯林、佛教徒,又精孔孟,但也笃信妈祖。妈祖在海外,不仅为华人所信仰,也为不少与中国文化背景不同的外国人所敬仰,妈祖信仰所彰显的普世性,很大程度上表达了人类的共同理想。

一位 28 岁的年轻女子成为中国的海洋女神,反映了中国文化的特色,有其历史的必然性。20 世纪 80 年代我国在辽西牛河梁发现的女神庙遗址证明了早在五千多年前就有了女神崇拜。道教是中国的本土宗教,传承了不少古代女性本位思想。佛教在中国本土化过程中,观音从男性变成女性,而且是对中国信众影响最大的救苦救难的慈悲菩萨。据我们近 20 年的田野调查,在满族原始信仰萨满教中,发现其创世神话中保留了完整的三百女神神系。满族的东海女神,形象为鱼首女人胴体,一对硕乳高耸,腹部隆起,满语称"德里给奥木妈妈",为海洋主神,司太阳与光明之神。萨满教观念认为:太阳与光明为人类和一切生灵生命之源泉,故亦为生命之神。东海女神统辖众海神掌管整个太阳初升的东海,而海是该部落生活之根基,她的降临会带来太阳与光明,使部落繁衍强盛,她能带来数不尽的海洋产品,并带来甘雨,使百禾苗壮,使族人有吃有穿。[1] 鄂伦春人的海神达来乌吉娜,也是一位年轻女子,她在

---

① 富育光、王宏刚:《萨满教女神》,154～166 页,沈阳,辽宁人民出版社,1995。

风暴中点燃了火把,使渔民辨别了方向得以生还①,与妈祖十分相近。

中国文化的基质是和平、和睦、和谐,女神能更好地与这种文化精神契合。在充满风险的海洋生涯中,人们需要母亲的刚强、坚忍与深情,所以,清中叶以后,人们敬妈祖为"天上圣母",远离故土的游子将妈祖作为故乡的神圣象征。

六、妈祖信仰所表达的中国人的大同理想

一千余年前,妈祖崇拜萌生于中国东南海岸一隅——福建莆田湄洲屿,此后的一千余年,中国先民以妈祖为海洋开拓的精神旗帜,使自己的足迹遍及五大洲,拉动了中国式的海洋与大陆的良性互动,推动了中华文明的发展与在世界的和平传播。如今,在五大洲华人集聚的地方都有妈祖庙,有一定规模的在1 500座以上,信众超过2.1亿人,使得中国海洋女神的信仰形态带有某种世界性。这是人类文明史中的一个奇迹,蕴涵着中华民族文化具有不息生命力之历史奥秘。

妈祖文化成功传播的原因之一,是在其林林总总的民俗祭礼、神话传说等具体文化形态中蕴涵着中华民族历史悠久的大同理想,并是实现这种理想的历史性、群体性的伟大实践。大同理想是中国先民建设和谐社会的美丽蓝图,两千余年来,为了在现实生活中实现这幅蓝图,中华儿女世代传承着、探索着、奋斗着,妈祖文化这种史诗般的重要篇章,也是中华民族在本世纪中叶实现伟大复兴的精神基石之一。

(一)儒家大同理想与妈祖崇信的文化特质

两千年前,在儒家的重要经典《礼记·礼运》中,孔子曰:"大道

---

① 据王宏刚、富育光于1991年初在大兴安岭对鄂伦春族大夫孟秀珍的调查资料。

之行也,天下为公,选贤与能,讲信修睦。故人不独亲其亲,不独子其子;使老有所终,壮有所用,幼有所长;矜(音"鳏")、寡、孤、独、废疾者皆有所养;男有分,女有归。货,恶其弃于地也,不必藏于己;力,恶其不出于身也,不必为己。是故谋闭而不兴,盗窃乱贼而不作,故外户而不闭。是谓大同。"①这就是说,大道通行的社会,天下是人们所共有的。把有贤德、有才能的人选出来为大家办事,人人都讲求诚信,崇尚和睦。因此,人们不只是尊敬和奉养自己的父母,不只是疼爱和抚育自己的子女,还要使老年人能终其天年,壮年人能有工作和收入,幼童能顺利地成长,使老而无妻的人、老而无夫的人、幼年丧父的孩子、老而无子的人、残疾人都能得到供养。男子要有职业,女子要及时婚配。人们憎恶财产货物被抛弃在地上的现象而要去收贮它,却不是为了独自享用;人们憎恶在共同劳动中不肯尽力的行为,却不是为了私利而劳动。这样一来,就不会有人搞阴谋,不会有人盗窃财物和兴兵作乱,家家户户都不用关大门了。这里儒家经典的大同理想就是一个和谐社会。

中国的大同理想是以儒家为主体的,因为它更系统地着眼于当下。但也受到各学派思想家的滋育,如中国道家学派的创始人、与孔子几乎同时代的老子则设计了一幅没有欺压、人人平等、人人劳动、人人"甘其食,美其服,安其居,乐其俗"以及"老吾老以及人之老"的理想的社会蓝图。中国的大同理想不是"乌托邦"——虽然其真正实现要经过漫长的历史岁月。

妈祖文化正是萌生在以儒家为主的传统文化沃土之上的。妈祖生平业绩有许多传说,我们据《天后志》《天妃显圣录》等文献记载的神话传说可大致分为两大类型:妈祖成神的神话传说与妈祖救海难的神话传说。妈祖崇信的文化特质主要就蕴涵在这些神话

---

① 《礼记·礼运》(清嘉庆十一年刻本)。

传说中。对生命的珍爱、社会正义、勇敢、无私、孝悌、仁爱、乐善好施等在其中都得到生动的体现,而且其中也蕴涵着中国人和谐大同的社会理想。在中国人的心目中,人与神的根本区别在于后者是永远不死的,妈祖显灵的神话传说正是体现了这种观念。这种观念的积极意义在于:其在追求人类族体永生的不懈努力中,传承了对人类当下与未来发展具有永恒价值的文化基因。

(二)妈祖崇信中的大同理想与中国先民对海洋的和平开拓

综观妈祖的神话传说,其中有不少降妖魔、平海寇的故事,反映其疾恶如仇、不畏凶暴的刚毅性格,也蕴涵着中华民族惩恶扬善、维护社会正义、追求国家安定的文化品格。妈祖的争战故事没有丝毫无故杀戮、殖民侵略的内容,而是突出除暴安良以求社会和睦的人文主题。意味深长的是:在妈祖相关神话传说中,即使原本是危害一方的妖魔,往往被妈祖用智慧收服后成为造福人类的善神。因此,妈祖神话传说的基本性质是和平、和睦、和谐。

妈祖崇信的和平特质充分地反映在中国对海洋的和平开拓进程中。

中国对海洋开拓的历史甚早,早在史前,中国的稻作文化就渡海传至日本。隋唐时期,中日两国经济、文化交流空前,鉴真和尚东渡日本,就是中国文化对外传播的壮举。唐朝的东北地方政权——渤海与日本有一百余次的大型交往,至今留下了许多美丽诗篇。这些海洋开拓的性质是和平友好的,促进了中外的经济、政治、文化与人员交流,以使双方共同发展。

中国海洋开拓的和平性质,在妈祖诞生后,体现得更加充分。

妈祖神话传说中有不少庇佑中国使节渡海的故事,反映了当时中国与外国的友好交往。神话传说中还有妈祖显灵救外国海员的故事,反映了中国人建立大同世界的和平理念。

中国对海洋的和平开拓,集中体现在郑和七下西洋的历史壮举中。郑和七下西洋时,中国国力强盛。郑和率领的远洋船队是当时世界上最大的,船只与人员规模都是后起的哥伦布、达·伽马等率领的西方船队的十倍以上,中国船队西出太平洋,横跨印度洋,先后到达东南亚、南亚、东非的30多个国家和地区,时间跨度为28年。如此强大的中国船队在28年的非凡旅程中没有建立一寸殖民地,没有掠夺一文钱财,郑和等人忠实执行了明朝睦邻友好的外交政策,大大促进了中国与亚非各国的和平友好关系。伟大的航海家郑和以他半生的心血实现了中华民族"怀德而柔远人"的大同思想,将中国诸多文明成果远播海外,造福于沿途国家与地区。而妈祖崇信所承载的不畏强暴、追求和平的社会理念是郑和船队完成中国海洋开拓伟业的精神力量之一。

近一百余年来,中国劳工——远离故土的游子将妈祖作为故乡的神圣象征,他们也带着对妈祖的崇信,用自己的勤劳、智慧立足在五大洲。

七、浙东妈祖信仰与中国的海洋经济

妈祖崇信萌生的理由之一是满足当时中国先民和平开拓海洋的精神需求。妈祖崇信承载、表达了游子海洋远航远离故土的思乡之心,与海浪搏击的勇气、智慧与团队精神,以及与异地原住民友好交往,以至融为一体共同开发的愿望。因此,妈祖信俗对中国人开创海洋经济事业的历史文化影响不可低估。

(一)妈祖文化的海洋性及其在浙东地区的成功传播

浙江省东部沿海地区是与妈祖诞生地相邻的一片海洋经济热土。在中国历史上,宁波一直是以海上交通著称的港口城市,浙东地区是我国海洋经济的重点地区之一。迄今七千年前,浙东河姆渡遗址挖掘出来的木桨与鱼骨科研印证了当时的先民已能"刳木为舟,剡木为楫",已有了原始的海洋经济事业。约公元前 3 世纪始,包括浙东在内的越民族给日本带去了水稻农耕技术及金属熔炼技术,开创了日本文明的新纪元——弥生时代,说明当时已有较发达的航海事业。越国时代,浙东地区已从独木舟进入到了木板船时代,会制作乘舟和"戈船"①涉海,且拥有水军。② 故《鄞县通志·食货志》称今宁波之地为"周以来海道运输之要口"。汉时舟师③,多自句章港④启碇。唐代新航路的开通,为浙东地区发展海外贸易提供了条件。同时,造船业的崛起,为当时的海洋经济事业提供了基础。在《中国航海史》中公认唐代明州⑤张友信为我国古代著名的造船家、航海家,说明当时宁波就是中国重要的航海基地之一。两宋是我国海上丝绸之路的繁荣时期,宁波⑥成为全国制造海船的重要基地。宋神宗元丰元年(1078 年),朝廷为出使高丽,敕明州打造万斛船两艘,赐号为"凌虚致远安济神舟"与"灵飞顺济神舟"。宋徽宗宣和五年(1123 年),朝廷又诏明州造两艘更大的神舟,名为"鼎新利涉怀运康济神舟"与"遁流安逸通济神舟",出使高丽。新航线的开辟,使宁波成为通向日本、高丽的特定出入口岸。这次航海肯定有浙东籍的水手参与。在此背景下,北宋宣和年间,宋廷派徐兢等赴高丽,回国后,根据其本人赴高丽过程中及在高丽的经历撰写的《宣和奉使高丽图经》,其中有一段重要记载:"宣和

---

① 战舰。

② 司马迁:《史记·越世家》,69 页,北京,中华书局,1982。

③ 海军。

④ 现位于余姚江北岸宁波市江北区乍山城山渡的句章古城遗址,为今宁波区域内有城之始。相传系周元王三年(公元前 473 年),越王勾践时所建。汉《十三州志》载:"越王勾践之地,南至句余,其后并吴,因大城句余,章(彰)伯(霸)功以示子孙,故曰句章。"句章城之句章港,当时乃越国通海门户,为中国九个重要军港和贸易港口之一。

⑤ 现宁波。

⑥ 古明州港。

五年(1123年),给事中路允迪等奉使高丽,因中流震风,七舟俱溺。独路所乘,神降于樯;安流以济,使还奏闻,朝廷特赐'顺济'庙额。"①"神降于樯"指的就是妈祖降临救难。这起与明州有关的朝廷首次对妈祖的封赐,是妈祖崇信国家化的起点,也是妈祖成为中国并跨越世界五大洲的海洋女神的里程碑式的重要历史事件。

随后南宋朝廷偏安江南,海上贸易成为其重要的经济命脉,对妈祖更是一再加封。开禧元年(1205年),妈祖又被加封"显卫妃"。在妈祖晋升为"妃"的第二年,宁波就建立了第一座天妃宫。元人程端学在《鄞灵慈庙记》②中记载了宁波妈祖的来历:宋绍熙二年(1191年),有福建船商沈法询,因"经南海遇风,神降于舟以济,遂指兴化分炉香以归,见红光异香满室,乃舍宅为庙址"。这座宁波第一座天妃宫,位于现东渡路与江厦街交叉处,此庙已于20世纪40年代毁于战火。宋代此址为航运码头,是船商活动中心。

在元代,宁波是漕粮海运航线上的重要港口。天历二年(1329年),元帝遣使祭庆元天妃庙。此时宁波已建有妈祖庙数座,据《镇海县志》记载,镇海于元至正十六年(1356年)在招宝山建造天妃宫。清代"开禁"后,宁波港口贸易得到持续发展,妈祖信仰的传播也达到鼎盛时期。宁波在此时期,共建造了大大小小的妈祖庙四十余座,如甬东天后宫③、安澜会馆、福建会馆、慈溪观城天妃宫、慈溪胜山娘娘庙以及象山东门岛天后宫等。随着妈祖庙的不断建立,妈祖信仰得到进一步传播和发展。

宋代以来,妈祖崇信在浙东海岛地区广为传播,形成了海岛妈祖信仰圈。由于浙东岛民从事的海洋开拓事业——海运或海上捕

---

① 徐兢:《宣和奉使高丽图经》,52页,台北,台湾商务印书馆,1986。
② 程端学:《鄞灵慈庙记》,详见蒋维锬、郑丽航:《妈祖文献史料汇编·碑记卷·散文卷》,79页,北京,中国档案出版社,2007。
③ 即庆安会馆。

捞都是高风险事业,需要妈祖这位以救海难为主职的守护女神的庇佑,所以浙东海岛出现了大批妈祖庙。如清康熙《定海县志·祠庙》中记载,康熙三十三年(1694年)时,仅定海本岛就有庙165个,其中供奉天后的36个,占神庙总数的1/5以上。到了民国十二年春重编《定海县志》时,定海所属的21个区祠庙扩展到377个,其中有名望的天后宫83个,占1/4以上。又如嵊泗列岛,民国末年共有神庙60余个,其中供奉天后的庙宇40余个,占庙宇总数的2/3。可见在东海岛民信仰中,天后妈祖后来居上,成为当地民间信仰的主体。随着妈祖崇信在浙东地区传播以及妈祖庙的不断建立,形成了当地的妈祖信仰民俗,如浙东地区的东海岛屿形成了元宵、诞辰、升天三大妈祖节庆,以及渗透到渔民生产、生活中的民俗文化。浙东的海洋经济模式使福建的妈祖信俗成功北传,而妈祖文化也持久地推动了浙东地区海洋经济的发展。

(二)妈祖信俗与近代宁波帮的精神契合

上海开埠后,跨海而来的浙东籍人士形成了近代"宁波帮",在长期妈祖文化的滋育下,他们有海洋一样的视野与胸怀,也有海洋一样的胆识、勇气与韧劲,由此在上海这个大舞台演出了一幕幕威武雄壮的历史活剧,推动了上海的迅速崛起,其中涌现了一批灿若群星的工商业巨子,如朱葆三、鲍咸昌、虞洽卿、刘鸿生、周祥生、邵逸大、董浩云、包玉刚等,他们先在商业,后在金融、工业、交通、房地产等各业以至文化、教育、科技等领域艰苦创业,对上海的历史性崛起作出了不凡的贡献。今天上海南京路上的老字号,几乎都是浙东籍人士创立的,他们的经济活动大多与海洋有关。今天上海人引以为豪的"海派文化"以海纳百川为特征,实际上是在这个时期最后形成的,其创造的主力军之一即当时的浙东籍"宁波帮"工商业家。

"宁波帮"的创业精神,我们可以在妈祖信俗中找到文化基因,而妈祖崇信的文化特质主要蕴涵在其神话传说中,如《天后志》及《天妃显圣录》等历史文献中记载的妈祖成神、显灵的神话传说,可以看到妈祖在济世救人、除妖降魔的过程中表现出无私、智慧、勇敢的文化品格，而且妈祖的海事行为均与百姓安生、国家安定有关，因此这位中国海洋女神的神话传说是中国开拓海洋的时代心声。

出生于浙东海域的"宁波帮"顽强开拓、冒险创新的精神与妈祖精神一脉相承。宁波谚语"要蹿头，海三湾"，意思就是要发迹，必须出海闯世界。《定海县志》说："冒险之性"为"岛民所特具"，"航海梯山，视若户庭"。世界船王包玉刚说过："涉足航运业对我是一种挑战，也是对我们进出口能力的扩展。虽然我父亲极力反对，说是危机四伏，但我坚持己见。"这正是浙东海民本色。住在海边的孩子从小崇拜"弄潮儿"的胆大敏捷，"弄潮儿"敢于在潮头上抢鱼，没有一定的胆量和技能断然不敢冒这个险。

另一位世界船王董浩云先生，年幼早在浙江定海中学读书时，在历史课上听老师讲郑和下西洋时，就用地道的定海话回答老师："地球表面四分之三是海洋，我应该像郑和那样有雄心征服海洋。"这句话成为他毕生献身于航海事业的预言和印证。两位船王凭借这种海洋文化精神，走向了海洋，创建起当时中国最大规模的海洋经济实体。

"宁波帮"具有海洋精神，就意味着同时有了世界眼光，因为只有海洋才能联通整个世界。民国初期，积贫动乱的中国参加了当时举办的3次世博会。1910年10月比利时布鲁塞尔国际博览会，上海陈列品所占面积是中国馆总面积的4/5。1911年4月至11月的意大利都灵世博会，参展的中国商品推陈出新的数量远胜历届，上海不少厂商获得"最优等""优等"和金银牌的奖励。1915年2月巴拿马世博会在旧金山举行，会期共10个月，41个国家参加，第九馆为中国馆，展品数高达20余万件，重达2000多吨的展品分别陈列在农业、工业、教育、文艺、美术、交通、矿物、食品、园艺9个展室中。另外，还仿照北京太和殿的建筑，搭建了一座极具民族风格的中华政府馆，受到各国观众的称赞。博览会组织为感谢中国参赛队,把 9 月 3 日作为"中国日"。在商品评奖中,中国共获 1 211 项奖,其中大奖章 57 枚,荣誉奖 74 枚,金、银、铜奖牌奖分别为 258枚、337 枚、258 枚,奖词奖 227 枚,在全部参赛国中独占鳌头。当时中国参加世博会困难重重,而主办者——上海商业会议公所、上海商务总会、上海总商会能过不懈努力,才使得中国展品越洋走向世界。

　　说到上海商会,这里有必要介绍一下它的历史。上海商业会议公所、上海商务总会、上海总商会是一脉相承的上海商会机构[①],其中成员一半以上来自会馆、公所代表。众所周知,会馆、公所是各地商帮为了维护同乡同业的利益,谋求商业发展和举办互济慈善事业而组织的同乡会。上海较著名的四明公所、浙宁会馆、定海会馆等都是宁波帮建立的。会馆、公所均设有祠堂,天后圣母(妈祖)为普遍供神,上海碑刻资料记载的 35 所同乡性会馆中,有 12所奉祠天后,105 所同业性公所也多奉祠天后,建于清嘉庆二十四年(1819 年)的浙宁会馆,系由"甬在关外山东等处贸易之众商,集资创建"[②]。初名天后行宫,后来才称浙宁会馆。1915 年,上海市总商会建址在北苏州路 470 号,这里原来就是闸北天后宫清朝大臣出使行辕的旧址。上海总商会是控制上海金融贸易和影响全国商业的商人团体,"宁波帮"能获得较快发展,称雄商界,一个重要因素是上海自有商会组织以来,基本上由"宁波帮"掌握着上海商

---

　　① 光绪二十四年,戊戌变法期间,清廷命各省成立商务局。光绪二十八年,再次下令各省设商务局。两江总督刘坤照会上海官、商两界公认的绅商领袖、宁波商帮著名人物严信厚办理此事。严信厚联络商界于是年组上海商业会议公所,以在沪各帮董事70 余人为会员,并制定章程 6 条。光绪三十年四月,上海商业会议公所改组为上海商务总会,严信厚仍被推为总理,宁波帮周晋镳为坐办。1912 年上海商务总会改称上海总商会。会馆、公所仍作为团体代表参加上海总商会,成为"合帮会员"。以 1926 年上海总商会合帮会员构成情况为例,会馆、公所的代表有 68 名,占总商会合帮会员 119 名总数的 57.1%;代表 46 个团体,占 76 个入会团体总数的 60.5%。
　　② 见《上海县续志·甬光初集》,文载《上海碑刻资料选辑》,508 页,上海,上海人民出版社,1980。

会的实权。他们还通过银业、钱业两公会控制和影响上海工商界各行业公会。1902年上海商业会议公所成立时,首任总理是慈溪人严信厚,1904年改称上海商务总会,严又继任会长。从1902年到1946年的40余年间,"宁波帮"中的一批头面人物在上海商会中任职的有:朱葆三(定海人)、周晋镳(慈溪人)、虞洽卿(镇海人)、秦润卿(慈溪人)、宋汉章(余姚人)、李厚佑(镇海人)、傅筱庵(镇海人)、袁履登(鄞县人)、俞佐庭(镇海人)、励树雄(镇海人)、方椒伯(镇海人)、金润庠(镇海人)、盛丕华(镇海人)等人。"宁波帮"中这些人物能在较长的时间里控制上海商会,反映了"宁波帮"在上海商界的地位。他们从商的世界眼光,也促进海洋活动的成功。中国对早期世博会的积极参加,促进了当时中国的海洋经济的发展。

今天旅居世界五大洲的华人已超过5 000万,其中相当一部分是浙东籍人。国外的华人认为妈祖信俗是海洋开拓的精神旗帜,并且是与祖国相连的感情纽带,如此,妈祖信俗走向世界。"宁波帮"也凭依妈祖精神,走向世界,推动了世界海洋经济的发展。

八、比干与妈祖信仰

比干是殷朝的政治家和德礼治国的先驱,他毕生爱国、爱民,追求民生,被称为亘古忠臣。河南省卫辉是比干的茔葬地和林姓始祖林坚公的诞生地,据说妈祖是比干的87代孙女。

本节在我们对比干与妈祖信俗的相关文献梳理与实地考察的基础上,探究比干与妈祖信俗所蕴涵的中国文化精神,及其对中华文明发展的历史作用。比干的民本思想与直谏壮举是儒家思想的渊源之一,对中国的政治文明建设与儒商精神的发展起了持久的历史推动作用,而妈祖是中国大同理想的生动表达,成为中国人和平开拓海洋与大陆水系的精神旗帜。中国的文化精神集中反映在历史悠久的大同理想及其实践中。

中国的大同哲学与理想的形成有漫长的历史过程,而不是春秋时期思想家的突发创造。源自河南的女娲补天、夸父追日、大禹治水、愚公移山等歌颂英雄的神话传说已经开始了对这种理想的认识与追求。而作为在民间有深远历史影响的比干与妈祖信俗也是中国文化精神的重要组成部分。

(一)比干的"民本"思想与妈祖信俗的文化特质

中国的文化精神在上古神话中就已经拉开了序幕,到了三千余年前的殷周鼎革时期,比干的悲壮牺牲谱写了重要一页。三千余年来,人们对比干的祭奠一直没有中断,尤其是自1992年以来,河南省新乡卫辉每年都要举办比干诞辰纪念活动,先后有29个国家和地区的比干后裔和华侨10余万人,100多个团体纷纷前来缅怀比干这位万世忠良。由此,比干祭奠近年成为河南省的非物质文化遗产保护项目,说明比干信俗仍然有经久不衰的文化生命力。其根本原因是比干的民本思想构成了中国文化精神的核心,成为儒家大同理想的一个源泉。

比干生于殷武乙丙子之七祀(公元前1125年农历四月初四),为商朝贵族商王太丁之子,幼年聪慧,勤奋好学,20岁就以太师高位辅佐帝乙,又受托孤重辅帝辛。他从政40多年,主张减轻赋税徭役,鼓励发展农牧业生产,提倡冶炼铸造,富国强兵。商末帝辛(纣王)暴虐荒淫,横征暴敛,比干叹曰:"主过不谏非忠也,畏死不言非勇也,过则谏不用则死,忠之至也。"遂至摘星楼强谏三日不去。纣问何以自恃,比干曰:"恃善行仁义所以自恃。"纣怒曰:"吾闻圣人心有七窍信有诸乎?"遂杀比干剖视其心,终年64岁。比干身为皇亲国戚①,当商朝统治面临危险时,首先考虑的不是商朝社稷,而是老百姓所遭受的灾难。在三千多年前的奴隶制时代,一个王朝的贵族,能有这种"以民为本"的思想,并能为此从容赴死,是何等的悲壮与珍贵?比干直言强谏的态度触怒了纣王,纣王愤怒至极,就残忍地剖开了比干的胸膛,杀害了比干。孔子赞比干为"三仁第一",凭吊时,挥剑刻石"殷比干莫(即"墓")"为其树碑。"仁"是儒家思想的核心,而孔子视比干为杀身成仁的典范。比干的悲壮事迹成为儒家思想的来源之一。

比干平时被朝野视为"圣人",所以纣王才能脱口而出称其为"圣人"。在商朝时期,人们心目中的"圣人"只有此前的尧、舜、禹、汤和当时的西伯侯姬昌②,比干能和这几人并称,可知他必定德慧双修,是一个关心人民疾苦、经常为民请命的"好官",视人民为国家的根本。虽然史籍上没有相关的记载,但他杀身成仁不是一时冲动,而是其固有民本思想的终极表现。

比干被害后,纣王并未罢休,还要灭门绝户。当时比干正妃陈夫人身怀有孕,逃到长林(卫辉市苍峪山)得以幸存,在山洞中生下一子,取名为坚。后来武王灭纣,召回陈氏母子,因在长林而居,武王赐姓为林,比坚改名为林坚,为林氏始祖,林姓便是由此而来。林氏门族,自东汉董卓后大批南迁,或适时北渡,或下南洋,现已遍布于世界各地。

比干杀身成仁两千年后,其后裔中出现了第 87 代孙女林默(妈祖)。林默一生在大海中奔驰,救急扶危,在惊涛骇浪中拯救过许多渔舟商船。她立志不嫁、慈悲为怀,专以行善济世为己任,成为历代船工、海员、旅客、商人和渔民共同信奉的神祇——妈祖。

---

① 纣王的叔父。
② 即后来的周文王。

妈祖对中华民族作出了巨大的贡献,宋代护国庇民,元代漕运保泰,明代使洋护航,清代协助定台,现代成为海峡和平女神。

比干的进谏精神与妈祖文化是中华文明的重要组成部分。

(二)比干与妈祖精神对中华文明发展的历史性推动

中国是世界上唯一有五千年不间断文明史的国度,创造了人类文明史的奇迹。在这个历史过程中,比干与妈祖信俗中所蕴涵的文化精神对中华文明的发展作出了历史性贡献。

中国人创造了五千年不间断文明史的奇迹,其原因之一是建立了一套行之有效的文官治理国家系统,比干精神对这套系统的建立起了基础性的榜样作用。

比干以自己的悲壮之死开创了中国政治文明中"文死谏,武死战"的楷模,深刻地影响了中国政治制度的发展,影响中国达数千年之久。

在中国历史上的君王、皇帝集权制度下,文官谏言是非常重要的制度设计,这是体察民意、正确决策的必要前提。纣王不听比干谏言,遭遇亡国之灾,也从反面说明了谏官的重要性。实际上,中国历史上的大部分王朝都设有谏官①制度。《治国之道——历代谏文精选》一书②所选的历史上的数百篇谏文都有真知灼见,乃是今人足以借鉴的治国之道。当然,除了专职的谏官外,实际上所有的文官都有谏言之责任,甚至武官也有同样的责任。而官员的谏言之责都以比干为榜样。

历史学家范文澜把比干、屈原、诸葛亮、魏征列为历史上最有代表性的敢言直谏的忠臣。屈原曾表示要以比干为榜样,以死报国。文天祥英勇就义,就是受比干的影响。明进士吴达可之《题比

---

① 有时也称言官。
② 本书由许明、王宏刚主编,由北京大百科全书出版社于2008年出版。

干墓》言"文天祥不惜以身殉国,盖闻比干之风而兴"。老革命家张闻天曾教育下一代"要做比干刚强谏死,不做箕子佯狂自全"。而唐太宗就是纳谏如流,才能君臣一心创造了贞观之治。

比干为民直谏而死,表达了中国政治文明中的文化精神,受到中国人持久的敬仰。周武王因比干忠勇强谏,为其封冢隆墓,并赐嗣姓林;儒家创始人孔子盛赞其为"三仁第一",挥剑刻石为其树碑①;鲜卑族皇帝魏孝文帝"路历卫壤,睹墓悼怀",因墓建庙;唐太宗临比干墓吊念时,追谥其为"忠烈公";蒙古族皇帝元仁宗撰文立碑;满族乾隆帝挥毫泼墨……说明比干精神得到中华各民族的敬仰。

李白、孟郊、王十朋等历代骚人墨客也在卫辉留下了大量赞颂比干的不朽诗篇。比干作为"亘古忠臣"当之无愧,而"逆耳批鳞第一人"及"浩然正气忠良臣"皆是对比干敢言直谏爱国精神的高度评价。据了解,在近代,一代大师郭沫若曾来拜谒过比干。1947年4月,刘伯承、邓小平率领的刘邓大军第一次解放汲县时,刘伯承将军在戎马倥偬之际,曾到比干庙视察;原军委副主席、中顾委副主任李德生亲到卫辉拜谒比干;原国务院副总理兼国防部长张爱萍和全国政协副主席洪学智,著名书画家启功、张仃、罗工柳、王琦、沈鹏等200余名国内外各界名流为比干题词、作画以表纪念。

民间把比干诞辰日——农历四月初四定为比干庙会。每到这天,四邻八乡男女老少络绎不绝地来赶比干庙会。民间流传"赶赶比干会,一辈子不受罪","给比干上炉香,家里银满缸","给比干墓填把土,三辈子不受苦"等民谣。老百姓对这位为民请命视死如归的古代伟人至今心怀感激与敬仰,比干的文化精神鲜活地存于中国人的心灵中。

---

① 如今,比干坟冢前的缺角墓碑相传是孔子唯一的真迹。

148

在明朝作家许仲琳所著的《封神演义》中,姜子牙封神时把比干封为文曲星君,掌人间科考中举、福德兴庆之事,这与比干是一个大公无私的文臣身份契合。意味深长的是:比干逐渐成了中国人普遍信仰的财神。民间信仰财神的习俗始于宋代,到明清时期趋于成熟。宋代,中国的商品经济已相当发达,至明代,文化新思潮对传统"抑商"思想的批判,使商业空前发达,财神信仰已相当普遍。比干、范蠡、关羽等逐步由历史人物而变成"财神"。

民间长期流传着比干剖心的传说:比干因直言敢谏惹怒了纣王,纣王要剖开比干的胸膛,比干怒视纣王,自己将心摘下,扔于地上,走出王宫,来到民间,广撒财宝。他虽然没了心,但因吃了姜子牙送给他的灵丹妙药,并不曾死去。因为没了心,也就没有贪心,办事无偏无向,非常公道,所以深受人们爱戴,在比干手下做生意,大家公平交易,互不欺诈。因他心地纯正、率直无私,"财帛无心,有德斯昌",道出中国财神的基本品格,所以比干成为人们尊奉的文财神。还有一种传说,比干升天后,因为没有心,所以绝无贪财之欲,玉皇大帝封他为掌管人间财库神,为世间财神之首,实际上这是中国"君子求财,取之有道"的儒商精神的生动解说。

比干成为中国财神,与中国最早的商业活动和商业文化起源于中原相关。商代的王亥"肇牵车牛远服贾",也就是第一个用牛车拉着货物到远地去做生意,被奉为商业鼻祖;中国历史上第一批职业商人诞生于西周时期的洛阳;中国第一个典型的儒商是孔老夫子的高足子贡,他是河南浚县人,不仅能做官,而且善于经商致富;第一个热心公益事业而被后人称为商圣的范蠡,是南阳人,他帮助越王勾践灭吴复国之后,悄然引退,把才能用于经商;第一个由政府颁布的保护商人利益的法规《质誓》诞生于春秋时期的新郑;以"城门之征"为代表的最早的关税征收发生在春秋时期的商丘;第一个有战略思路的产业商人为东周时洛阳人白圭;第一个商业理论家是今商丘人计然;最早的商家诉讼条例发生在春秋时期的郑国即今郑州;第一个爱国商人是新郑人弦高,在经商途中遇到了秦师入侵,以自己的15头牛为代价智退秦军;第一个重商理论的倡导者为西汉洛阳人桑弘羊;唐代洛阳城内管理市场的"三市之长"是最早的"市长";世界上第一座具有真正意义的人口超百万的国际化大都市就是北宋时的汴京①,当时人口达到150多万,宋代著名画家张择端的《清明上河图》就是这一盛况的真实写照,如此多的典型事例无不说明比干已成为中原儒商的精神代表。

余秋雨说"比干,是在用红心谏正民族气节;比干,是在用热血伸张中华文明",可谓一语中的。作为比干后裔的妈祖,在近一千年来成为中国人和平开拓海洋与大陆水系的精神旗帜。综观妈祖的神话传说,其中有不少降妖魔、平海寇的故事,反映其疾恶如仇、不畏凶暴的刚毅性格,也蕴涵着中华民族惩恶扬善、维护社会正义、追求国家安定的文化品格。妈祖的争战故事没有丝毫无故杀戮、殖民侵略的内容,而是突出除暴安良以求社会和睦的人文主题。因此,妈祖神话传说的基质是和平、和睦、和谐。妈祖神话传说中有不少庇佑中国使节的渡海故事,反映了当时中国与外国的友好交往。妈祖神话传说中还有显灵救外国海员的故事,反映了中国人建立大同世界的和平理念。妈祖作为海神,其信俗不仅在海岸与岛屿传播,在中国大陆腹地也广为传播,记刻着中国内陆与大海互动的历史步履,这种互动是中华文明绵延五千年不断发展的原动力之一。

综上所叙,比干的民本思想与直谏壮举是儒家思想的渊源之一,对中国的政治文明建设与儒商精神的发展起了持久的历史推

---

① 今开封。

动作用,而妈祖是中国大同理想的生动表达,成为中国人和平开拓海洋与大陆水系的精神旗帜。从比干到妈祖,不仅代表了血脉的传承、精神的传承,也从侧面反映了中原人走向沿海、内陆文化走向海洋文化的迁移和演变过程。① 因此比干与妈祖信俗中蕴涵的中国文化精神,是中华民族在本世纪中叶实现伟大复兴的精神财富之一。

九、江苏的妈祖之缘

江苏地处我国东部沿海的中心,境内平原辽阔、湖泊众多、水网交织、土地肥沃、人口密集。江苏通江达海,拥有 954 多公里的海岸线和 425 公里的长江黄金水道岸线,718 公里江苏段京杭大运河纵贯南北,港口众多,码头云集,航运条件十分优越。宋、元、明、清时期无论是北上漕运,还是南下西洋,江苏一直处于无可替代的枢纽地位,古代众多奔波来往于江河湖海的渔民、船员、官家、商人……常常借助妈祖的精神力量战胜水上的千灾万劫,他们在江苏走过的地方,也留下了妈祖宫庙与妈祖信俗的遗迹。

随着新时期的建设与两岸同胞的经济、文化交流,新的妈祖庙②落户江苏昆山,使妈祖与江苏的缘越结越深。

（一）妈祖之缘源自北上漕运

漕运,即中国历代封建王朝将征自田赋的部分粮食运往京师

---

① 2010 年 5 月,王宏刚、张安巡参加了中共河南省新乡市委宣传部与卫辉比干纪念会联合发起的"两岸三地比干妈祖文化"论坛,论坛主题围绕中原文化、比干文化、妈祖文化,以及妈祖文化是比干文化在沿海的延续等展开。

② 即慧聚寺,始建于梁代天监十年(511 年),是一座人文历史悠久、艺术文化灿烂的千年名刹。从 2005 年开始重建,并引入妈祖文化,成为华东地区首个以"闽台"风格规划建设的寺庙。2010 年 9 月 18 日张安巡代表王宏刚参加了主题为"妈祖文化交流与两岸关系发展"昆山妈祖文化学术论坛会。9 月 19 日又参加了"昆山台湾民俗文化嘉年华开幕式暨妈祖安座典礼"和"妈祖昆山踩街出巡"等活动(当时王宏刚已在华山医院动了中风手术,后在永和医院康复治疗)。

或其他指定地点的运输方式,有河运、水陆递运和海运三种。漕运起源很早,秦始皇北征匈奴,曾自山东沿海一带运军粮抵于北河[1]。汉建都长安[2],每年都将黄河流域所征粮食运往关中。隋初除自东向西调运外,还从长江流域转漕北上。隋炀帝动员大量人力开凿通济渠,联结河、淮、江三大水系,形成沟通南北的新的漕运通道,奠定了后世大运河的基础。唐、宋、元、明、清历代均重视漕运,为此,疏通了南粮北调所需的网道,建立了漕运仓储制度。

江苏在中国漕运史上地位重要,自从隋炀帝开凿大运河以来,江苏一直处于漕运中枢,是漕粮的重要产地、转运中心。漕运给江苏留下了丰厚的文化遗产,船民求生存的精神支柱——妈祖信仰也早已与江苏沿海、沿江、沿河百姓结下了不解之缘。

在京杭大运河漕运中经济发达的苏州,宋代起建有妈祖庙,据卢熊《苏州府志》"坛庙祠宇"称:"始于宋代,元泰定五年给币重修。"在今上海嘉定[3]宋代亦已建妈祖庙祠,直至元代至元二十七年(1290 年)又重建成,时间上几乎与上海立县同步。

元代的漕运以海运为主。元忽必烈辟通海之道,将江南粮食海运到大都[4],从元至元十九年(1282 年)起,大批江南粮食从刘家港[5]起航出海,运往北方。到天历二年(1329 年)近 50 年间,每年从刘家港通过海道运往北京的粮食数量呈逐年增加的趋势,从开始时的每年四万多石,逐步增加到每年十几万石、数十万石、一百多万石、二百多万石、三百多万石,最高达 352.2 万石。[6] 可见元代海运发展迅速而兴盛。据《大元海运记》记载:"至顺元年(全国官

---

① 今内蒙古乌加河一带。
② 今陕西西安。
③ 原属江苏,1958 年划归上海。
④ 今北京。
⑤ 当时属昆山州,今太仓浏河。
⑥ 申海田:《太仓刘家港口——元至明初的海运》,载《郑和研究》,1996(1)。

本船)为率用船总计一千八百只,昆山州太仓刘家港一带六百一十三只。"说明当时全国漕运粮船三分之一集中在刘家港。刘家港因此成为闻名海外的通商大港。

刘家港的繁荣,与天妃①信仰有着紧密关系,当时人们祈求海神妈祖庇护,祭祀天妃成为舟船出海的头等大事。据《太仓港史话》记载,仅太仓历史上就拥有 5 座天妃宫(娘娘庙),它们分别是"浏河天妃宫、周泾天妃宫、新镇天妃宫、浮桥娘娘庙、七丫娘娘庙"。由于长期依赖通过海运向京畿地区输送粮食等生存资源,元朝政府对海上航运的安全极为重视,也因此对宋以来民间即已信奉的航海保护女神极为尊崇。《元史》卷七十六《祭祀志五》云:"凡名山大川、忠臣义士在祀典者,所在有司主之。唯南海女神灵惠夫人,至元中,以护海运有奇应,加封天妃神号,积至十字,庙曰灵慈。直沽、平江、周泾、泉、福、兴化等处,皆有庙。皇庆以来,岁遣使赍香遍祭,金幡一合,银一锭,付平江官漕司及本府官,用柔毛酒醴,便服行事。祝文云:'维年月日,皇帝特遣某官等,致祭于护国庇民广济福惠明著天妃。'""周泾"指太仓周泾天妃宫,当时昆山州治在太仓②。从《元史》的这段叙述来看,周泾天妃宫在元代时期曾名列于由皇帝钦遣大臣祭祀的全国主要天妃宫行列,可见其重要性。

有着"漕运咽喉、吴越门户"之称的镇江也建有多处妈祖庙,据元《至顺镇江志》记载,镇江有天妃庙,"在竖土山东,旧在潮闸之西。宋淳祐年间(1241—1252 年),贡士翁戴翼创于此。太学博士李丑父为记"。其中还记载"土山,在县③西江口,俗呼竖土山。与

---

① 即妈祖。
② 弘治十三年(1500 年)编刻的第一部《太仓州志》云:"天妃宫在周泾桥东。"
③ 指丹徒县,即今之镇江城。

蒜山相属,今改名银山"①。近年,在镇江黑桥山巷底新发现一文物——天后宫井。此古井青石质井栏,呈石鼓形,高 0.3 米,口径 0.4 米,栏边刻楷书"天后宫题"四字。② 有专家认为此天后宫井历史悠久,有可能出现在南宋理宗赵昀在位期间。镇江自古既是兵家必争之要地,也是太湖流域漕运及东南各地土特产北运的必经口岸。史料记载,从镇江漕运的粮食最多曾占各路漕粮的 68%。镇江地处长江下游南岸,长江与京杭大运河在此交汇,山巷底一带地处宝盖山北麓,由于地势较高,极有可能是古代的海滨之地,也极有可能在此地势较高的地方建立天后宫。

清魏禧《扬州天妃宫碑记》载:"扬州古无祀天妃者。相传明中叶闽沽客泛海遇飓风,舟落大洋,众饥渴欲死,仰见天空际有神女见,知为天妃也,群泣拜而迹之……于是醵金宫于邗江之上。"③"邗江"因春秋吴王夫差筑邗城、开邗沟而得名,距今已有两千四百八十多年历史。今天的扬州地区,春秋时就称"邗"。扬州在中国整个漕运历史上有着举足轻重的地位。其中唐宋明清时期,江淮漕运必须经过扬州,更换船只④、补充给养、过关卡、验粮等都以扬州为中转站。北宋时期,有一段时期从仪征、扬州两地转运的漕粮不少于 525 万石,占当时江淮漕米运量的四分之三。明代漕粮经扬州的转运量也一直在 200 万～300 万石之间。清朝顺治康熙年间,通过扬州的漕粮甚至占到了全国漕运量的 80% 左右。完成如此重要的漕运任务,想必也靠神女天妃相助。

---

① 见《至顺镇江志》之卷八 333～334 页。
② 见《镇江市润州区文物普查简报》第 1 期,润州区第三次全国文物普查领导小组办公室 2008 年 9 月 15 日印发。
③ 蒋维锬:《妈祖文献资料》,178 页,福州,福建人民出版社,1990。
④ 由江入河,扬州是第一站,必须更换船只。

有三百多年历史的泗阳天后宫是妈祖信仰在苏北腹地扎根的重要佐证。它东延古典建筑泗阳骡马街,南依京杭大运河,西接小西湖,北连泗水古城。清朝康熙年间,泗阳众兴镇为漕运要冲,是官家、商人、漕帮船家行船走马的歇脚之地。他们在水道上经历风险,都有祈祷的需要。当时,泗阳商贸发达,四面八方的客商汇集聚拢,有福建人在骡马街西建宫供奉海神,此天后宫既是他们祈祷祭祀之庙堂,也是闽商发展商务的聚会之所。自宋至清,泗阳人民曾饱受黄河泛滥之苦,闽商所建"天后宫"恰好符合泗阳人民的精神依托,深得地方信众尊崇,每年妈祖生日①,人们到天后宫进香、祈祷、游观,形成风俗习惯,更由于传说妈祖娘娘为观音菩萨的化身,说是林默之母梦中吃下观音菩萨的一粒仙丹而孕,由此,人们争相朝拜。近百年来,泗阳天后宫逐渐演变为佛道融合、以佛为主的释家道场,为京杭大运河中段渊泗阳至淮安渊唯一保存完好的妈祖文化建筑。

淮安是有着五百年漕运枢纽历史的运河之都,明清两朝,它是中央政府的河道治理中心、漕运指挥中心、漕船制造中心、漕粮转输中心和淮北食盐集散中心。各地船民云集淮安,也将妈祖信仰带到了淮安。在淮安目前至少发现三处妈祖庙遗迹,其中最著名的是惠济祠。

据《大清一统志淮安府》载:"惠济祠在清河县旧治东旧新庄闸口,明正德三年(1508 年)建,祀天妃,嘉靖初赐额'惠济',本朝雍正二年(1724 年)重修。"由于这座天妃庙建于新庄闸口,后来新庄闸也称天妃闸,清康熙、乾隆曾多次视察天妃闸的运河水利设施,

---

① 农历三月二十三日。

并建行宫于祠左,目前仅存御制重修惠济祠碑一座。

惠济祠的前身是由道士袁洞明建的小庙,叫泰山行祠,意为"泰山圣母"的"行宫",而碧霞元君是泰山之神,有"泰山圣母"①之称。元、明两朝,淮河屡屡泛滥,加之黄河数度改道夺淮,淮阴因此常常沦为泽国,更为严峻的是作为贯通南北漕运的京杭大运河也因多次被冲毁而中断运输,直接影响到我国南方诸省的贡粟不能按时运抵京都。明正德三年(1508年),武宗朱厚照于淮阴码头镇重建"惠济祠",供奉"泰山之神"之像位,企求她能"惠协正庆,济接万民",并于正德十四年(1519年)南巡淮阴漕运时驻跸祠内。清初道士直接将碧霞元君附会为天妃②,而在北方民间,因天妃庙与元君庙皆称娘娘庙,且她俩有许多共同之处,在民众的心目中她们都是惠济众生、有求必应的慈祥的娘娘。清初,惠济祠设有前、后大殿,后大殿奉祀"齐太太"③,而前大殿的神位上则供奉着"大奶奶",也就是天后,亦即妈祖。

据《咸丰清河县志》记载:"本朝即其旧宇崇祀天后,遂称天妃庙。"《淮阴风土记》亦记载:(惠济祠前殿)"壁上挂大法船,虽小而帆樯无缺,每值海中风浪大作,苟其人合当不死,则圣母必乘此船入海救生。"

明清两朝,惠济祠久邀崇祀,多位帝王、太后还亲临祠下,升香荐帛,虔诚祈祷,期盼漕运畅通,国运昌盛,并列入祀典。④

嘉庆十七年(1812年),嘉庆帝敕谕两江总督百龄崇诣惠济祠

---

① 民间俗称泰山娘娘、泰山奶奶、泰山老奶奶。
② 即妈祖。
③ 由于碧霞元君来自北方的齐国,所以惠济祠大殿神龛内的碧霞元君也被人们尊称为齐太太。具体参阅徐业龙编撰的《运河文化的特别例证》。
④ 徐业龙:《惠济祠:运河文化的一颗璀璨明珠》,载《淮安日报》,2008-06-23。

查明建筑设计方案①和神牌封号字样等,在紫金城大内御园内依原样建惠济祠一座,以便就近祭祀,保证南北漕运安全。继御园内仿建惠济祠以后,北京、天津、河北、山西等地也相继建起了惠济祠,使天后神灵更加深入人心。

六朝古都南京虽不在京杭大运河沿线,但长江上游各省的漕粮必经南京至扬州运河北上。明初建都南京,南京成为疏浚京杭大运河决策地。妈祖崇祀更为重要。历史上南京至少建有七处妈祖庙宇,它们分别是上新河北岸天妃宫、大胜关天妃宫、下关天妃宫、宝船厂娘娘宫、水西门天后宫、莫愁路天妃宫、定淮门内水佐岗天妃宫等。

(二)妈祖之缘源自南下西洋

15世纪中国杰出的航海家郑和七下西洋的伟大壮举,揭开了世界航海史上最早、最生动的一页。在1405年到1433年的28年不平凡岁月中,他率领庞大的船队七次远航,往来于太平洋、印度洋、波斯湾、红海的辽阔水域,足迹遍及亚洲、非洲沿岸的30多个国家和地区,与"西洋"各国友好往来,进行物质和文化交流,传播友谊,推进和平。郑和下西洋历经千难万险,不畏惊涛骇浪,其航行难度之高、规模之大、技术之先进、组织之严密,都是同时代其他航海活动所无法比拟的。这一宏伟的航海壮举,较之欧洲人哥伦布发现美洲大陆和达·伽马绕过好望角到达印度,早了半个多世纪。

郑和在太仓刘家港浏河天妃宫立的《娄东刘家港天妃宫石刻通番事迹记》碑记曰:"……和等自永乐初奉使诸番,今经七次。每

---

① 规制。

统领官兵数万人,海船百余艘,自太仓开洋……"证明江苏太仓不仅是郑和下西洋的源发地和起锚地,也是妈祖文化越洋传播的光辉起点。

江苏是昔日明朝的京畿重地,是全国经济重心区域,南京是明朝初期的都城,全国政治、文化的中心,离明初都城南京最近的港口太仓刘家港是当时最重要的对外贸易港口。

刘家港,即今日太仓浏河镇。浏河,本应为娄江、娄河,因吴语"娄"和"刘"语音相近才改字。娄江,出太湖,穿苏州娄门而东,一路迤逦百余里,由刘家港入海。处于娄江中段的昆山,有七百多年称为娄县,而太仓则历来有娄东之称。娄江这条母亲河的两岸,是富庶的鱼米之乡。唐宋时刘家港只是一个居民不满百户的沿海村落。随着长江入海口的逐渐东移,逐渐岸阔水深,流清沙少,元朝开始为满足其南粮北运的经济需要,政府在短短几十年间,重修大运河,新辟海运线,不断扩大海外贸易,使刘家港成为当时江南漕运和海运的集结地。

刘家港的兴盛也为明初郑和下西洋奠定了坚实基础。早在元代至元十九年(1282 年)宣慰使朱清、张瑄奉旨开创漕运,在崇明①、太仓造船 60 艘,运粮发刘家港,于次年 3 月抵直沽,后定为岁制。1287 年疏浚娄江,穷乡刘家港顿成巨市,且琉球、日本、高丽等商船也进港贸易,刘家港遂有"六国码头之称"。明永乐邑人陈伸在《太仓事迹》中,以"官第甲于东南,税家漕户,番商贾客,辐凑而云集;粮艘商舶,高樯大桅,集如林木;琳宫梵宇,朱门大宅,不可胜记,四方谓之天下第一码头"记载了当时地处太仓的刘家港的盛

---

① 今属上海市。

况。顺便提一下,昆山周庄人沈万三——号称富可敌国的江南首富就是从刘家港航商发迹的。

元延祐元年(1314年)昆山州治迁至太仓。元至正十二年(1352年)设昆山州水军都万户府于城内陈门桥东。

明洪武五年(1372年)时,太仓的小北门外就建有苏州府造船场,所造海船大者可载重8 000吨,载人千员以上,郑和船队的粮船、战船多产自此苏州府船场。洪武二十六年(1393年)明王朝于太仓南码头建仓廒91座、919间,能收贮浙江、南直隶各地粮食数百万石。元末明初朝廷还设置了官方的丝绸织业、棉纺织业织造局,所以下西洋的船队所载的粮食、丝绸、布匹以及其他生活、贸易物资在太仓刘家港就可提取与采办。郑和出使西洋使团中的军卒、水手和各类专业技术人员大部分是来自嘉定、昆山、太仓、崇明、刘家港等地的渔民、农民或居民。

公元1405年,即明成祖永乐三年七月十一日,郑和受命率舟师于刘家港首航出使西洋。此后的28年间,郑和七下西洋,均自刘家港出航,归航之船队亦在此港停留,然后再派小队船只上逆至南京报捷。

妈祖信仰是郑和七下西洋的强大精神支柱,每次远航前"设祭开洋",船队上祀奉妈祖神位,平安归航时酬谢妈祖,奏请朝廷封赐、御祭妈祖。妈祖扶危济困,拯救海难,庇护郑和"师旅之安宁",成为郑和远航的海上保护神。郑和船队出航前,除了装载物资、补充给养、集结编队、迎送朝廷命官外,还要在浏河天妃宫举行盛大的祭祀活动。浏河天妃宫,又名"天妃灵慈宫",俗称"娘娘庙",根据文献记载,它始建于北宋宣和五年(1123年),由旅居娄江口闽粤海商建造,元代至正二年(1342年)移建于现址。它是中国古代最早兴建的妈祖宫庙之一,历经元、明、清、民国诸代多次被扩建修缮。主修者有郑和、林则徐等杰出的历史人物。史料记载:郑和七次下西洋,每次从刘家港出海之前都必先率船队官兵把天妃宫修葺一新,在此进香祈求朝拜海神娘娘,祈佑出海平安,场面非常隆重。而每次平安归航时又要至此朝拜谢神,并供奉船模。有的史料还记载郑和把出使各国带回的西域海棠、大红牡丹、黄蔷薇等植于宫内。

《金陵玄观志》等志书记载:郑和第一次下西洋(永乐三年,即1405 年)的航程中,遭遇了飓风黑浪的袭击,舟船几乎沉没,但最终转危为安,化险为夷。远航的圆满成功,使郑和认为是依托了皇帝的洪福和天妃神灵庇佑所致。为了庆贺郑和船队首航西洋成功和表示对护佑航海成功的天妃的虔敬之情,明成祖朱棣遂下令在当时首都南京下关仪凤门外狮子山下建造了一座天妃宫,赐额“弘仁普济天妃之宫”,加封天妃为“护国庇民妙灵照应弘仁普济天妃”。明代著名文学家汤显祖于万历十二年(1584 年)至十五年(1587年)任南京太常寺博士期间,曾掌管天妃宫,此距天妃宫始建成虽已逾180 余年,但他仍然瞻仰到了郑和供奉于天妃宫内的大量奇珍异宝。其所作《天妃宫玉皇阁夕眺》一诗云:“宝盖珠幢青佩裙,拂云来谒云中君……绣岭平分草树前,清淮半出人家后。还缘梯路俯东轩,睥睨飞翻仪凤门……”①当时天妃宫及其周围的景致可见一斑。

明永乐十四年(1416 年),郑和第四次下西洋归来后,明成祖在

---

① 邵磊、贺云翱:《郑和与江苏——江苏郑和遗迹考述》,载《南方文物》,2005(3),18 页。

下关天妃宫内立了一座碑,并亲撰碑文,表达对天妃"护国庇民"功绩的感激,同时宣扬大明朝恩及海内外的盛世伟业。碑螭首龟趺,底座为青石,碑身为汉白玉,通高约 5.5 米。螭首云纹之下有正方形篆印式的题额,题为"御制弘仁普济天妃宫之碑"。其下为正文,文后配有颂诗,落款是"永乐十四年四月初六日"。天妃宫又于永乐十七年(1419 年)在旧址上进行了扩建,扩建后的天妃宫为当时全国最大的妈祖庙。《御制弘仁普济天妃宫之碑》现存于同样与郑和下西洋有关的南京静海寺内。

明宣德六年(1431 年)春,郑和第七次下西洋前于浏河天妃宫勒石立碑,名《娄东刘家港天妃宫石刻通番事迹记》碑[1],原嵌于宫壁内。碑文为明人钱谷之《吴都文粹续集》录以传世。郑和船队后经福建长乐时,又立下了《天妃灵应之记》碑。这两块姐妹碑碑文内容大致相同,概括了郑和七次下西洋的规模、路线、途经诸国、经历事件以及与妈祖有关的事迹,突出了七下西洋的成功是"有赖天妃的神功护佑"。

(三)妈祖之缘源自两岸交流

江苏的昆山早在周朝时就地称娄邑[2],自秦代实行郡县制有七百多年称为娄县,大概与它处于娄江中段有关,所以娄江自古是昆山的母亲河。而娄江古时是太湖进入东海的三条[3]主要泄水通道之一。东江在公元 8 世纪已经逐渐淤塞。宋仁宗庆历二年(1042年),为了运输官粮方便,动用民力在吴淞江和太湖之间修筑了一条长堤,将河水拦腰截断。几年后又架设吴江长桥,结果使吴淞江

---

① 简称《通番事迹》碑。
② 见载于清代《昆山县志》,属吴国。
③ 东江、娄江和淞江。

流泻不畅,海口终于被淤塞。三江中的娄江成为太湖唯一的入海通道。当时浩瀚的娄江水流经吴县、苏州、昆山、太仓,由浏河口入海。

太仓古代为滨海村落,人烟稀少,户不满百。春秋时属吴地,秦属会稽郡,汉为吴郡娄县惠安乡。三国吴于此建仓屯粮,渐次发展。元代于刘家港开创漕粮海运后,遂日益繁盛,成为万家之邑。元末筑太仓城。吴元年建太仓卫,明初置镇海卫,屯兵驻防。明弘治十年(1497年),割昆山、常熟、嘉定3县地建太仓州。而历史上昆山州州治曾一度在太仓地区,据《元史·本纪》第二十四云:"(仁宗皇庆二年冬十月)辛未,徙昆山州治于太仓。"明弘治《太仓州志》卷四"古迹"亦云:"元昆山州治,今太仓卫治是也。"①从历史地理意义上讲,现为兄弟城市的太仓和昆山,曾经太仓即昆山,昆山即太仓。所以如前文所叙,无论是漕运发展和兴盛时期,还是郑和下西洋时期,昆山人都立下过汗马功劳,如浚治江河、生产粮棉、建筑粮仓、运送物质、跟随郑和远航,甚至包括建造天妃宫(妈祖庙),祭祀天妃娘娘等等都少不了昆山人的身影。

如今的昆山地处中国经济最发达的长江三角洲,是我国著名的经济重镇,也是大陆台资最密集、台商人数最集中的地区之一,目前约聚集了大陆台商的九分之一和近20万台湾人士。数千家台资企业星罗棋布,台湾小吃店、茶社在昆山市区街头随处可见,有"小台北"之称。妈祖信仰与妈祖文化自明清时期被福建移民传入台湾后,如今已深深扎根于台湾民众生活当中,约有超过80%的民众信仰妈祖,所以,来昆山的台商又将妈祖信仰与妈祖文化带到

---

① 见《太仓日报》2010年1月20日《娄东文史》栏。

了昆山。据悉,昆山从 2005 年开始协助台商筹建昆山慧聚寺。慧聚寺是拥有一千五百多年历史的古刹,原位于昆山马鞍山南面,建于南北朝梁武帝天监十年(511 年),梁武帝、康熙帝都曾巡幸。后来千年慧聚寺经历了雷火及兵劫,并于淞沪会战时被日机炸毁。重建后的慧聚寺是华东地区唯一具有闽台风格的以及最具闽台特色的天后宫,是大陆地区最大的传统大木结构古建筑,庙体参考台湾鹿港龙山寺、天后宫等建筑设计施工,其中闽南式传统红砖砌筑与彩绘,精美石雕、木雕等,都是福建泉州工艺大师制作。据有关资料介绍,鹿港龙山寺是台湾彰化县鹿港镇一座历史悠久的古老庙宇。明末清初时,许多福建泉州移民,完全依照福建泉州的龙山寺图样而建,连所用木料、砖石,也由泉州府批运,甚至工匠都是从福建而来。清乾隆五十一年(1786 年)开始重建,一直到清道光十一年(1831 年),花了将近 50 年才将龙山寺建好。鹿港龙山寺的建筑精美,是当时台湾规模最大的寺庙,曾享有"台湾紫禁城"的美誉。鹿港天后宫于 1685 年(清康熙二十四年)由移居鹿港的福建兴化籍人捐资兴建,又名"兴化妈祖宫"。目前的庙貌是 1936 年重建的,庙殿规模宏伟,富丽堂皇,与台南市的大天后宫、北港的朝天宫、新港的奉天宫并称为"四大妈祖"。有意思的是,由台商集资兴建在江苏昆山的慧聚寺观音庙和妈祖庙香火分别从鹿港龙山寺和鹿港天后宫请来,建筑也是两大寺庙的翻版。无论是泉州龙山寺翻版鹿港龙山寺,还是鹿港龙山寺、天后宫翻版昆山慧聚寺,都体现了两岸传统文化和宗教信仰的同根同源,是两岸妈祖信仰与妈祖文化交流之缘。慧聚寺将成为大部分台商在江苏昆山的心灵寄托、精神家园,也将成为两岸人民妈祖文化交流的一个新场所,是联系两岸人民的情感纽带。如此,妈祖与江苏的缘越结越深,源远流长。

中华文化历史悠久、博大精深，两岸同胞同种同文，有着共同的记忆，共同的语言，共同的文化交汇点。妈祖信仰是联结海峡两岸人民情感的纽带，妈祖文化作为一种影响广泛的民俗文化，是沟通两岸民间往来的桥梁，昆山慧聚寺天后宫的兴建不仅是抚慰广大台商的重要精神以及文化平台，也对昆山、苏州乃至长江三角洲地区的精神文明建设都有着非常深远的影响。

第四章 女娲信仰的历史与现状研究

女娲是古往今来在中华大地流传最广泛、影响力最大的神话人物之一，也是源自黄土高原的最有影响的民间神之一。女娲文化遗存几乎遍及全国各地和各个民族，甚至影响到世界上的汉字文化圈。

第四章　女娲信仰的历史与现状研究

陕西省临潼县城南的骊山西绣岭第二峰上有一座老母殿,骊山老母殿的正式名称叫女娲宫。女娲至少是五千年前华夏先民的"三皇"之一,初始可能是一个部族的名称,后来成为中华民族共同的文化始祖,现在成为道教的一部分。

一、女娲信仰在主要的汉族地区

女娲是古往今来在中华大地流传最广泛、影响力最大的神话人物之一,也是源自黄土高原的最有影响的民间神之一。据杨利慧博士统计,在全国各民族、各省份中,明确有女娲出现的神话和故事有 247 个,女娲文化遗存1 439个,几乎遍及全国各地和各个民族[①],甚至影响到世界上的汉字文化圈。

女娲,作为中华民族的文化始祖,其神话传说中的出生地,以及后世民间纪念祖庙的历史地理记录,分布地域辽阔、比较有名的汉族地区如下:

一是陕西平利。平利县应是女娲文化的发祥地,这个县的女娲山就是传说中的"女娲治所"。

二是河南周口女娲城。文物部门根据民间传说和史书记载,经过长期勘探,发掘了该古城址。该城址呈正方形,分内外两层,

---

① 潘世东:《汉水文化视野下的圣母女娲》,载《十堰职业技术学院学报》,2007(4)。

城墙多为分层夯筑而成,今残存城墙最高点3米,宽8米,挖掘出大量釜、罐、鬲、瓮、瓦等春秋时期遗物。可见当时城池壮伟,居民殷盛。这一珍贵的古文化遗址,被列为省级重点文物保护单位。

三是山西省。传说山西太行山上的黄土高原是女娲的重要活动区域,故太行山又以"皇母"或"女娲"命名。据《地理通释》记载:太行山连亘河北诸州,为天下之脊,一名"皇母",一名"女娲"。经实地考察发现,山西太行山地区已发现的女娲活动的著名遗迹就有八处:长治市东南天台山,有女娲"炼石补天"处"望儿台";晋城市东南的浮山北谷,有女娲"炼石补天"的"娲皇窟";长子县西发鸠山,有女娲所化"精卫填海"的遗迹;黎城县西南广志山,有女娲足迹所至的"娲皇庙";平定县东南40里东浮化山,有女娲补天的"补天台";平定县西70里"西浮化山",亦有女娲"炼石补天"遗迹;临汾地区吉县西60里清水河畔的柿子滩,更发现了距今一万多年以前的中石器时期的"女娲补天、造人"岩画……

四是山西赵诚侯村。传说女娲陵在那里,有三千至五千年历史的猴头柏作证的女娲陵庙。

五是甘肃天水。地处天水秦安县城北45公里的陇城镇,相传为女娲出生地,据《水经注》记载:秦安县城北面,北有女娲洞,此地有以风姓命名的风沟、风谷、风台、风茔等地名,还有娲皇、凤尾、龙泉等,女娲生于风沟,长于风台,葬于风茔。在风沟悬崖上至今还有一处深不见底的女娲洞,城北门外有一口大井,也称龙泉,据传是女娲捏土造人用水之泉。镇南门有一座气宇轩昂、画栋雕梁的女娲庙,大殿正中有女娲氏塑像,生动地再现了女娲"炼石补天""捏土造人"的情景。现陇城女娲庙为海内外华人"寻根访祖"旅游线上的重要景点之一。

六是山西晋城泽州。那里建有"华夏女娲文化园"。[①]

此外,河北涉县的"娲皇宫"、湖北竹山宝丰镇的"女娲山",以及从河南南阳、四川新津宝子山、山东嘉祥武氏祠发现的以女娲捧月、伏羲捧日的图腾为主的汉代石刻画像,都反映了各地的女娲信仰。

女娲信仰流传形势与史迹分布呈如下特点[②]:

(1)东西走向明显。从四川新津至山东嘉祥横跨约 2 000 公里,主要集中在长江以北、黄河以南的中下游地区。

(2)秦岭以北女娲信仰有甘肃天水、陕西宝鸡、骊山、山西晋城、河北涉县;秦岭以南为陕西平利、湖北竹山、河南南阳等地。

(3)女娲信仰多在平原近河地带。如古籍记载有女娲庙的陕西平利县与湖北竹山宝丰镇的女娲山位于汉中平原,有汉水、渚河穿越其中,位于华北平原黄河下游的河北涉县则现存有建于北齐迄今一千四百多年历史的娲皇宫,以及新近于山西晋城泽州发掘的娲皇窟等。

(4)女娲信仰的传播形式多样。主要有文字流传,如记载于石壁、石器、陶器、青铜器、甲骨、竹简、木简之上的各类典籍;口语流传,如代代相传的神话故事、民歌、民俗;艺术形式流传,如皮影、剪纸;庙会或节庆日形式流传,如河北涉县以农历三月十八为女娲生日,每年农历三月初一至三月十八,四面八方的民众来此朝拜。湖北竹山县每年五月中旬母亲节在女娲山举行大型公祭仪式活动等。

我国的汉字,如果从仰韶文化晚期刻绘在陶器上的几何图形

---

① 潘世东:《汉水文化视野下的圣母女娲》,载《十堰职业技术学院学报》,2007 (4)。

② 曾少武:《从女娲文化史迹分布探寻女娲行踪》,载《学习月刊》,2007(18),19 页。

或符号算起,其形成与发展至少已有五千年历史。以女娲文化的载体而论,从早期的石壁、石器、陶器、青铜器,到甲骨、竹简和木简,再到后来的纸张,使女娲文化的传递越来越快,道路的开拓、驿站的建立,也使之能够在越来越大的区域内得以流传。女娲应为某个部落首领或祭司,是那个时代的精神领袖,获得世人朝拜。女娲时代的社会形态为新石器时代,从物质生产来说,是由放牧向农业过渡时期;从精神生产来说,由于处于母系氏族向父系氏族过渡阶段,出现"二元"崇拜,甚或单独敬奉女娲是那个时代的特殊产物。

传说女娲是伏羲的妹妹,母系氏族社会的首领。据《汉书人表考》记载,"华胥生男子为伏羲,女子为娲",后来伏羲、女娲兄妹成婚繁衍人类。女娲当与伏羲处于同一生活空间,其地理范围不应差误过大。1992年江泽民同志视察甘肃天水,并留下"羲皇故里"的题词,其他关于伏羲文化的研究成果认为伏羲生于甘肃天水,后转至陕西宝鸡,最后迁徙到河南淮阳建都,病死后葬于淮阳,淮阳有伏羲之墓——太昊陵。这也就是说伏羲族人迁徙发展历程是由西向东,由宜于牧业的甘肃高原转移到宜于农耕的陕西关中平原,又进一步迁移至更适于农业发展的河南,并最终死后由其后辈葬于河南。女娲的生活状态处于不断变动之中,是由女娲时代的生产条件决定的。这种不畏艰难、跋涉中求生存、苦中求乐、造化人类的精神为万世所敬仰,并迅速在中原大地生根开花,成为当地最重要的民间信仰。后逐渐传入到相邻的少数民族中,女娲终于成为中华民族的文化始祖神。

女娲为高禖、作笙簧及继伏羲为帝诸事,文献有记载。《路史·后纪二》注引《风俗通》说:女娲在神祠里祷告,祈求神任命她做女媒,于是女娲就安排男女婚配。《路史·后纪二》曰:女娲"以其载媒①,是以后世有国,是祀为高禖之神"。因女娲亲自担当媒人之责,所以后世建立国家时,都把她奉为结合婚姻的郊媒之神。古人为被除无子之忧,往往置郊媒之神。郊媒即高禖,亦即婚姻之神②。据说青年男女于高禖前祭拜便可以求得子嗣,甚至连天子与后妃也很重视此举。《礼记·月令》曰:"是月(仲春)也,玄鸟至。至之日,以太牢祠于高禖,天子亲往,后妃帅九嫔御。乃礼天子所御,带以弓韣,授以弓矢,于高禖之前。"说春暖花开燕子归来,周天子率后妃嫔御以太牢之礼祭祀高禖神,除了向高禖神祈求生殖之外,更重要的目的是祈祷高禖神保佑他的国家子孙繁盛。直到汉代,皇家祭高禖之礼仍很隆重。唐杜佑《通典》记:"汉武帝年二十九,乃得太子,甚喜,始立为高禖之祠于城南,祭以特牲。"而有资格充当高禖之神的往往都是一些著名的女性,如夏启的母亲涂山氏,殷契的母亲简狄,周后稷的母亲姜嫄都曾充当过高禖之神。在众多的高禖之神中,女娲无疑是最早的一个,因而后世人们对这位始祖母有着无限的敬意与爱戴。

《汉书·艺文志·世本》③还记载了女娲作笙簧的传说。笙簧,乐器名,即笙;簧,为笙内薄叶,吹笙振动簧片而发声;笙簧即安装有簧片的笙。与今人的笙稍有不同的是,古时的笙13根竹管插在葫芦内,颇似今天西南少数民族的芦笙。笙其义同"生",象征人类的繁衍滋生。再联系到后世苗、侗、傣等族青年男女之恋爱常以吹奏芦笙为引导的习俗,则女娲之作笙簧,正与其高禖之职责有关。另有古神话传说伏羲、女娲同入葫芦逃避洪水,后来结为夫妇,繁衍滋生人类。可见,女娲不但创造了人类,也影响了此后人类的恋

---

① 即担当媒人之责。
② 俗称送子娘娘。
③ 张澍粹集补注本。

爱与婚姻生活。

由女娲所开创的媒人传统,对中国后世的婚姻制度产生了深远影响。《周礼·地官·媒氏》曾对媒人之职责作过具体规定:媒氏,掌万民之判。凡男女自成名以上,皆书年月日名焉。令男三十而娶,女二十而嫁。凡娶判妻、入子者,皆书之……司男女之无夫家者而会之。这里的"媒氏"已成为官媒,由他来执掌万民的婚姻①。凡男女出生三月已取名的,都要登记姓名与出生年月以呈报给他。连那些改嫁②及携带子女嫁人的③,也要由他进行登记。并规定男女的结婚年龄分别为 30 岁和 20 岁。对那些达到结婚年龄而未能成家的,则组织他们在一定时间④相会。可以看出,周代"媒氏"的权力虽然已经扩大,但在掌管恋爱与婚姻这一点上,仍是由女娲所担当的高禖职责的继续。战国时期,官媒演变为私媒,即"之男家曰女美,之女家曰男富"的所谓"两誉"之媒⑤,媒人的崇高形象被践踏,于是以女娲为代表的高禖也逐渐退出媒的领域,而专司其"送子娘娘"之责。例如,今河南淮阳太昊陵内之女娲观即被称做"娃娃殿",其功能实际上只有"拴娃娃"一项了。

《淮南子·览冥训》东汉高诱还注说:"女娲,阴帝,佐伏羲治者也。"唐司马贞《补史记·三皇本纪》更说女娲氏"有神圣之德,代伏羲立,号曰女希氏",而"女娲氏没,神农氏作"。这说明伏羲、女娲的时代当在燧人氏之后,神农、黄帝之前。而女娲由伏羲之妹到伏羲之妇,又进而为伏羲之位的继承者,更说明人们对女娲功绩的看重与对女娲人格的尊崇了。

---

① 即所谓"判"。
② 即"判妻"。
③ 即"入子"。
④ 即仲春之月。
⑤ 见《战国策·燕策一》。

总之,女娲虽是神话传说中的人物,但同时又是一种有着深厚内涵的文化符号。透过其神话的外表,能令我们窥见上古社会的影子,以及当时人们的生活方式和精神面貌。在这个意义上来说,女娲神话既是中国古代文化的一个符号,也是后世民间信仰的一个精神"图腾"。

二、骊山上的女娲宫调查

骊山上的女娲宫俗称骊山老母殿,位于西安市临潼区①城南骊山西绣岭第三峰之巅。骊山古时属雍州之地,为终南山支脉。该地域有多处史实遗迹及大量民风民俗均与女娲有关。1973 年,在距离骊山脚下二里多的姜寨村,考古学家发掘了新石器时期的"姜寨遗址",从遗址的遗迹和文物看,距今约六千年前,确有原始母系氏族的人们在这里活动,而女娲就是传说中的母系氏族时期活动在骊山一带的女英雄。

女娲宫自古以来就是骊山上一座著名的道教宫观,骊山老母是道教供奉的一位远古尊神,即女娲。据女娲宫内现存之《创修山路碑》记载,该宫始建于秦,唐初重建。整体建筑包括山门五间、三仙殿三间、祭殿五间、主殿五间、厢房六间、配殿四间。三仙殿内供奉被尊为"福寿、治眼、授子"三位女仙云霄、琼霄、碧霄之神像。主殿内供奉骊山老母——女娲的金身神像,并藏有唐代所立《骊山老母授经碑》一座,碑文记载了唐代学者李筌在骊山脚下逢老母②传

---

① 临潼位于关中平原中部,西距古都西安 30 公里,面积 890 平方公里,人口 65 万。元代以前渭河南北分两县,南为骊戎(这也是骊山的由来),北宋时因骊戎东临临河,西临潼河,两水环绕入渭河,故改为临潼县,1997 年 6 月 30 日撤县设区,成为西安的一部分。

② 这是女娲之化身。

授《阴符经》秘义的经过①。明崇祯八年,在主殿后面增建藏经楼一座五间两层②,明万历四十七年,总体建筑有过较大修缮,故现有建筑基本属于明清格局,占地面积八千余平方米。新中国成立后进行过两次维修,但原貌未变。近几年对殿前平台、道路进行整修,新修了进殿石台阶路。女娲宫内现存有明万历十六年铸之铁锅、铁缸各一口,女娲像前有明代铸之铁磬一个。女娲宫现归西安道教协会管理,1982 年国务院 136 号文件宣布,骊山为国家重点风景名胜保护区③。

骊山老母亦称无极老母④,同伏羲、神农史称三皇,同为华夏始祖。《说文》云:女"娲,古之神圣女,化万物者也"。《山海经·大

---

① 《集仙传》所载:骊山老母天姿绰约,风华绝代,尝作阁道于骊山。秦始皇帝由此遇之,惊其艳,欲侮之,因受老母施法以惩,乃罢。自此之后化为老妪,人遂以老母称之。唐初李荃生于皇室,好学神仙之道,号达观子,居少室山,常历名山洞府,博采方术。曾至嵩山虎口岩,得皇帝阴符经、本绢素书、朱漆轴缄,玉匣题曰:"大魏真君上清道人寇谦之,藏之名山用传同好。"肇因年代久远其本朽烂,李荃抄读数千遍,竟不明其奥义,遂入秦返中原。途经骊山麓,逢一老妪,髻鬓顶、发半垂、弊衣衫、手扶杖,于路旁以火焚树,喃喃自语:"火生于木祸发必克。"荃惊而问曰:"阴符妙经,玄之奥妙,母何得言?"老妪答曰:"吾授此符以三元转六周。噫!汝何得知?"荃稽首具实以告。老妪端视荃,颧骨贯于生门,命轮齐于日角,血脉未灭,心影不偏,乃可造之才,喜曰真吾弟子也,遂出丹书符,一通贯于杖端,令荃跪而吞之,告尔后可天地相保。老妪端坐石上,与荃说阴符精义,三画连宵,以麦饭相与为食,复自袖中取一瓢令荃谷中取水,水既满忽重百余斤,力不能制沉泉中,及还已失老妪踪迹,斯时空中飘下乙帖,书云吾骊山老母是也,并留符图印诀,麦饭数升,荃食之,不复饥饿,着太白阴符经十卷流传于世,后入名山访道,不知所向。老母威灵显赫,宏开道慧,万古流芳,后世钦仰。
② 民国年间已毁,遗址尚在。
③ 骊山还有烽火台、兵谏亭等名胜古迹。
④ 据道教《骊山老母玄妙真经》记载:老母乃斗姥所化,为上八洞古仙女也。斗姥者,《无上秘要》云:斗姥天尊乃先天元始阴神,因其形相象征道体,故又称先天道姥天尊。又《斗姥大圣元君本命延生心经》云:斗姥上灵光圆大天宝月,号曰九灵大妙中天梵斗姥元君,因沐浴于九曲华池中,涌出白玉龟台、神獬宝座,斗姥登宝座之上,放无极光明,化生九苞金莲,应现九皇道体,为北斗众星之母,综领七元星君,功沾三界,德润群生,故又称无极大尊。老母随机显化,无世不出,授门徒、传仙佛,有坤道十八姑、千元子十二徒。上古之时化为女娲娘娘,风姓为伏羲之妹,始作笙簧,制嫁娶之礼,订同姓不婚之制,于是民始不渎。相共共工氏为祝融所败,头触不周山,天柱折、地维缺,女娲乃炼五色石以补天,断鳌足以立四极,杀黑龙以济冀州,积芦灰以止淫水,于是地平天成,旧物不改。史载女娲娘娘即居于骊山。

荒西经》云："女娲功烈,非仅造人,又兼补天","诚天地初辟摩肩盘古之大神也"。女娲抟黄土造人历尽艰辛。《风俗通义》云："俗说天地开辟,未有人民,女娲抟黄土做人,剧务,力不暇供,乃引绳于泥中,举以为人。"她为人们制定婚姻而又繁衍了人类。在骊山女娲炼石补天救人民于水深火热之中,《淮南子·览冥训》云："往古之时,四极废,九州裂,天不兼覆,地不周载,火炎而不灭,水浩洋而不息,猛兽食颛民,鸷鸟攫老弱。"于是女娲"炼五色石以补苍天,断鳌足以立四极,杀黑龙以济冀州,积芦灰以止淫水",才使得"苍天补,四极正,淫水固,冀州平,狡虫死,颛民生",使人类得以安居乐业。现在,骊山东绣岭石瓮寺后面的山石仍是红色的,据民间传说,那是骊山女娲炼五色石烧红的。当年女娲烧炼五色石时,火光映红了天空,照亮了大地。这火光被太阳神吸收,太阳就重新发出耀眼的光芒,四季不断地照耀着人间,那热气被骊山地下的水吸收,那水就变成了四季流淌的温泉,且这温泉因女娲的大法力而变得具有辟邪祛毒、消灾除病的功效。数千年来,骊山温泉闻名遐迩,慕名而来者络绎不绝。如今,万民沐浴温泉已成盛事,人们来到这里沐浴,祈盼洗去身上的尘垢,除病健身,延年益寿,也享受着在这人杰地灵之处的心旷神怡。

骊山是女娲炼石补天之处,《路史》云："女娲,立治于中皇山之源,继兴于骊。"《长安志》亦有"骊山有女娲治处,今骊山老母殿即其处"的记载。《汉书·律历志》将骊山老母称为"骊山女",也是因其生活在骊山一带之故,"骊山女亦为天子,遂以为女仙,尊曰老母"[1]。骊山乃老母(女娲)炼石补天之坐骑奉命而化之,腹有泉,出温汤,供人民沐浴,能医治多种皮肤顽症,故曰神汤,亦是老母之圣德也。女娲以德化人,扶持正义,教人多行善事,勿作恶迹。《淮

---

① 此部分内容参见王学民:《骊山老母纪》,西安,陕西人民出版社,2000。

南子》云:"女娲不设法度,而以至德遗于后世。"王学民的《骊山老母纪》指出:女娲补天,老母救世表达了人们世世代代对无私无畏的英雄主义和奉献主义精神的崇尚与向往,对为祸人世的恶势力和破坏力的憎恨和藐视,对美好的新生活和新世界的强烈渴求。①

女娲虽然不是道教供奉的原始神,却是道教祭祀的一位远古尊神,在时间上比道教创始人李耳早了两千多年。临潼民俗中仍保留着正月二十"补天补地吃撑馍"的习俗,是为纪念女娲炼石补天之大功。骊山一带农村每年农历正月二十庆祝"补天补地节",家家烙饼蒸饼,在饼未熟时,向房上抛一张,这就叫"补天",再摞在地上一张,就叫"补地"。这都是让人们永远缅怀女娲救世之功德。女娲不仅是源自黄土高坡的地方神,也是当地民俗的民俗神。

农历六月十三日是骊山老母(女娲)庙会,历时五天②。届时,各地香客、民众近 20 万人③上山朝拜这位功德无量的远古尊神。西安城乡男女老少以及海外侨胞纷至沓来祭祀、祈子、求福消灾和念经,许多人带着各种可以当床的单子过夜休息,人们因此把老母会也叫做单子会。庙会的重头戏是在老母殿进香的过程,人们提着自己的供果④进庙烧香,磕头,抽签,许愿……最有趣的是,老太太供上自己的供果,庙里的道姑还要将老母的供果给老太太几个,据说可以给老太太带福。进了香,许了愿,又在庙里或庙外过夜,然后下山。所以那几天庙里的大香炉烟雾弥漫,香火旺盛,上山下山的人络绎不绝。

相传女娲补天时,有一块炼成而没有派上用场的五彩石,被弃

---

① 此部分内容参见王学民:《骊山老母纪》,西安,陕西人民出版社,2000。
② 农历十一至十五日为庙会期,传说女娲的生日为农历六月十五日。
③ 这是王宏刚、王海冬向西安道教协会几次了解的数据,庙会在 16～20 万人数左右。
④ 桃子、馒头等。

置在骊山之巅,斗转星移,它吸食了日月精华有了灵性,被空空道人点化,投胎显灵到人间,引出了一部中国名著《红楼梦》。此书开篇对这块五彩石有一段记叙,寓意人间美好生活,祝福有情人恩爱一生,珍惜今天来之不易的幸福生活。

老母殿左前方是朝元阁,俗称老君殿,亦名降圣观。朝元阁在盛唐时期就是骊山上的一座著名道教宫观,至今信众从未间断。据《旧唐书》记载,始建于唐高宗乾封元年(666年),已有一千三百余年历史。唐高祖追封太上老君为"圣祖",高宗加封为"大圣祖玄元皇帝",朝元阁即唐王朝在骊山朝拜祭祀大圣祖玄元皇帝之所,故名朝元阁①。唐开元二十九年(741年),玄宗又令在阁内画高祖、太宗、高宗、中宗、睿宗五位帝王之像陪祀②。天宝七载十二月唐玄宗夜梦太上老君降临朝元阁,故曾更名为降圣观,又新供太上老君汉白玉像于观内。朝元阁内敬老子,在北宋《长安志》及《临潼县志》中有明确记载。据北宋《长安朝元殿志》记载:唐玄宗李隆基又专修了长生殿作为"斋殿",置于朝元阁左下侧,进朝元阁祭祀太上老君前,先在长生殿吃斋、沐浴后方能进阁举行祭祀仪式。清道光二十九年(1849年),因阴雨连绵,庙内三株古柏迎风而倒,房屋大部受损,住持道士多方募捐,变卖所倒之古柏,在原址上重修朝元阁献殿、大殿、山门等,历时五斤完工。清咸丰五年立《重修朝元阁》石碑对此有详细记述。原阁内供奉的太上老君汉白玉像,系唐代著名雕刻珍品③,被列为国家一级文物,现保存在陕西博物馆内。

老母殿右前方是明圣宫,是台湾道教徒颜武雄等人为报答女

---

① 李唐王朝也有将老子视为自己的祖先的看法。朝廷对老子的重视也推动道教在唐朝的发展。

② 这是帝王家的祖先崇拜。

③ 是唐代西域著名雕像家元迦儿的杰作。

娲仙祖保佑之恩①,于1992年捐资修建的一座大型道教观。明圣宫占地面积60余亩,共有殿堂房屋300余间,有三清殿、仙祖殿、灵观殿等,是西北规模最大的道教宫观。宫内所用汉白玉为北京房山汉白玉,建筑木材选用东北红松,神像采用江西小叶香樟木,神龛供桌采用南非进口红木,整个建筑采用明清建筑风格,古香古色。

---

① 台湾也有一些女娲宫(或者叫老母宫),如台南"骊山老母宫"中的骊山老母是主祀,另外还供奉济公、观世音、樊梨花、日月仙童、千手佛母等。再如台北的"无极慈母宫"也是供奉骊山老母的。

第五章 上海三元宫、杭州岳王庙、苏州司徒庙的比较研究

上海三元宫、杭州岳王庙、苏州司徒庙都以地方神为主。上海三元宫供奉的城隍老爷陈化成塑像有百余年历史,杭州岳王庙供奉的爱国将领岳飞塑像有八百年以上的历史,苏州司徒庙供奉的东汉大司徒邓禹塑像有近两千年历史。可见中国民间信仰的造神运动一直没有停止。

第五章　上海三元宫、杭州岳王庙、苏州司徒庙的比较研究

　　上海三元宫、杭州岳王庙、苏州司徒庙这三个寺庙宫观都以地方神为主,这些地方神少则有百余年历史,多则已有近两千年历史。我们可以从一个侧面看到中国民间信仰的特征。

一、上海三元宫调查

(一)上海三元宫概况

　　三元宫原位于浦东新区花木镇,后迁至浦东高科西路 2119号。该宫始建于清朝雍正六年(1728 年),本为周太仆祠,俗称周太爷庙。庙内主供松江知府周中鋐①像,其人雍正时奉命治理淞江(吴淞江)、娄河(浏河),舟覆以身殉职,钦赠太仆寺卿,后建专祠春秋官祭。嘉庆二十四年(1819 年)重修并扩建。据道光元年(1821年)旧碑记载:“爰新祠三缘,复增旁屋三楹。”可见昔日之规模。同治十一年(1872 年)又重修,祠屋有两大进,正殿高大宏伟。后屡有兴废,民国三十八年(1949 年)大殿改作他用,1958 年至 1978 年,停止开放。1989 年由上海市道教协会主持整修,添置生活用房一座,改作全真派坤道院,主供三官大帝,更名三元宫。2004 年经政

---

　　① “鋐”为古人名称用字。

府批准易地重建,2006年1月8日竣工。新落成的宫殿占地面积为1 440平方米,东西对称布局,前为山门钟鼓楼,中为大殿,两厢二层偏殿,后为生活用房。整体仿明清建筑,紫檀拱门,立体砖雕,满天星镂空古式门窗,斗拱福禄寿禧花板,飞檐小青瓦屋面,红墙黛瓦,四角风铃,体现了江南道院风貌。新三元宫主供神为三官大帝、周太爷、陈化成,还供奉文昌帝君、关圣帝君、斗姆元君、慈航道人、东海龙王、财神、王灵官、刘猛将、城隍、土地等三十多位神像。主要宗教节日有上元节(农历正月十五)、中元节(农历七月十五)、下元节(农历十月十五),以及周中鋐诞辰(农历八月初二)和殉职纪念日(农历三月二十九)。

三元宫今天已成为上海唯一的全真教派坤道场所。新三元宫的第一道门就是按照周易的提示开在巽方,即东南方,象征着生命之风、生长之风由东南而起。门柱上刻有中国道教协会副会长黄信阳书写的对联“发簪一根拿得起才放得下,道关两扇看不破便打不开”,将道院的性质告诉给一切有缘人。步至山门,正门上面的砖雕刻有黄帝问道的故事。山门是南非紫檀木的,重两吨,突出道教的神圣意义。进得山门,是一条宽敞的“人”字道直通三官大殿,意寓“欲求仙道先走好人道”。走在“人”字道上只能想自己是个普通人,一步一个脚印践行人道才能有助于修成仙道。三官大殿的门槛高33公分,象征着道教的三十三天仙境,跨过门槛就是仙境了,在大殿里一睹三官大帝容颜,敬神礼神,各自随缘。

三官大帝又称三元大帝,为天官、地官、水官的合称,是道教最早奉祀的神灵。《历代神仙通鉴》上说三官是元始天尊从口里吐出来的三个儿子,后来演化成尧、舜、禹三位传说人物。南北朝时又将三官与三元结合,说正月十五这一天上元宫主一品九炁赐福天官紫微大帝要到人间来视察,校定罪福;七月十五中元宫主二品七炁赦罪地官清虚大帝要到人间校戒罪福;十月十五下元宫主三品五炁解厄水官扶桑大帝在这一天要到人间校戒罪福。南朝齐梁时期的陶弘景《真灵伟业图》记载:"有玉清三元宫,元始天尊为主。"于是三元宫成了道教最高神的居住处。在三官大帝坐台的下方沿口上绘有《长春真人西游记图》,展示了公元1220年正月至1222年三月全真道士邱处机前往西域雪山,向成吉思汗传播治国治身之道的经过。

新三元宫的景中之景在大殿的东侧,画面上先看到的是全真道发祥地山东昆嵛山,相传麻姑在此修炼成仙。金大定七年(1167年)王重阳东游至此,凿洞而居,以烟霞洞为中心开展传道活动,创建全真道。他在烟霞洞教诲全真七子,商讨教理,为社会安定献计献策。接下来是陕西周至楼观台授经台,老子目睹周王室衰败,决定去周归隐,前往流沙。他骑青牛过函谷关时,被擅长观星望气的关令尹喜热情挽留,留下了《道德经》。最后的景点取材于甘肃崆峒山黄帝问道广成子。

上海的道观门前鲜有广场,如豫园地区的城隍庙门前只有一条狭窄的小街,钦赐仰殿门前只是一条小路,而浦东三元宫坤道院山门前有一座广场,四周有生机盎然的花木,附近一条又宽又长的公路把道观的灵气送向四面八方。

(二)上海三元宫的缘起和演变

周太爷供奉在三官大帝一侧。据调查,三元宫建造的缘起是为纪念清朝雍正年间为官清廉、刚正不阿、治水有功、因公殉职的松江知府周中鋐而建的祠庙。周中鋐(?—1728),字子振,浙江山阴人。清康熙中为江南崇明县丞。当时崇明也是一个重镇,一次

"兵籍千人,欲预取军食于官,不获,彀刃哗噪",其他官吏都纷纷逃匿,周中鋐独自挺身而出,经过说服,大家都丢下武器散去。后擢升为华亭知县,兼任上海知县。当时有人"被诬杀人,久陷冤狱",周中鋐立即深入调查,查明凶手是提督标兵,前任县令畏势都不敢过问,他却立拿正法,乡民称颂他为"青天"。雍正二年(1724 年)秋,淫雨为灾,海浪冲击,丈堤溃溢,荡淹数百里,民众被漂溺不计其数,稻谷颗粒无收。周中鋐约束官员不得追征赋税,且力奏抚恤死者,赈济病苦,百姓得以保全,但是导致库存空虚,应缴税赋不足规定之数,依法当罢官。县人闻之,聚集巡抚衙门为其请愿,才得复留。雍正四年(1726 年),周中鋐被擢升为松江知府。雍正五年(1727 年),周中鋐受命负责上海县陈家渡修筑堤坝工程,捐出俸银,亲乘一小船指挥堵筑,不幸落水身亡。当地人民为追念周中鋐的利民功绩,自发募捐兴建专祠,雍正见奏,下旨追赠周中鋐为太仆寺少卿。周中鋐的专祠就称为"周太仆祠",俗称周太爷庙。

早先周中鋐为华亭知县时,奉贤①曾隶属境内,清雍正四年自华亭县划出建县,雍正五年周中鋐殉职,奉贤百姓缅怀其恩,奉其为奉贤城隍之神,岁时祈报,事闻于朝,雍正帝赐祭,加授护海百灵侯奉贤城隍。那一年,在奉贤上真道院的西侧,供奉周城隍的神像,城隍两旁站立护身保驾的周文、周武、周虎、周龙等 36 个当差和 9 个小神像,威武庄严。院门前的对联是:"正直无私疾恶如仇丹心照千古,爱民如子以身殉职英名传万代。"如今奉贤上真道院内仍供奉着周城隍的神像。在这里我们不仅看到专祀周太仆祠与奉贤上真道院城隍老爷周中鋐神像的建立,而且可以看到身前为一方百姓拥戴的清官死后成为地方保护神的生动实例。

---

① 今为上海市一区。

三元宫1990年恢复开放后供奉的城隍老爷神像是没有名字的,2004年异地重建时,范诚凤道长考虑,供奉的每位老爷都要有名字,才可向信徒介绍他们在历史上的丰功伟绩。神像的名字要统一刻制铜牌,置于神像底座部位。为此,范师太到市道教协会查找城隍老爷的资料。她看到清代守卫吴淞并英勇抗击英军侵略的著名将领陈化成的丰功伟绩,就确认了民族英雄陈化成为三元宫的城隍老爷,并为神像写上了名字。

陈化成不是上海人,而是福建同安县①人。出身行伍,历任嘉庆间参将、道光间总兵,鸦片战争爆发时任福建水师提督,英勇迎击英舰,旋任江南提督,道光十二年,率部阻击英军,保卫吴淞要塞,身中七弹而壮烈牺牲。

陈化成的遗体先被收殓在嘉定关帝庙。吴淞人民画了两张他的遗像,一赠其子孙,一留吴淞纪念。殡葬时,数万人罢市哭奠,杀牛以祭,绅耆、士庶、妇女,以至挑夫、贩夫,莫不奔走哭送,并设香案于路,人人失声痛哭。10天后嘉定知县练延横派人找出尸体,运往嘉定武庙入殓。道光二十三年九月十二日,陈化成的灵柩运回福建同安家乡安葬②,上海宝山立"陈公祠",建"化成路",造"化成桥",以志纪念。

新三元宫目前供奉的三十多位神像,首要的是历史悠久的"三官大帝";其次是周中鋐,信徒对周太爷比较了解与崇拜;再次是城

---

① 今属厦门市。

② 陈化成墓在厦门市梧村金榜山麓,坐北朝南,平面呈"风"字形,三合土砖石构筑,龟形坟丘,两翼置石栏板和栏柱,柱首刻火炬或坐狮。坟前置石供桌,正面浮雕麒麟、鹿、鹤等,边饰以卷草纹。墓碑刻:"皇清诰授振威将军,赐谥忠愍陈公,诰封一品夫人,德配曾夫人茔。"墓前竖八角形望柱1对,上刻对联:"俎豆馨香荐忠良而易名两字;粤闽江浙垂功烈而炳节千秋。"近年墓园面积扩大至700平方米。1992年6月,厦门各界隆重纪念陈化成殉国150周年时,在墓园中央竖立陈化成半身戎装铜像。

隍老爷陈化成,信徒很崇拜这位英勇不屈的爱国地方官,进庙就要去磕头。其他神像也都是信众比较喜爱的,如观世音娘娘、月下老人,等等。

(三)新三元宫教职人员及日常生活

新三元宫共计占地两亩,属于浦东新区花木街道辖区,交通便利,位于地铁 7 号线锦绣路站不远处。住持范诚凤道长 70 多岁,上海青浦人。宫内现有道姑 13 位,来自江西、湖北、湖南、浙江以及上海的松江、金山、青浦等地,大多来自农村,来自城镇的较少,年龄在 20 到 40 岁左右,文化程度为初中或高中。出家的原因:一是结过婚,但婚姻破裂,情感受伤,一般 40 多岁;二是读书有困难,大学考试失败,消极心态所致;三是少数人生活上有困难,工作不理想,为了谋生、找出路;四是受家庭信仰的影响,真心出家。

道观接受道姑的条件,主要是家长、朋友或朋友的朋友介绍过来的,对于不认识、不了解的人,道观是不接受的,怕乱了章法而给政府、道观带来麻烦(以前有过这样的教训)。申请道观接受的手续是:本人自愿(写志愿书)、父母同意(签字)、当地政府证明①,然后上报区宗教管理办公室、区道教协会同意后方可入道观并考查三年。

道教是中国的传统宗教,分为正一派和全真派。其中正一派的道士可以喝酒、吃荤、成家。上海地区的道教基本上都属正一派体系,如豫园地区的城隍庙,浦东源深路旁的钦赐仰殿,三林镇的崇福道院等。而三元宫是上海地区唯一的一座全真派道院,道姑必须严格按照素食、独身、住庙的戒律修行,穿一式的道服,留一式

---

① 证明此人的户籍、年龄、本人、父母的意愿等基本情况属实。

的发髻,过清心寡欲的生活。

对于教职人员的管理,道观有一套比较完整的办法。首先,严格管理,严格要求。按照"根据祖师之玄范,指示后学"原则,制定了"清规戒律"15 条,规定"素食、发髻、道衣","不得败坏道风",并特别要求收到红包一律上交,范师太自己以身作则,带头上交,道观内正气凛然。其次,带领她们认真学习业务知识和本领,范师太一招一式地教授念功、唱功和乐器,一位小道姑曾在中国道教协会举办的讲经比赛上获得第二名,在浦东新区讲经会上获得第一名。再次,在生活上无微不至地关心她们。范师太说:"这里是个大学校,要让她们在这里愉快地修道。她们要来,我收;要走,我也只好放。她们之中有的是父母的独生子女,来了几年后,父母叫她还俗回去结婚,我们虽然很留恋,但我还是放人。结过婚的,相对比较稳定,我还每年给她们假期回去看望父母、子女。她们的生活是比较清贫的,但她们的精神世界很丰富,生活得很愉快,这里像个大家庭。"在道观里范师太与道姑们如母女,如师生。

道姑们常常会在门前院子里的两块绿化地种些青菜,因为没有施农药、化肥,所以绿油油的又好看又能吃。她们的主要宗教活动是做道场法事,每月约二十场左右,一整天费用为四千多元,半天或半天不到的,费用几百或一千多元不等,这也是道观宗教自养的主要经济来源。

信徒比较注重宗教神缘功能。道场做"清微法事"是帮人们消灾、去病、调运、讨福;做"度亡法事"是超度亡人,追思亲人。范师太要求道姑们诵经行法,"吐字正清,心口如一",用心去念,才能虔诚灵验。她说:"宗教是在无形中的事,'无中生有,有中生无',宗教上的毛病要用宗教去解决。法事之所以有效,一是道长们做道场时全副身心投入,心诚,没有一点分心;二是祖师爷的功劳,是我们供奉的众神的功德,包括我们宫里供奉的观音菩萨等也很灵;三是信徒自己修得好,信仰虔诚,积善积德。"她特别加重语气说:"宗教能够绵延几千年,我相信祖师爷有神灵!"

三元宫注重信徒信仰素质的提高,一般每一季度组织一批信徒讲经讲道一次,给信徒发去500多张"玄缘来"卡,免收门票前来听经,信徒踊跃参与,一通知就会到场。老师太、小道姑、居士、信士都能上台讲。她们还按地段分片分组推选出组长作为香客代表①,有60多人,平时不定期联系,但每年要开一次代表会议,道观将一年的工作总结、收入、支出情况向大家报告,把明年的打算也亮出来,听取大家的意见等。

新三元宫至今已连续三届被评为"市级文明宗教活动场所",并与所在的花木街道由由小区签订了"共建文明小区"协议书。道观不仅成了广大信众的聚会点,还成了带领这一信仰社群共建和谐社区的纽带。每逢春节、重阳节、儿童节等,三元宫总是带领信众做一点小善事:慰问孤老,看望困难儿童……街道有什么公益事业号召,三元宫总是积极响应。反过来,有关部门很爱护道观,时常买了香菇、木耳、豆油送来,表达政府对她们的关心。

2011年正月初九,人们在春节的节日气氛中迎来了道教又一大节日——玉皇大帝生日,每逢这个日子道教场所都要举行隆重的"谢玉皇道场"。这天上午,我们又来到三元宫,只见信徒众多,方丈范诚凤老师太淡定地接待各方来宾,而道场则完全由年轻的道姑主持:三位身着盛装法衣的法师担纲领衔,十余位班首各使中国传统乐器,吹拉弹奏,甚是热闹、庄严,仪式进退有致,如法如仪。

---

① 即骨干。

仪式于上午 11 点半左右暂停,道姑和信徒们一起到斋堂用餐。午餐是青菜汤年糕和黄芽菜烧菜饭,虽然简单,但斋堂里不乏饭菜飘香,大家排着队挨个盛着满满一碗年糕汤,爱吃辣椒的,不知从哪里端来了瓶装的辣椒酱,和在年糕汤里面,吃得有滋有味。

稍作休息之后,下午 1 点半,道场继续进行。在三位法师的带领下,班首和众信徒鱼贯而出,来到山门内广场的香烛台前焚香礼拜,然后再回到三官大殿继续仪式。三官大殿前的大道上,布置着一个瓜果丰盛的供台,两边挂满了祈福心愿的红色飘带,场所内洋溢着一片喜气。道观门口,悠闲地围坐着五六位老太太,晒着冬日暖暖的太阳,脸上溢着满足,让人不禁感叹,宗教信仰真是她们的精神家园!

会议室里,当天来了几位客人,其中一位年近五十的先生手捧一面锦旗,上书"雪中送炭,功德无量"八字,原来这位是花木街道的特困户陆先生,妻子不久前患重病去世,他带着儿子,生活上出现一定困难。三元宫在春节慰问工作中了解到这个情况,不顾自身的困难,马上拿出两千元资助了陆先生一家,受到社区群众的交口称赞。我们在三元宫办公室玻璃橱窗里还看到,三元宫荣获上海市民族宗教事务委员会颁发的"世博会工作先进集体"和范师太"世博会先进个人"的光荣称号。谈话间,只见一位女信徒匆匆走来,神色焦急地要为自己的父亲做"五七"亡事道场,担心安排不上,师太立刻和蔼地接待她,并亲自为她翻查日历选定日期。这就是三元宫忙碌而又充实、和谐的一天。

据调查,三元宫每年做道场数大约为 240 场,道观人数每年约一万人次,其中春节是高峰,期间能达到四五千人。

二、杭州岳王庙调查

岳王庙,又称岳飞墓庙,位于杭州城西北部风景秀丽的西子湖畔,栖霞岭南麓,为一组古朴雄伟、庄严肃穆的建筑群①。这里背枕青山,面临西湖,是南宋抗金将领、民族英雄岳飞的长眠之地,也是八百年来历代人民凭吊岳飞的纪念圣地。岳王庙始建于南宋,历经元、明、清、民国,屡废屡兴,经久不衰。1993 年,岳王庙被定为杭州市爱国主义教育基地;1995 年又被定为浙江省爱国主义教育基地;1996 年被国家文物局、国家教育委员会、文化部等六部委列为百家"全国中小学爱国主义教育基地"之一。每年有五百万左右人次到这里参观旅游和接受爱国主义教育。

(一)杭州岳王庙的历史状况

岳飞(1103—1142),字鹏举,宋代相州汤阴县永和乡孝悌里②人,年少时便同父母一起下地耕作,当过地主家的佃客,未成年就能拉开三百斤③的劲弓,能引发八石④的腰弩,求师于本地箭师周侗和枪手陈广,⑤爱读《左氏春秋传》和孙、吴兵法。岳飞后来成为著名的抗金将领、战略家、军事家、华夏先烈、民族英雄,其率领的军队被称为"岳家军",人们流传着"撼山易,撼岳家军难"的名句,给以最高的赞誉。绍兴十一年十二月二十九日,秦桧以"莫须有"的罪名将岳飞毒死于临安大理寺狱中的风波亭,岳飞的长子岳云、部将张宪同日被害于众安桥,家属全部流放到岭南。

---

① 现杭州市北山路 80 号。
② 今河南省汤阴县境内程岗村。
③ 约合 180 公斤。
④ 约合 440 公斤。
⑤ 相传,岳飞诞生时,恰有大鸟从房上飞鸣而过,因而取名为飞,字鹏举。他从小在母亲的训导下,时时不忘"精忠报国",并在名师周侗指导下,武艺日见精通。

岳飞遇害后,其遗体被狱卒隗顺偷偷背出钱塘门外,草葬于"北山之滫"的九曲丛祠旁①,假称"贾宜人坟"。南宋绍兴三十二年(1162 年),即岳飞死后二十年,宋孝宗赵昚即位后,下诏追复岳飞生前官衔,并寻访岳飞遗体②,以礼改葬于杭州栖霞岭南麓今址。南宋嘉定十四年(1221 年),朝廷赐紧邻岳飞墓的佛教寺庙下智果寺充岳飞功德寺,并赐额"褒忠衍福禅寺"。此即今天杭州岳王庙的始基。景定四年至咸淳三年(1263—1267 年),岳飞的曾孙岳通重建褒忠衍福寺,岳飞墓建筑始成规模。

宋亡元兵入浙,岳庙坟荒寺废。元大德五年(1301 年),江西九江的岳飞六世孙岳士迪联合江苏宜兴的岳氏经四年的努力,恢复岳飞墓、寺旧貌。日久,岳飞墓、寺再度荒废。至元年间(1335—1340 年),杭州路总管府李全初在乡绅黄华父的帮助下,修葺岳飞荒墓并重建庙宇。

明洪武四年(1371 年)原寺址重建。宣德年间(1426—1435 年),庙毁于火,旋又复新。后庙宇建筑日久坍损。景泰年间至天顺元年(1450—1457 年),杭州府同知马伟重建岳庙,请朝廷赐额"忠烈"。弘治十四年(1501 年),镇守太监麦秀重修墓、庙,将岳飞《送紫岩张先生北伐》诗碑立于东庑,又将浙江提学副使赵宽书写岳飞《满江红》词刻碑立于西庑。正德四年(1509 年),镇守太监刘璟见岳庙颓圮,与众地方官吏协力重修,并于庙门外建一座石牌坊上题"精忠祠"。正德十二年(1517 年),镇守太监王堂重修岳庙,在寝殿内重新塑了岳飞夫人李氏及子女像,并题匾"一门忠孝"。

---

① 九曲丛祠遗址在今宝石山脚的杭州市青少年活动中心一带。

② 那时,隗顺早已不在人世,但他临死前把营葬岳飞经过和葬地详细告诉儿子。因此,人们才准确无误地找到这位含冤屈死的英雄的遗骸。

天启四年(1624年),钦差大臣傅宗龙采纳高应科的建议,在岳庙内增建启忠、继忠、翊忠、流芳、土地五祠。

清顺治八年(1651年)巡抚都御使范承谟捐资重修。后来,由于年久失修岳飞庙建筑损坏。康熙二十一年(1682年),两淮转运使罗文瑜恢复岳庙盛观。康熙三十一年(1692年),杭州知府李铎并建启忠祠,以奉祀岳飞父母。四年后(1695年),李铎与郡人合力重修岳庙,在正殿前复建忠烈祠两庑,分别塑张宪、牛皋二像配祀岳飞,并塑岳飞五子、五媳、银瓶、岳珂的像于寝殿内。康熙四十七年(1708年),浙江总督范时崇重修。雍正九年(1731年),浙江总督李卫重修岳飞墓、庙,于神道前重建石牌坊曰"碧血丹心"。乾隆年间,高宗皇帝六次南巡到杭州,或亲自驾幸岳飞墓、祠,或委派皇子、大臣拜谒。这期间,地方官府对岳飞墓、祠更是随时修葺以待临幸。嘉庆六年(1801年),浙江巡抚阮元重修,大门额曰"岳王庙"。咸丰十一年(1861年),太平天国军攻克杭城,岳飞墓、祠颓圮。同治四年(1865年),浙江布政使蒋益澧重修岳飞墓、庙。

民国五年至十年(1916—1921年),两任浙江督军杨善德、卢永祥主持拓宽岳飞庙址,镌刻《复官改葬并赐谥告词碑》和《重修宋岳忠武王祠墓碑》于忠烈祠大殿前的月台上。民国二十二年(1933年),浙江省长张载阳主持重修岳飞墓,于精忠泉南、碑廊之北添筑两座轩亭式建筑南枝巢和正气轩。1928年,国民政府对全国各地的庙宇神祠进行整顿,颁布了存废的四条标准:①促进民族发展;②促进学术发明;③维护国家社会安定;④忠烈孝义。符合这四条标准可以立祠纪念的先哲有:伏羲氏、神农、黄帝、嫘祖、仓颉、后稷、大禹、孔子、孟子、公输般、岳飞、关羽十二人。其中对岳飞的评价是"精忠报国,富于民族精神"。岳飞从历史上精忠报国的抗金将领形象,转化为近代民族精神的代表,为广大人民群众所认同。民国三十五年(1946 年),黄元秀继任岳庙保管委员会主席后重修岳飞墓、庙。

新中国成立以后①,岳飞墓、庙收归国有陆续维修。1961 年 3月,岳飞墓、庙被国务院列为首批全国重点文物保护单位之一,启忠祠辟为岳飞抗金史迹陈列室。1966 年秋"文革"开始后,岳飞墓、庙宇建筑被挪作他用,如碑廊一度作为泥塑收租院等阶级斗争教育展览。1978 年,浙江省和杭州市成立岳飞墓、庙维修领导小组,由浙江省人民政府拨专款对岳飞墓、庙进行全面的整理维修,重新对外开放。1981 年,按原样修复启忠祠,1984 年,启忠祠辟为岳飞纪念馆。

(二)杭州岳王庙的现状调查

据调查,1978 年浙江省人民政府拨专款对岳飞墓、庙进行全面的整理维修,于 1979 年底修复重新开放。

岳王庙现占地 23.5 亩,建筑面积 2 793 平方米,总体布局上可分为岳飞墓园区、忠烈祠区和启忠祠区三大部分。门口石柱上"三十功名尘与土,八千里路云和月"的楹联是原国防部长张爱萍题写的,出自于岳飞的词作《满江红》。

忠烈祠区由岳庙主体建筑忠烈祠和祠前庭院、门楼等组成,建筑高大,为典型的清代庙宇。忠烈祠正殿檐间悬挂叶剑英元帅题的"心昭天日"巨匾。殿内塑岳飞戎装坐像,高 4.54 米。只见岳飞头戴红缨帅盔,身着紫色蟒袍,臂露金甲,足蹬武靴,右手握拳,左手按剑,斗志昂扬,令人肃然起敬。在坐像上端,悬挂着岳飞手书

---

① 新中国成立后,关于岳飞是否是中华民族的民族英雄有三次辩论,最后一次是 2002 年前后。辩论的压倒性意见是岳飞是中华民族的民族英雄。

"还我河山"四字横匾,它是这位民族英雄毕生为之奋斗的目标,令人想起当年岳飞和他的岳家军高吟《满江红》的英雄气概。殿四周绘制九幅岳飞题材的大型壁画。殿前东、西两庑为烈文侯祠和辅文侯祠,分别奉祀岳飞的部将张宪、牛皋①。祠前庭院古木参天,西南依墙而筑精忠柏亭,亭旁有门,通往岳飞墓园区。

墓园区位于整组建筑群的西南部,一座宋代建筑风格的墓阙又将墓园隔成陵园和墓地两部分。陵园东端为"精忠报国"照壁,南、北两侧各有碑廊一列,廊内陈列128块历代碑刻,是珍贵的史料库。岳飞墓坐西朝东,墓前立"宋岳鄂王墓"碑,鄂王是宋宁宗于嘉泰四年(1204年)即岳飞被害63年后追封的。左侧为岳云的墓,墓碑上书"宋继忠侯岳云墓"七字。"继忠侯"是宋宁宗于嘉定四年(1211年)追封的,恰逢岳云被害70周年。墓道两侧分列三对文武石俑和石马、石羊、石虎各一对。石阶下墓阙两边,面墓而跪的是诬害岳飞的秦桧、王氏、万俟卨、张俊四奸铁像②。

岳飞墓园以北,由启忠祠一正两庑建筑和精忠园组成,是由绿树掩映的庭院建筑。启忠祠现已辟为岳飞纪念馆,利用实物、照片图表等展示民族英雄岳飞光辉而又坎坷的一生。纪念馆前东西对峙两座轩亭式建筑——南枝巢、正气轩,为临时展览场所。南枝巢南为精忠长廊,系当代名家所书的岳飞题材新碑廊。

三、苏州司徒庙调查③

司徒庙是祭祀东汉初大司徒邓禹将军的祠庙,也叫邓尉庙。

---

① 张宪墓在杭州仙姑山下,牛皋墓在杭州栖霞岭上。
② 我们现在看到的是清代浙江巡抚熊学鹏在乾隆年间铸的。除了杭州,还有江西、河南、湖北等地共计6对秦桧夫妇跪像。
③ 2003—2007年王宏刚、王海冬曾多次调查苏州司徒庙。

邓禹,字仲华,南阳新野人,自幼聪明过人,13 岁时即能诵诗,在长安学习期间结识刘秀,一见如故,结为知己。公元 17 年西汉王莽年间农民大起义时,邓禹辅佐刘秀起兵造反。公元 25 年刘秀称帝,建立了东汉王朝。邓禹因协助刘秀平叛王莽政权有功而被封为大司徒,那时他年仅 24 岁。年轻时的他统百官辅助皇帝,总理国家朝政,晚年隐居到了光福,每日养花、植树、垂钓、爬山,过着自由自在的生活。明帝即位,因邓禹是开国功臣,拜为太傅。其于永平元年(公元 58 年)病逝,年 57 岁,谥元侯。

邓禹并非苏州人,不过苏州人对这位东汉的大司徒却是颇为敬重,在他的故居上建起了司徒庙,供奉起了他的塑像,每逢初一、十五自是香火缭绕。

司徒庙光绪年间有常悟、宏海、书城、觉性等高僧相传,现属玄墓山天寿圣恩寺别院①。司徒庙内建筑多为清代及民国所建,往西100 米就是著名的观梅景区香雪海。庙宇殿舍两进,共二十余间。布局为传统院落式,前为墙门,门前分立石狮一对,进门沿主轴为山门、大殿。二者间由院落隔开,两侧有边厢,庙左附有院子,植有古柏名木,并置赏柏厅,厅后即为闻名于世的四株古柏园。赏柏厅侧碑廊内,置有两部佛经。一部是《大佛顶如来密因修正了义诸菩萨万行首楞严经》,简称《楞严经》;一部是《金刚般若波罗蜜经》,简称《金刚经》。

《楞严经》是佛教大乘经典中的一部分,是阐述"一切世间诸所有物,皆即菩萨提妙明元心、心精编圆、含裹十方"的世界观,说"众生不明自心性净妙体,故流转生死,当修禅定,以破各种颠倒之见"。主张"通过由低至高的修行阶次,达到方尽妙觉,成无上道"

---

① 传说是乾隆生身父亲出家的寺院。

的境界。原经文系梵文，由唐般密帝译为汉文。全文67 000多字，分别刻在84块青石上。每块石长95公分，宽33公分，平均每块刻字800左右。经文刻于明朝崇祯年间（1628—1637年），迄今已有三百七十多年的历史，明崇祯十五年（1642年）正月，昆山人魏肇鲁为《楞严经》石刻写跋，说明了它的来龙去脉。《楞严经》由章懋德镌刻，刀法有力，至今仍十分清晰。该石刻本当送藏涿州房山，因清兵入关藏在光福下绞村狮林寺内，1976年因狮林寺年久失修塌毁，由吴县文物管理委员会移置司徒庙碑廊中。《金刚经》整部刻在一块惹人注目的青石碑上，高192公分，宽69公分。整部经文巧妙安排在一座七级宝塔图案上，从宝塔中心的卷首开始，整部金刚经可顺序诵读。宝塔与经文排列完整又富有对称性。经文全用工整的蝇头小楷书写，精刻细镂而成。以上两部经书1957年被江苏省人民政府列为省重点文物。

司徒庙另存有康熙二十八年（1689年）巡幸光福邓尉山时的御书"松风水月"碑，碑高41厘米，宽96厘米。另有曾任国民政府主席等职的林森手书"般若船"石碑，碑文笔力遒劲，字体浑圆，堪为精品。

古柏园四株古柏相传为邓禹亲手所植，至今已有两千多年历史。这四株古柏姿态各异，堪称天下奇绝。据传乾隆皇帝下江南巡视来此，分赐四柏为"清""奇""古""怪"。"清"者，主干粗壮挺拔直耸云天，枝叶苍翠，挺俊清朗；"奇"者，主干似腰被斩后断成两枝，一枝垂倒在地面又郁郁葱葱，另一枝钻进地里又重新伸出新枝，颇有枯木逢春之趣；"古"者，古朴苍劲，如蛟龙盘绕在身，给人以粗犷憨厚之感；"怪"者，被雷劈成两爿，一爿远离主干落地生根，卧地三曲，似走地蛟龙，另一爿却似悬空吊篮就地卧倒，似昂首蛟龙欲腾空起飞之势。参观过这几棵汉柏的人,都被它们顽强的生命力所折服。这个以两千年以前的历史名人邓禹为主神的佛教寺庙现在的香火仍然很旺,每年(2007—2009 年间)去的人数在 80 万左右,因为邓禹 24 岁就当了大司徒,所以祈求他保佑上学的人数就比较多,约占参拜总人数的 20% 左右。

四、三者的比较

上海三元宫、杭州岳王庙、苏州司徒庙体现了中国民间信仰的丰富性与思想特征。

上海三元宫从供奉一个地方官的专祠起步,到供奉有 150 年历史的城隍老爷陈化成等,直至成为全真教派的坤道院,并能很好地参与日渐繁华的浦东新区的精神文明建设。从中我们可以看出道教与民间信仰的密切关系。这个道教宫观的缘起与发展离不开民间的地方神,如果和民间庙会、城隍出巡等习俗联系在一起,这些地方神又是民俗神。

道教宫观的城隍老爷自明代以后日渐重要,城隍老爷基本上是地方神兼民俗神。城市都有城隍庙。"隍",本来指没有水的护城壕。古人认为神保佑着人们,从而产生了城隍爷及其庙。明太祖朱元璋曾是土地庙里的小和尚,做了皇帝后,他对土地公公及其上级城隍爷极为推崇爱戴,下旨京城和几个大城市的城隍爷的神职为王,职位为正一品。各府、州、县城隍爷的神职分别为公、侯、伯,从而与当地的官署衙门同等级别,使城隍庙兴旺起来。城隍爷是人们心目中的阴间长官,很多地方的城隍爷常以去世的英雄或名臣来充任,希望他们的英灵能和生前一样护佑百姓,除暴安良。例如,北京的城隍爷是文天祥、杨椒山。文天祥是南宋忠臣,杨椒山是明代大臣,因弹劾奸相严嵩,被捕入狱,死于昏君奸臣之手。杭州城隍爷周新,在明朝永乐时任浙江按察使,铁面无私,人称"冷面寒铁",后遭奸臣诬陷而死。南宁、桂林的城隍爷苏缄和浙江绍兴的城隍爷庞元,均是忠臣良将,对百姓宽厚仁慈。

上海老城隍庙原为霍光神祠,供奉的是东汉名将霍光神主,算是上海资格最老的城隍爷。第二位城隍爷秦裕伯是元末明初河北大名人,曾在上海居住,传说清军南下时,遭到上海地区人民的强烈抵抗,清军将领因梦见秦裕伯"显灵",警告他不准杀人,遂放弃屠城计划。秦裕伯救了上海百姓,故被列为城隍爷。1937 年抗日战争爆发后,市民从"陈公祠"①中请出了 1842 年第二次鸦片战争中血染吴淞口、战死在吴淞炮台的江南提督陈化成的神像以鼓舞人们的抗日士气,弘扬爱国精神。当年被供奉的陈化成塑像被民间雕塑家塑成满面火红、神采飞扬、目光炯炯、栩栩如生的英雄形象。霍光、秦裕伯、陈化成这三尊神像至今供奉在上海城隍庙。

对于陈化成,除了上海城隍庙、上海三元宫供奉其神像外,上海人民为了纪念这位民族英雄,还在当年陈化成浴血奋战的吴淞炮台附近②建起了纪念馆。1992 年 6 月 16 日陈化成殉国 150 周年之际,陈化成纪念馆建成开馆,其馆舍为建于清代的宝山县文庙大成殿,纪念馆馆名由卓越的佛教领袖、杰出的书法家赵朴初题写,陈列内容分三大部分,以翔实的史料和文物生动地介绍了陈化成由从军入伍到官至提督,始终待百姓如亲人,与将士同甘共苦,英勇善战,直至 66 岁高龄为国捐躯的一生。馆内最重要的藏品,是

---

①　抗战时,陈公祠毁于日寇炮火,上海人民将陈化成的塑像转移至著名的上海城隍庙中供奉。
②　今宝山友谊路 1 号临江公园内。

当年曾用以抗击英军，并铸有"陈化成督造"字样的"平夷将军"大炮。馆后立有陈化成将军铜像，陈老将军虎目虬髯，手握刀柄，站在炮台上，怒视前方，神态威武刚烈。如今，雄伟的上海淞沪抗战纪念馆与陈化成纪念馆比邻而居，成为吴淞口上的两座民族丰碑。

意味深长的是，世俗社会的陈化成纪念馆原来是宝山的文庙，而文庙是儒教的遗存。陈化成最后成了城隍老爷——道教的神灵，三元宫也是道教的宫观，但陈化成身上更多的是体现儒教与儒家理想。

岳王庙称为庙，应该是佛教或道教的，但我们在多次考察中都没有碰到僧人或道士。虽然在南宋时期岳飞庙源自一个佛教寺庙，但今天如同大陆多数的妈祖庙一样，属于文化局、旅游局或者园林部门主管，这一点儿也不会削弱其民间信仰的影响。作为民族英雄的岳飞在杭州受到崇仰，人们称其为岳王庙，没有人会感到奇怪。实际上，岳飞作为民族英雄、作为地方神或民俗神进入了大陆、台湾的许多宫观寺庙，其思想特征也是儒教或儒家思想。

司徒庙自兴建至今都是佛教寺庙，其主神为两千年前的邓禹，思想特征也是儒教或儒家思想。据民间传说：司徒庙中的主要神像是邓禹自己给自己塑的。邓禹晚年信佛，他在大堂正中塑了佛祖释迦牟尼像，佛祖见他诚心，特地从西天赶来给他头烫香洞。哪知此事被太上老君知道了，骑鹤而来，指着邓禹骂道："你只管拍释迦牟尼的马屁，竟敢不把我太上老君放在眼里，真是狗胆包天！"邓禹顿时头痛欲裂只得求饶，把太上老君的塑像放在大堂正中，把释迦牟尼佛像移到东壁。城隍老爷知道了这事指着邓禹大骂："你只对大佛磕头，不给小佛烧香，今天我要吊死你！"邓禹只得再次讨饶，塑一尊城隍老爷像，放在大堂正中，把太上老君像搬到西壁。

大堂里放了三座神像以后,邓禹每天去烧香念经,总是有点胆战心惊。他想,如果玉皇大帝、观音菩萨、土地公公、阎王老爷都要抢坐正堂,那怎么办?他回想当年伙同云台二十八将,跟随刘秀打天下,天不怕,地不怕,不信神仙鬼怪,年年太平无事。现在敬神敬仙,反倒遭殃。一气之下,他挥起木棍,把大堂上的三座神像全都打了个粉碎。"敬他们不如敬自己",于是他请手艺高明的塑像师父给自己塑了一尊像,放在大堂正中,也不烧香,也不念经,居然太平无事。这则传说意指佛教与道教的偏颇,突出的是儒教与儒家思想。

第六章 东北的萨满教调查与研究

萨满教是远古一直绵延到今天的阿尔泰语系诸民族的传统民间信仰。本章介绍作者任萨满教田野调查中的新发现，并且论述天祭是萨满教成体系的标记及萨满教与氏族外婚的关系，同时也论述了受萨满教影响的东北汉族民间信仰。

第六章 东北的萨满教调查与研究

　　萨满教也是中国民间信仰之一。它萌生于人猿揖别后人类漫长的蒙昧时代,兴起并繁荣于母系氏族社会,绵续于父系氏族社会及相继的文明社会,其影响一直到今天。

　　萨满,通古斯语,其词根"Sar"为"知道""知晓",其含义按萨满史诗《乌布西奔妈妈》中解译为"晓彻"之意,即最能通达、知晓神意者,被称为神与人之间的中介者,他可以将人的祈求、愿望转达给神,也可以将神的意志传达给人,这是通古斯语①诸民族对萨满的基本认识。过去学术界常解释萨满是"因兴奋而狂舞的人",如上海辞书出版社 1981 年出版的《宗教词典》就采用这一说法。这种说法没有揭示这个通古斯语的词源原意,也没有说明萨满的主要特征与文化内涵。满族神话中讲:第一个萨满是天神派来的,或天神命神鹰变化的,因而萨满是宇宙的骄子、天穹的裔种。如今,在我国北方满、锡伯、赫哲、鄂温克、鄂伦春五个满 一通古斯语族的民族依然通用"萨满"这个称号。因为萨满是氏族精神文化与传统的代表,所以,今天萨满仍受到族人的尊敬。与中国近代一般的神汉、巫婆比较,萨满更具宗教的庄严性和人类童年时代文化传承人的质朴性。

　　从有关的出土文物、岩画、史籍、民族志以及研究者实地调查来看:萨满教曾经在北亚、北美、北欧的寒温带、寒带广泛流行过,

---

　　① 中国境内满语、锡伯语、赫哲语、鄂温克语、鄂伦春语等属通古斯语。

是以氏族为本位的原始宗教。学术界对萨满教概念内涵的理解实际上有广义、狭义两种,广义说将人神相通的原始宗教通称萨满教,狭义说指北半球的北部,尤其是以北亚、东北亚为典型的原始宗教为萨满教,本书取后说。萨满教在中国的传播区域主要在东北少数民族地区。萨满教分布在如此广大的地域,又有如此悠久的生命历史,表明它对人类有重大的文化价值。

一、中国萨满教学在世界范围的后来居上

司马迁早在《史记》中就记录过匈奴人信仰萨满教的某些活动,后来的《三国志》《后汉书》《魏书》《周书》《隋书》等中国史书也有当时北方民族萨满活动的记录,但没有提到"萨满"这个称号。一直到13世纪初,南宋徐梦莘在《三朝北盟会编》一书中首次明确记载了女真人的萨满(书中用"珊蛮"这两个字)称号。① 清康熙三十一年(1692年),俄国莫斯科大公的使节伊代斯与同伴布兰特一起访问中国,在他们的中国旅行笔记中记载了满族萨满的某些活动,萨满称号开始被国外所知。两百年前,一批学者、旅行者记录了北亚、东北亚萨满的某些活动,萨满一词开始流行。近一百年以来,国外学术界将萨满教作为原始宗教的一种典型形态,视为文化人类学、宗教学、民族学、民俗学、艺术史等多门学科的重要研究对象。约七十年前,萨满教研究成为专门的新学科——萨满教学,还召开了多次国际性学术研讨会,一些宗教史大家如米尔恰·伊利亚德也以萨满教研究作为学术研究起点。

中国北方是萨满教的重要流传区域,中国古代对萨满教的记

---

① 《三朝北盟会编》载:"兀室奸猾而有才……国人号为珊蛮。珊蛮者,女真语巫妪也,以其通变如神。"首创女真文字的一代名相完颜希尹(兀室)就是个通变如神的女真萨满。该书是宋代史学名著,二百五十卷。作者徐梦莘(1126—1207)。"三朝"指宋徽宗赵佶、宋钦宗赵桓、宋高宗赵构三朝。该书由上海古籍出版社1987年出版。

录也是最早的,但是中国的萨满教研究起步很晚,三十余年前,萨满教在中国的学术界还是一个陌生的名字。从 20 世纪 80 年代起,萨满教研究才开始被中国学术界普遍重视,逐渐形成了一支萨满教研究队伍。2001 年春天,中国社会科学院成立萨满文化研究中心时,正式成员已有 90 余人。在短短的二十余年中,中国的萨满教逐渐成为国际萨满教研究的热点。2004 年秋天,第七届国际萨满文化研讨会在长春召开,标志着中国萨满教学的后来居上。

自 1987 年起,萨满教研究成为国家社科基金的重点课题;1992 年起,"萨满教文化丛书"成为国家重点图书项目;1998 年起,萨满教艺术研究成为全国艺术科学重点项目。① 20 世纪 90 年代以来,萨满教学已成为中国社会科学院民族研究所、少数民族文学所以及相关高校的博士、硕士教学的二级学科。2004 年以来,长春师范学院、长春大学创建了萨满文化研究机构与展览馆。

二十多年来,中国已发表了 300 余篇萨满教研究论文,出版了 30 余部专著,为中国萨满教学的建立与发展奠定了扎实的基础,并推动着世界萨满教学的发展。期间,中国的有关学者与日本、韩国、美国、奥地利、芬兰、英国、匈牙利、俄罗斯、意大利、德国、加拿大、挪威等十几个国家的有关学者就萨满教专题进行过多次较深入的交流与联合考察。日本的荻原秀三郎先生就多次与中国相关学者共同考察过满族、鄂伦春族、鄂温克族、达斡尔族的萨满教。还有詹姆斯、鲍恩、细谷良夫、江夏由树、加藤直人、诹访春雄、崔吉城等多位外国教授也实地考察过中国阿尔泰语民族的萨满教。这使中国的萨满教研究带有一定的国际性特征。如今,中国学术界包括文化人类学、民族学、宗教学、艺术史学、阿尔泰学等多学科都

---

① 富育光、王宏刚曾是这三个国家课题的参加者或主持者。富育光,满族学者,当时为吉林省社会科学院文学所东北少数民族文学与文化研究中心主任。

将萨满教作为重要研究对象。

二、中国萨满教学调查研究的三个历史时期

近百年来的中国萨满教学的田野调查，为中国萨满教学的兴起奠定了坚实的基础。本书就此作一个简要的历史回眸。

（一）20 世纪 10—40 年代

20 世纪 10 年代开始，俄国学者史禄国[1]对北通古斯[2]与满族的氏族组织及其文化形态进行了系统、翔实的实地调查[3]，其调查成果写入《满族的社会组织》《华北人类学》《北方通古斯的社会组织》等著作以及《对西伯利亚、蒙古和中国的民族调查》《通古斯萨满教的一般理论》等研究报告中，他指出："萨满教是形成氏族组织基础的因素之一。"[4]

20 世纪 30—40 年代，中国学者凌纯声对赫哲族的调查，也有相当翔实的第一手资料，其调查成果写入《松花江下游的赫哲族》[5]一书中。日本学者秋叶隆、大间知笃三、赤松智诚、泉靖一、小堀严、大山彦一对满族、鄂伦春、蒙古、达斡尔等民族的萨满教调查，其成果发表在当时的《民族学研究》《社会学研究年报》《东京每日新闻》等报刊上，近年汇编在汉译本《北方民族与萨满文化——中国东北民族的人类学调查》[6]一书中。另外，日本浅川田郎所著的《兴安岭之王》、永田珍馨著的《使马鄂伦春族》都是据田野调查写

①　史禄国，俄罗斯帝国科学院人类学家，俄罗斯人类学奠基者，现代人类学先驱之一，通古斯研究国际权威。
②　鄂伦春与鄂温克族。
③　其1912—1913 年在俄国贝加尔地区、1915—1917 年在中国东北地区进行民族志学、考古学和语言学调查。
④　史禄国：《北方通古斯的社会组织》，吴有刚、赵复兴、孟克译，49 页，呼和浩特，内蒙古人民出版社，1984。
⑤　凌纯声：《松花江下游的赫哲族》，南京国立中央研究院历史语言研究所，1934。
⑥　该书由中央民族大学出版社 1995 年出版。

成,也有少量的萨满教资料,其汉译本由内蒙古文化出版社出版。①
在这时期的民俗、文化或综合性的调查报告中,也有一些萨满教的
调查资料。

(二)20 世纪 50 年代中期至 60 年代初期

在 20 世纪 50 年代中期至 60 年代初期,国务院民族事务委员
会组织科学院、大学与当地政府有关人员对大陆的少数民族进行
了集中的社会历史调查。在阿尔泰诸民族的文化调查中多有萨满
教的内容。当时,在中国东北地区的满族、赫哲、鄂伦春、鄂温克、
锡伯、达斡尔等民族以及广布于三北地区②的蒙古族萨满教信仰仍
较普遍,在西北的维吾尔、裕固等民族仍有不少萨满教的遗存,但
这次田野调查的重点不在民族文化,所以萨满教的调查资料比较
简略。其调查成果陆续发表在上述民族的简史、简志、社会历史调
查与有关的《民族自治地区概况》等书中,并已于 20 世纪 90 年代
全部出版。其中某些调查成果写入了学者的著作中,如《鄂温克
族》③《鄂伦春社会的发展》④《鄂伦春人》⑤《萨满教研究》⑥等。

(三)20 世纪 80 年代初至今

20 世纪 80 年代初至今,中国的萨满教田野调查又掀高潮。这
个时期的萨满教调查可分为两个层次:

其一,东北、华北⑦、西北地区由国务院文化部主管的各省、自
治区的民族民间舞蹈、音乐、文学集成办公室,一般由相关协会和
艺术研究所成员组成,分支机构一直到县,连续十几年在当地搞田

① 该书由内蒙古文化出版社 1999 年出版。
② 东北、华北、西北地区的通称。
③ 该书为吕光天所著,由北京民族出版社 1983 年出版。
④ 该书为秋浦所著,由上海人民出版社 1978 年出版。
⑤ 该书为秋浦所著,由北京民族出版社 1981 年出版。
⑥ 该书为秋浦等著,上海人民出版社 1985 年出版。
⑦ 主要指河北省北部的承德地区、内蒙古中部地区。

野调查。调查成果中相当一部分内容与萨满教有关,从音乐、舞蹈集成的角度,拍摄了某些萨满教祭礼的影像与照片,这些资料比较珍贵。但遗憾的是这些资料没有系统整理出版,却被束之高阁。在民间流传较广的萨满教神话、传说、故事已被各省、地区、市、县的三套集成①的丛书收录,大部分已经出版。但相当一部分萨满神歌、神话是在氏族内部由萨满秘传的,又多是使用本民族语言,所以不深入调查难以发现。现已发现的萨满神歌,也因翻译的困难,大部分尚未整理出版。

其二,北京与三北地区的有关科研部门,如中国社会科学院、中央民族大学、吉林省社会科学院民族研究所和艺术研究所、黑龙江省民族研究所、内蒙古自治区哲里木盟艺术研究所等的有关学者与当地民族学者进行了较深入地调查。这个时期的田野调查持续的时间长且较为深入细致,有了不少重要的新发现与成果,如:西北地区新疆察布查尔锡伯族的清代《萨满歌》及图示,内蒙古科尔沁草原蒙古族萨满仪式的完整形态,东北地区满族的萨满神本②神话及相关的氏族宗谱;含有重要萨满教内容的创世神话《天宫大战》,萨满史诗《乌布西奔妈妈》,长篇英雄传说《东海沉冤录》《两世罕王传》《雪山罕王传》《漠北精英传》《萨布素将军传》③和《尼山萨满》;以萨满为主人公的英雄叙事诗,如赫哲族的《伊玛堪》、鄂伦春族的《摩苏昆》等具有反映萨满教典型仪式的纪录片 30 余部,相关的照片 10 000 余幅,手图 100 余幅及 100 小时以上的录音资料。另外还搜集到一大批萨满神服、神偶、神图、神旗、神器、神本

---

① 民间故事、寓言、歌谣的集成。
② 仅富育光、王宏刚等人的调查就发现了 40 余个满族氏族的满文神本。
③ 上述满族说部已列为国家非物质文化遗产保护项目,近年由吉林人民出版社陆续出版。

等文化实物。①　田野调查中的新发现成果被记载在相关著作②、调查报告③、论文和资料集④中。

值得提出的是,富育光的父亲富希陆及好友吴纪贤、程林元、郭荣思、郭文昌等满族文化人,于 20 世纪 30—40 年代,在瑷珲、孙吴、逊克等黑龙江沿岸地区对满、鄂伦春、达斡尔等通古斯民族的萨满教进行了深入、细致的田野调查,其成果记录在《满族神位发微》《瑷珲祖风拾遗》《富察哈喇礼序跳神录》《吴氏我射库祭谱》《瑷珲十里长江俗论》等调查笔记中,并传承给了富育光。

三、对四个满族氏族萨满教信仰形态的调查

1983 年,我们阅读了当代人类学创始人之一史禄国的著作《北方通古斯的社会组织》与《满族的社会组织》很受启发,他把人类学的出发点深植于人体的本身,把人的生物现象与社会文化结合起来,注重研究社会行为中的心理机制,他提出:"氏族组织的意识形

---

①　这些实物后来分别在吉林省伊通满族博物馆、内蒙古鄂温克旗鄂温克族博物馆和鄂伦春旗鄂伦春族博物馆、黑龙江省哈尔滨市黑龙江流域民族萨满文化展览馆和同江赫哲族博物馆、辽宁省沈阳故宫博物馆和赫图阿拉满族展览馆展示。

②　乌丙安:《神秘的萨满世界》,上海,上海三联书店,1989;富育光:《萨满教与神话》,沈阳,辽宁大学出版社,1990;富育光、王宏刚:《萨满教女神》,沈阳,辽宁人民出版社,1995;王宏刚:《满族和萨满文化》,北京,中央民族大学出版社,2002;孟慧英:《中国北方民族萨满教》,北京,社会科学文献出版社,2000;富育光:《萨满论》,沈阳,辽宁人民出版社,2000;王宏刚、荆云礼、于国华:《萨满教舞蹈及其象征》,沈阳,辽宁人民出版社,2002。

③　富育光、王宏刚:《大兴安岭鄂伦春调查》,载《世界宗教研究》,1990(3);石文炳:《满族的信仰与祭礼》,九台文史资料 1992 年内部资料本;宋和平、魏北旺:《瑷珲、富裕两地萨满文化调查报告》,载《民族文学研究》,1987(3),27 页;那良卿:《伊通纳音瓜尔佳氏家祭活动》,伊通文史资料 1993 年内部资料本。

④　《中国少数民族原始宗教资料集成》《鄂伦春萨满教调查》《英雄帕格欠》《满族石克特立氏萨满跳神映象文字本》《满族萨满神歌译注》《满族神话故事》《满族古神话》《尼山萨满传》《尼山萨蛮传》《锡伯族史》等。

态与满族所采纳的神灵系统密不可分。"①我们以后的调查②是基本沿此思路展开的。

自1983年起,笔者所在的吉林省社会科学院文学研究所东北少数民族文学与文化研究中心③对松花江上游地区④的四个满族氏族——瓜尔佳氏、尼玛察氏、石克特立氏、扈伦瓜尔佳氏进行了萨满教与氏族制度互动关系及演变的追踪调查。2001年夏天,我们在吉林市郊九站发现了扈伦瓜尔佳氏的最后一位氏族大萨满关云茹,以后又进行多次实地考察。

这四个氏族保存了自清初以来的完整宗谱,从宗谱记载看,这四个氏族源自建州、海西与东海女真三大部,在满族文化中有一定的代表性。四个氏族都有世代传承的木昆⑤萨满:瓜尔佳氏有关志远、关柏荣、关建华;尼玛察氏有杨世昌;石克特立氏有石清山、石宗轩;扈伦瓜尔佳氏有关云刚、关云章、关云茹。由木昆萨满传承下来了清代的满文神本⑥,以及神匣、神服、神鼓等萨满用具。他们的神本相当完整,如尼玛察氏神本有一百多页,不仅记载了萨满祭礼的程序,还有完整的神灵系统及相关的祷词、神歌。由于有了神本,他们的萨满祭礼能比较严格地按传统进行,反映出满族萨满教在清代的面貌。

瓜尔佳氏萨满祭礼中有祭农神、祖先神、鹰神、星神、司夜女神、柳始母神等仪式,这是经清廷规范化了的满族家祭,已没有舞蹈,但保留了立竿祭天、祭鸦雀女神与祭柳仪式。

---

① 史禄国:《满族的社会组织》,高丙中译,49页,北京,商务印书馆,1997。
② 王宏刚和合作者富育光、郭淑云、于国华、关小云、杜·道尔基、赵明哲、沈秀清、苑利、尹郁山、王海冬等人在东北地区进行了长期的田野调查。
③ 该研究中心于1981年成立,当时满族学者富育光为研究中心主任。
④ 主要指乌拉街、土城子、莽卡3个满族乡和九台市其塔木镇。
⑤ 满语:氏族。
⑥ 通称神谕。

尼玛察氏萨满祭礼有众多的动物神祭祀仪式,如祭鹰、蛇、蟒、野猪、虎、豹等,还祭几位祖先英雄神,如使双木槌治天花的山达哈女神、玛苏密舞蹈神等。尼玛察氏野神祭的舞蹈粗犷、强劲,供奉用树根刻制的五个神偶,保留了较多东海女真的原始文化。

扈伦瓜尔佳氏萨满祭祀远古祖先神、双马英雄神、氏族祖先神以及蟒、乌鸦、金虎等野神,保留了跳姑娘神的舞蹈。该氏族源自海西女真的辉发部,有原始萨满教向规范化家祭演化的过渡形态。

石克特立氏萨满祭礼分为三大部分:一是放野神,即祭 27 位动物神,其中有飞虎神、卧虎神、公坐虎神、悬犁虎神、金虎神、大黑虎神等6 位虎神,还有鹰、蟒、熊、豹、白水鸟、水獭等。二是放大神,即祭 35 位祖先英雄神,有手舞铜镜的大英雄神,率兵出征的勇士神,以及使用各种兵器的英雄神,还有萨满祖神①。三是家祭,即祭天、祭柳始母神、祭女战神、祭妇女保护神等。石氏祭礼已形成了长白山神系,反映战争的英雄神成为其祭礼的一大特色,表现了源自长白山建州女真进入部落征战的英雄时代的文化特色。②

当满语逐渐在生活中废弃后,这四个氏族祭礼中的神词、神歌仍全部用满语吟唱,他们保留了自清代以来完整的氏族制度,如仍有续谱、公选族长等仪式。

这四个氏族属于清代乌拉打牲衙门不同的八旗牛录,反映了清代满族八旗制度、氏族制度与萨满教的互动关系。我们还调查了这四个氏族近七十年来的人口分布、分支、迁徙、经济、公共墓地、婚姻等社会形态的变化。如今这四个氏族的老萨满都已去世,只剩关云茹、关建华两位木昆萨满,但杨静超、杨静凯、关长雄等新

---

① 如第一代萨满祖神崇吉德"跑火池"仪式,反映了他在火中炼成神的壮烈过程。
② 王宏刚等人已将这四个氏族的萨满祭礼拍摄成了纪录片:《满族瓜尔佳氏萨满祭祀》《尼玛察氏野神祭》《扈伦瓜尔佳氏萨满祭礼》《石克特立氏萨满祭礼》。

一代萨满已由氏族培养出来。1998 年，扈伦瓜尔佳氏举行了由新萨满主持的祭礼与续谱活动，并修建了新的萨满堂子。这四个氏族的萨满教可谓满族萨满教的典型。

为了了解萨满教对民族生活的整体影响，也为了理解萨满教产生、传承的历史、文化背景，我们对当地满族的衣、食、住、行、渔猎、农耕、商贸、节庆、人生礼仪、社会组织、语言、教育、体育、口承文学、音乐、舞蹈等民俗事项进行了系统的田野调查，并将其中一部分内容拍摄成纪录片与照片，如将满族驯鹰习俗拍成影像《海东青》①。调查的初步成果汇编在《满族风俗志》②一书中。

四、在萨满教中呼唤母亲神

1983 年初冬，笔者③与吉林省社科院文学所的相关同志在松花江上游采访了满族尼玛察氏大萨满杨世昌。当时已到子夜，我们请杨大爷唱一段萨满神歌。杨大爷说，现在正是黑夜，就唱一段《背灯祭》④吧。说罢，他净面、漱口，整理好衣服，端坐在炕上的凳子上，反背着双手，并扣上绳结，然后用纯正的满语唱了起来。唱到最后，"妈妈⑤耶……妈妈耶……"这发自心灵的呼喊，震动了采访者的心，眼泪也止不住流了出来。是啊，过去只看到过婴儿在母亲怀里吮奶，看到过受委屈的孩子扑到妈妈怀里哭诉，甚至看到过出远门归来的中年男子依偎在慈母膝下，但还没有看到过一位白发苍苍的老人对"妈妈"如此深情地呼唤。当时，我们真正感觉到这是人类在呼唤着自己伟大的母亲。杨大爷唱完后才把反背的双

---

① 1985 年在吉林省永吉县土城子满族乡打鱼楼村拍摄，1995 年获文化部一等奖。
② 王宏刚、富育光著，北京中央民族学院出版社于 1989 年出版。
③ 王宏刚。
④ 《背灯祭》是萨满教中的一个重要祭礼，主要请黑夜守护女神，此时要熄灭一切灯火，以恭请女神降临，故名。
⑤ 满语：奶奶。在萨满教中常作为女神的尊称。

手解开了。他对我们说："我这个侍神的小萨满①在日常生活中或者在祭祀中多有疏忽与不周之处，所以我要把自己捆绑起来，只有妈妈神才能原谅我，解救我。"这里蕴涵着多少对女神的崇敬与深情啊！

往昔，在黑龙江、松花江沿岸村落中，一间间明亮而又温暖的满族老屋里，悬挂着精美的婴儿悠车。悠车上挂着长辈及亲友们赐给的珍贵礼物——各种神偶及一些色彩斑斓的灵石、牙饰。这些神偶大多数是妈妈神，灵石和牙饰是她们的佩物。这一切寓意着酣睡的婴儿从小就受到了妈妈神的护卫和抚慰。

当孩子醒来时，摇悠车的老奶奶就会指着初升的太阳讲起舜妈妈②的故事。讲起拖亚拉哈③为人类盗来太阳神火的故事。讲起许许多多关于女神的神话传说。当孩子能满地奔跑的时候，他若向火堆撒尿，祖母或母亲就会告诉他，这里不能撒尿，因为住着火神妈妈，孩子若往江里或树根上撒尿，长辈也会告诉他，那里也不能撒尿，因为住着水神妈妈与树神妈妈。夜晚，孩子们聚集在一起，听爷爷讲"古趣儿"，其中许多都是关于妈妈神的故事。例如：天神妈妈阿布卡赫赫、地神妈妈巴那吉额姆和星辰妈妈卧勒多三姊妹，率三百女神战胜了恶神耶鲁里，开创了人类的美好世界。西伦④妈妈救下了雕神的儿子阿哩和虎神的儿子诺温，战胜了长白山恶龙，给人类留下了松阿哩乌拉⑤与诺温江⑥这两条大江。后来西伦妈妈到长白山寻找这两位战死的儿子，不幸死在泉水边。由于她的心永远是热的，把冰冷的泉水温暖了，她就成为温泉女神。这

---

① 这是萨满的自谦，在萨满神本中多有这样的记录。
② 满语：太阳女神。
③ 满语：满族萨满教中的盗火女神。
④ 满语：猞猁。
⑤ 满语：松花江。
⑥ 满语：嫩江。

些悲壮动人的妈妈神故事,反映了北方民族对故乡深沉的爱,歌颂了为集体奋不顾身的英雄主义精神,是对孩子们进行人生教育的第一课。众多的妈妈神——萨满教女神,犹如精神乳汁,滋润着北方各民族人民的心田。

据调查,萨满教存在于东北地区的满、赫哲、鄂伦春、鄂温克、达斡尔、锡伯族以及东蒙地区的蒙古族中,到中华人民共和国建国初年才开始式微,某些民族的萨满教祭礼一直延续到20世纪60年代,个别民族至今还保留着。在这些民族的萨满教圣坛上,许多古老的女神仍占有重要的位置,这是族众感到最亲切的神祇。不少满族、鄂伦春族、鄂温克族、达斡尔族的老萨满将他们的萨满祭礼称为"请妈妈神"。这些女神深刻地影响着他们的观念和生活。

从东北三省的学者们的许多田野调查资料中可以看到:在萨满教天祭、火祭、星祭、海祭、雪祭、柳祭的万神殿中,其主神是女神,重要的助神也多是女神,她们不仅孕生了这个生命世界,而且给这个世界带来了新的生命源泉,其形态或是太阳神光,或是圣火,或是"妈妈的水"——生命之水,等等。她们不仅统辖着苍穹,还统辖着人间,为人类创造着、奋斗着、拼搏着、忙碌着,甚至牺牲自己。值得注意的是,在一幕幕圣坛上的女神风景中,英雄的女神附体在女萨满身上——由女萨满以种种舞蹈、歌唱、神技、祭仪再现女神的象征形象。当然,在后世萨满祭礼中,女神也附体于男萨满(必须着女装的男萨满)①身上,是一种后期演变形态。在保留比较浓重原始意味的祭礼中,重要的女神都由女萨满来代表。

在参加祭礼的族众眼里,祭坛上神附体的女萨满是真正与他们同呼吸、共命运的"女神",众神偶是靠她们抹血才真正"活"起

---

① 不管是文字记载、博物馆的陈列物,还是我们亲眼所见的实物,萨满服饰几乎都是女式,都要穿神裙,戴妇女的某些佩饰,有的甚至胸前挂两个乳房象征物,以示女性。

来,瑰丽神奇的萨满神话靠她们"金子一样的嘴"的传讲才有了神
圣的宗教意义。从某种意义上讲,在萨满教圣坛——这人神共演
的宗教与文化的舞台上,女萨满本身就是神,因此,在萨满教圣坛
上出现女萨满神是必然的。

在萨满教的万神殿中,甚至不少显赫的男性大神也以女神为
渊源。女神崇拜是民俗"追太阳"①的精神起源,是北方古人类的自
由能动的社会本质的表现,是他们追求集体生命"增殖"的表达,是
人类母性的升华。可见,萨满教女神崇拜蕴涵着北方民族的深层
的文化精神。

呼唤母亲神,是人类童年时代②发自心灵的天籁之音。值得深
思的是,这种心声在萨满教里一直回荡到今天。因此,我们应该倾
听它、关注它、解读它。

五、天祭是萨满教成体系的标记

(一)天祭在萨满教中的历史地位

古人类主要以渔猎和采集为生。所以,学术界普遍认为:人类
最早的宗教信仰是动物崇拜,典型代表如费尔巴哈。但是,这仅仅
是宗教形成的一个方面,在某种意义上说,还不是主要的方面。

关于旧石器时代猎人宗教世界的最早的考古证据,可以追溯
到世界各地的史前岩画,如法国坎塔布连山脉一带岩画。③ 哈克尔
(J. Haeckel)提出:"原始猎人认为动物与人类很相似,且拥有超自

---

① 通古斯民族一种古老的民俗,即在婚礼中,新娘在前骑马快跑,新郎与一群小伙
子骑马在后面紧追,边追边喊:"抓住太阳,抓住太阳!"新娘就是太阳,追到了"太阳"新
娘,婚礼才告成功。
② 这里的童年时代指人类的史前时代,主要指母系氏族社会。
③ 约公元前3万年。见米尔恰·伊利亚德:《宗教思想史》,晏可佳、吴晓群、姚蓓
琴译,10页,上海,上海社会科学院出版社,2004。

然的力量;他们相信人能变成动物,反之亦然;死人的灵魂能进入动物体内。总之,某人与某个动物之间存在着某种神秘关系。① 至于狩猎民族宗教中对那些超自然生物的记载,我们发现有很多种类,如兽的守护神,它们是野兽的最高主宰,它们既保护猎物也保护猎人,丛林中的众精灵,以及各种不同动物的灵魂。"②

此外,狩猎文明还有某些独特的宗教行为模式。例如:宰杀动物成为一种仪式,这意味着他们相信野兽之主在监视着猎人,他只能为了食物而宰杀动物,而食物是不能浪费的。骨头,特别是颅骨有明显的仪式价值,这就是为什么颅骨和长骨被安放在树枝上或高处的缘故。最后,某些民族将宰杀动物的灵魂送往它的灵魂之乡,③至今仍有把每只宰杀动物的一块肉或颅骨和长骨献给最高神的习俗。而在某些苏丹民族(Sudanese peoples)中,当年轻人杀死他的第一个猎物后,会用动物的血涂抹在洞壁上。④ 类似的仪式与习俗在世界民族志中还有许多记载。

但我们认为:人类在漫长历史岁月的狩猎生涯中产生的动物崇拜仅是宗教形成的一个基本要素,实际上宗教信仰的形成是一个完整的思想与实践活动的体系——哪怕仅是原始宗教。作为地球北半部普遍流行过的原始宗教——萨满教形成的标记,是有统领地位的天神崇拜的形成,其萌生的现实生活土壤是人类母系氏族社会的确立。天神崇拜是母系氏族凝聚力的宗教圣化。

在阿尔泰语系诸民族的萨满教祭礼中,几乎都有祭天仪式与

① 这在过去被称之为"附兽守护神崇拜"。见米尔恰·伊利亚德:《宗教思想史》,晏可佳、吴晓群、姚蓓琴译,10页,上海,上海社会科学院出版社,2004。
② 米尔恰·伊利亚德:《宗教思想史》,晏可佳、吴晓群、姚蓓琴译,10页,上海,上海社会科学院出版社,2004。
③ 见阿伊努人(Ainus)和吉里亚克人(Giliaks)的"熊节"。米尔恰·伊利亚德:《宗教思想史》,晏可佳、吴晓群、姚蓓琴译,11页,上海,上海社会科学院出版社,2004。
④ 米尔恰·伊利亚德:《宗教思想史》,晏可佳、吴晓群、姚蓓琴译,12页,上海,上海社会科学院出版社,2004。

天神崇拜观念,这种崇拜观念是萨满教的主要宗教观念之一,渗透到萨满教其他形态的祭礼中,深刻地影响着当时的社会生活。由此,不少学者认为,萨满教具有一神教的倾向,是父系氏族社会晚期的一种自然宗教。我们认为:萨满教传承了众多女神——她们往往居于萨满教神坛的中心位置,在萨满教创始神话与萨满史诗中保留了三百女神神系,而且出现了生育宇宙万物、人类与诸神的女天神,并有相关的祭天仪式。可见,天神崇拜不是产生于父系氏族社会晚期,而是在母系氏族社会就有的形态。萨满教的天神崇拜是母系氏族社会凝聚力的圣化,标志着已有系统崇拜体系与观念的原始宗教的产生。

祭天是萨满教最古老的祭祀形式之一,古籍中多有记载,如《史记·匈奴列传》记载:匈奴人于每年五月"大会龙城,祭其先、天地、鬼神"。平时,"单于朝出营,拜日之始生,夕拜"。他们"举事而候星月,日盛壮则攻战,月亏则退兵"①。高车人遇到地震时,则"叫呼射天","旋即退去,待翌年秋高马肥之际重回原地,并由女巫主祭"。②古扶余人"以殷正月祭天,国中大会,连日饮食歌舞,名曰:'迎鼓',于是时断刑狱,解囚徒"③。高句丽人"以十月祭天,国中大会,名曰东盟"④。"秽……常用十月祭天,昼夜饮食歌舞,名之为舞在。""马韩人常以五月竞祭鬼神,诸国邑名以一人土祭大神,号为天君。"⑤鲜卑人与乌桓人都敬奉"天地日月星辰山川及先生大人有健名者"⑥。在维吾尔族英雄史诗《乌古斯可汗的传说》中对古代祭天仪式有较为详细的描述。

---

① 《史记》,卷一百一十,《匈奴列传》,2 892页,北京,中华书局,2006。
② 《魏书》,卷一百三,《高车传》,2 308页,北京,中华书局,2003。
③ 《三国志·魏书·东夷传》,840~841页,北京,中华书局,2005。
④ 同上。
⑤ 同上。
⑥ 《后汉书》,卷九十,《乌桓鲜卑列传》,192页,北京,中华书局,1965。

辽金时期的契丹人与女真人,不仅盛行天祭,而且以天祭作为国家盛典,《大金国志》卷三十五《礼志》载:"金因辽旧俗,以重五,中元,重九日行拜天之礼。""其制,刳木为盘,如舟状,赤为质,画云鹤文。为架高五六尺,置盘其上,荐食物其中,聚宗族拜之。若至尊则于常武殿筑台为拜天所。"《金史》卷二十八《礼志·南北郊祀》云:"金之郊祀,本于其俗有拜天之礼。其后,太宗即位,乃告祀天地,盖设位而祭也。天德以后,始有南北郊之制,大定、明昌其礼浸备。"说明金朝的祭天之典已庙堂化、制度化。党项人"三年一聚会,杀牛羊以祭天"①,这种古俗,在党项人建立西夏,信仰佛教后,仍沿袭很长时间。②

元代蒙古人也有隆重的祭天之礼,《元史》卷七十二《祭祀志》记载:"元兴朔漠,代有拜天之礼。衣冠尚质,祭器尚纯,帝后亲之,宗戚助祭。"这是帝后亲躬的国典。至清代,乾隆朝颁布《钦定满洲祭神祭天典礼》,以法令形式将萨满教的天祭规范化。

(二)近现代北方民族萨满教天祭形式

近世北方民族的萨满教祭礼中,普遍有天与日、月、星祭,有的民族保留了单独的祭礼,如蒙古族、裕固族、鄂温克族的祭天,鄂伦春族的日、月祭,满族的星祭等,有的民族则在综合性祭礼中保留了此类自然崇拜的祭礼。

现代裕固族民间尚保存着较为完整的祭天活动,每年农历六七月,家家都要请祀公子③祭天,祈求天神保佑全家平安。这种仪式要连续进行三天。

新疆哈密地区维吾尔族民间尚存祭天遗俗,在每年农历四月

---

① 《隋书》,卷八十三,《党项传》,397 页,北京,中华书局,1979。
② 史金波:《西夏文化》,61 页,长春,吉林教育出版社,1986。
③ 裕固语:萨满。

中旬的某一天,人们聚集在村外一个望不见村里树梢的特定地点杀羊祭天,以祈天福佑风调雨顺、年丰物裕、人畜安康。仪式主持人是伊斯兰教的毛拉或阿訇,而不是萨满。萨满教的天神崇拜掺杂了伊斯兰教的文化因素。

20 世纪 90 年代,敖鲁古雅鄂温克民族乡女萨满举行了"祭天仪式"。女萨满妞拉①穿好皮制的萨满服,手持椭圆形单面鼓,牵来了一公一母驯鹿,在撮罗子②旁的树干上拴好后,女萨满击鼓祝祠,说明了祭天的因由,和以什么色的驯鹿做牺牲等。接着杀驯鹿祭天,以驯鹿血涂抹祭鼓鼓面,祭台上象征性地摆好鹿头、四个蹄子③及一部分骨骼内脏等,表示以驯鹿祭天。之后女萨满时而坐地、时而起舞击鼓讴歌,请求天神保佑狩猎鄂温克人。祭天仪式持续至深夜。

近代蒙古萨满教天祭分"红祭"与"白祭"两种。"红祭"指杀羊血祭,是一种较原始的形式;"白祭"指用蒙古族的传统奶制品作为供品。在"红祭"中,要在院中插五色旗,以车为供祭台,台前点燃牛粪火一堆,主祭萨满持祭旗带领族众跪拜天神,叩九九八十一个头,对天致礼,同时按九数烧香,上供品。萨满杀牲时,刀刺入羊胸心窝,手伸入掏出羊心放在碗中,用带热血的羊心直接祭天。这时主祭萨满用神刀或神剑在羊身上指划,呼请天神,要把所有的天神都请到祭坛。祭天的祷词多称天为"腾格日包日汗"或"额其格腾格日",即"长生天""天父"。祭天的神歌中呼请"宝木勒",即"巴郭木勒·腾格里",意为"天上下凡的天神",颂词如下:

---

① 当时已 80 岁高龄。
② 东北狩猎和游牧民族的一种圆锥形"房子"。
③ 两前蹄摆在驯鹿头两侧,后双蹄摆在后面。

汗·霍日穆斯塔天啊！

请把天门打开吧！

汗·霍日穆斯塔天啊！

请把心扉敞开吧！

在圣·格斯尔汗①的时候，

出现了三尊宝木勒。

他是长生天的坐骑，

是我们花衣勃额的灵魂。

从天上雷鸣般降临的，

是下凡的汗·宝木勒父亲；

从天上闪电般降临的，

是下凡的后·宝木勒母亲。

有万劫不变的宝石宫殿，

有铜浇铁铸的四扇大门，

九层天的天帝啊！

尊贵的后·王母娘娘！

有万尘不染的圣洁宫殿，

有金雕玉刻的四个大门；

九十九层天啊！

神采奕奕的帖恨——三位女神。

有雄伟壮丽的水晶宫殿，

有描龙画凤的四扇大门；

三十三层天啊！

妩媚秀丽的帖恨——三位女神。

画在锦缎上的五彩尊神，

---

① 蒙古族史诗《格斯尔可汗》的主人公，传说中的古代民族英雄。

是敬仰的九尊宝木勒天；

用五色丝帛装塑的神灵，

是供奉的五尊宝木勒天。

驾着蓝云巡游的七尊宝木勒天，

是百姓敬畏的疯虎宝木勒天；

驱着闪电翱翔的五尊宝木勒天，

是万民信仰的疯虎宝木勒天。[①]

这一组萨满的重要守护神灵——"下凡天"，包含了八位重要的女天神，有如闪电般降临的宝木勒母神、尊贵的帝后，又有居九十九层天的"神采奕奕"的三位女神与居三十三层天"妩媚秀丽"的三位女神，说明在蒙古族的天祭圣坛上，古老女神仍有重要的地位。

(三)古代北方民族萨满教天祭形式

自古以来天穹崇拜对北方民族的影响深刻而久远。在成吉思汗的登基命名仪式上，萨满阔阔出代表天神宣称"最高的主让你统治大地，最高的主命你采用成吉思汗的称号"[②]。另一著名萨满豁儿亦也当众宣称"天地商量着国土主人教铁木真做"[③]。北方辽、金、后金、清诸朝代的年号不少以天冠首命名，如"天赞""天显""天会""天庆""天命""天聪"等。

史籍中关于北方民族大祭的记载十分简略，加之这些记载多

---

① 白翠英、邢源、福宝琳、王笑：《科尔沁博艺术初探》，116～117页，内蒙古哲里木盟文化处1986年编印的内部资料本。
② 拉施特：《史集》，第1卷第2分卷，余大钧、周建奇译，347页，北京，商务印书馆，1983。
③ 《元朝秘史》，第121节，207页，济南，齐鲁书社，2005。

是皇家贵族天祭活动的记录,因此,民间萨满教天祭详情不得而知,现通过几个传说或神话来窥见古天祭之一斑。

鄂温克族女天神埃涅坎神话:宇宙之神埃涅坎是鄂温克族圣坛上最重要的女天神,她的原始形象是一只巨大的母鹿,被画在中纽克扎岩画上。这幅岩画正是萨满上界与人类世界的分界线。在后世圣坛中,天神埃涅坎是一位年岁最大的驼背老妪,长着一副慈祥的面容,身着鹿皮长袍,头戴风帽,左手拿着一个装满毛线头①的小袋,右手拿着一根线头,随时赐给猎人。她不断巡视自己的领域,看看人们是否按照她的教诲去做,是否遵循宇宙之准则。她特别喜欢巡幸绘有岩画的石崖,因此,鄂温克人经常膜拜这些石崖,并向石崖祭献供品,以取悦女天神与她的助手们。她的主要助手是火神埃涅坎托戈,也是一位年迈的女神。还有一位助手是一切生物和人类的保护神——慈善之神瑟维基。关于瑟维基,一部分鄂温克人认为她是一位年岁很大的老妪,或是一头母驼鹿,或是一位天生丽质的鄂温克少女,总之是一位吉祥的女天神;也有一部分鄂温克人认为该神是一位年迈的老翁,或是一头公驼鹿,总之是一位男性神,这是远古女神到了近代演化的形式。此外,女天神埃涅坎还有一位重要的助手叫阿格迪神,即雷与闪电之神。许多萨满认为阿格迪神是保护神,随时可以帮助他们战胜凶神。② 雷电之神是女天神的助手,说明埃涅坎神的权威并不亚于古希腊奥林匹斯圣山上持雷电的男天神宙斯。

鄂温克人认为,月亮是埃涅坎神的一面镜子。月圆时,人们可以从月亮上看到女天神的形象,即月亮上的阴影。萨满的魂魄飞

---

① 象征兽类的灵魂。详见姚凤:《黑龙江沿岸通古斯满语民族鄂温克人与鄂伦春人的某些自然崇拜》,载《黑龙江民族丛刊》,1990(1)。

② 姚凤:《黑龙江沿岸通古斯满语民族鄂温克人与鄂伦春人的某些自然崇拜》,载《黑龙江民族丛刊》,1990(1)。

往上界请命时,就凭着这种形象去辨认埃涅坎神。鄂温克人是通过缅塔亚神来同埃涅坎神交往的。缅塔亚神偶用落叶松木杆制成,木杆的一端雕有一个简单的人头像,没有手与脚,另一端削成尖状,插入房门附近的土里,或吊在门上,或放在婴儿的摇篮里。他是女天神埃涅坎与人类保护神瑟维基之间的中介者,也是氏族、家庭与萨满的重要守护神,其神力来源于伟大的女天神。大部分缅塔亚神偶的头部涂以红色赫石或家畜的鲜血,①这是萨满教"以血荣魂"观念的表现,也是神偶生命力的象征。与鄂温克人相邻的鄂伦春人的天祭圣坛上,其宇宙主神、太阳神等都是女神,其观念、仪式与鄂温克人大致相同,故不赘述。

达斡尔人的祭天主要是祭拜"腾格尔"。在天祭圣坛上,主要有四位天神:天父"阿查腾格尔"、天母"额倭·腾格尔",公主天"达列·喀列"、官人天"诺托尔·诺颜"。这一组天神颇似一个家庭,而且男性天神已占主要位置,这是远古天神崇拜到文明时代以后的一种演化形式,但女天神仍然在圣坛上占有重要位置。下面是20世纪50年代记录的达斡尔人的一段祭天神词:

> 天父听听祷词,
> 天母了解缘由。
> 坐在根源的大公主,
> 用簸箕般的耳朵静听;
> 坐在角落的大官人,
> 用明亮的眼睛瞧着吧。
> 不是没有缘故地祷告,

---

① 姚凤:《黑龙江沿岸通古斯满语民族鄂温克人与鄂伦春人的某些自然崇拜》,载《黑龙江民族丛刊》,1990(1)。

不是没有灾害地答对，
为了遵守许过的愿。
在今天的日子里，
献祭你所需要的牺牲。
有像簸箕样的耳朵，
有像黑果样的眼睛，
有翻地的嘴巴，
有绶带般的尾巴，
有凳子般的腿子，
有叉子般的蹄子，
有黑呢绒般的毛，
有可爱肥壮的牲物，
供奉在你的面前。
夺取了它的生命，
把胸腔内脏高举起来，
给门神们告知，
和大门的天在一起，
把四肢的筋剔出来，
把横膈膜拿到外面，
把新鲜血涂在橥上，
把主要的骨骼摆左右。
和天娘娘在一起，
和神娘娘在一同，
在你的左右献祭酬谢，

供奉肩胛和尻骨。①

从神词中可见，天祭"不是没有原因的祷告，不是没有灾害的答对"，而是关系到氏族消灾灭祸、平安吉顺的重要宗教活动。虽然，天父排于神首，天母居其后，但女神公主天是"坐在根源的"，而男神官人天却"坐在角落"。这里"根源"一词，实际上透露出远古时期女神才是圣坛上的主宰。在神词的末尾，在欢呼"和天娘娘在一起，和神娘娘在一同"的祈祷声中，献上牺牲中最珍贵的部分——肩胛和尻骨。达斡尔族不仅有阖族隆重的祭天盛典，也有一家一户祈愿求福的小型祭天活动，说明他们的这种祭天仪式的形成相当晚了，但在其圣坛上，女神仍是其重要的崇祀对象。

蒙古萨满教的天祭认为天有若干层——有九层、三十三层、九十九层等不同说法，又认为各层处在不同方位，每位天神腾格里②各司一方之事。祭天祷词中常说："上天有九十九尊腾格里，下界有地母七十七层阶梯。"巴尔虎蒙古人则在这九十九尊之上又加上三尊："我东方的四十四尊腾格里，我西方的五十五尊腾格里，我北方的三尊腾格里③。"这些天神按照职能结合成一些固定的集团，如四角腾格里，即分管四个角落的四尊天神，还有风之五腾格里、闪电之五腾格里、八边天神、九尊怒神、七尊空中楼阁神，等等。一般来说，蒙古族天祭圣坛上，主要是男性天神，女神一般都归到地母神系统，但某些祭仪与神词仍可见到女天神的蛛丝马迹。在蒙古族的天神集团中，最著名的称为"阿哈·得古·也逊·苏尔德·腾

---

①　内蒙古自治区编辑组：《达斡尔族社会历史调查》，243～244页，呼和浩特，内蒙古人民出版社，1985。
②　蒙古语：天神。
③　同上。

格里",即"九个兄弟神",其中包括"巴图尔腾格里"①"岱青腾格里"②"基雅嘎吉腾格里"③"嘎尔腾格里"④"依达干腾格里"⑤"巴尔斯腾格里"⑥等,女萨满神是其中重要的天神之一。

蒙古族古俗,春秋两度举行天祭,后又以秋祭为重,从农历七月初七、初八开始,历时三天三夜,由"幻顿"⑦或"勃额"⑧主祭,同时还有许多勃额作为主祭助手,场面盛大。

(四) 萨满教祭天圣坛中的女神

从上述民族祭天圣坛的女神中可以得出以下几点:

第一,萨满教天神崇拜产生得相当古远,早期的天神为女神,表现了一种女性本位的社会观念,说明萨满教在母系氏族社会时期就相当成熟。

第二,在萨满教天祭圣坛上,已经产生了统摄寰宇的天穹女主神。这种宗教现象颇令人费解,因为人们往往认为大一统的天神产生于人类踏入阶级社会门槛之后,是人间帝王、君王在天国神界的代表,具有一神教的倾向,而母系氏族社会还没有社会的不平等与阶级分野的萌芽,因此这种女主神产生的观念与其社会存在相抵牾。我们认为,女天神的产生与她在圣坛上的重要作用,透露了人类早期社会的一个历史秘密,即人类社会形成伊始,就需要强有力的领导,而在人类社会的第一阶段——母系氏族社会,这种领导由女性来担任。因此,女天神不是后期人间女王的宗教化形式,而

---

① 蒙古语:勇士神。
② 蒙古语:战神。
③ 蒙古语:命运神。
④ 蒙古语:火神。
⑤ 蒙古语:女萨满神。
⑥ 蒙古语:虎神。
⑦ 蒙古语:即蒙古萨满中地位最高、法力最大者。
⑧ "勃额"或称"博",蒙古语,萨满之通称。

应视做女首领、女酋长历史作用的宗教升华。同时,女天神的产生并不意味着阶级分野的开始,实际上女天神往往同时兼创世神、始母神与文化英雄神,寓意对女性社会生活的重要作用与生育能力的崇拜与高扬。

第三,女天神神系往往是群体的,反映了母系氏族社会领导集团的群体性以及氏族成员之间的平等关系,这是母系社会必然产生的社会意识在宗教上的反映。

第四,女神存活到近世萨满教的圣坛上,说明女神崇拜影响的久远、重大与深刻,反映了人类文化传承的复杂性与连续性。

第五,萨满教中的"天神"崇拜及"女神"崇拜与古代西伯利亚语系、乌拉尔(Uralian)语系和芬兰 – 乌戈尔语系各民族的诸天神和退位神、潜水创造宇宙以及具有二元论特点的泥土硬化的神话有许多相似之处。[①] 例如:叶尼塞人(Yenisei)[②]的"埃斯"(Es),此名指"天"和"天神"[③]。阿努钦(Anutchin)认为,埃斯是"看不见的",因为从来就没有人看到过他,谁看到他都会变成瞎子。埃斯是宇宙的创造者以及主宰,他也创造了人类。埃斯善良,无所不能,但他对人类事务毫无兴趣,"把它们交给次要的神灵、英雄或是伟大的萨满去管"。他没有崇拜仪式,也不用向他献祭或祈祷。尽管如此,他保护着这个世界并且帮助人类。[④] 尤卜吉尔人(Yuka-girs)的"库德巨"[⑤](Kudjū)也是一位仁慈的神,但是他在宗教生活中不起什么作用。库尔雅克人(Koryaks)称他们的至上神为"那在

---

①　本部分内容参照见米尔恰·伊利亚德:《宗教思想史》。

②　包括凯特人(Kets),见米尔恰·伊利亚德:《宗教思想史》,晏可佳、吴晓群、姚蓓琴译,947 ~ 948 页,上海,上海社会科学院出版社,2004。

③　米尔恰·伊利亚德:《宗教思想史》,晏可佳、吴晓群、姚蓓琴译,947 ~ 948 页,上海,上海社会科学院出版社,2004。

④　米尔恰·伊利亚德:《宗教思想史》,晏可佳、吴晓群、姚蓓琴译,950 ~ 952 页,上海,上海社会科学院出版社,2004。

⑤　满语:天。

天上的""在天上的主人""监护者""存在者",[①]但他是很不主动的神。[②] 更重要也是更著名的当属萨莫耶德人(Samoyeds)的"努姆"(Num)。努姆居住在天上,掌管风雨,看见并知道地上发生的一切,赏善罚恶。努姆在创造了世界、生命与人类之后,就将他的法力委托给比他低级的神灵。努姆居住在第七层天,太阳是他的眼睛,无形无象,接受驯鹿的献祭。[③]

由此可见,在人类原始文化的萌生时期,在世界各地的原始宗教中,已经普遍产生了至高神,萨满教的女天神的产生是其中的典型事例之一,它表明了人类最初的社会组织——母系氏族社会已经确立,当时古人类所需的氏族权威已通过萨满教的天神祭祀仪式在意识形态上得以确立。

六、萨满教与氏族外婚

人类的先祖——类人猿就是社会性动物群。这种社会性为人类的社会性奠基,但必须经过质的飞跃,才能成为人类的社会性。这种历史性演化与变革的外在形态,就是从原始群团到氏族的产生。

让我们先来考察灵长类的社会性。理查德·利基在《人类的起源》一书中指出:灵长类学家现在知道,灵长类群体内部的结盟网是极为复杂的。[④] 了解这样一种错综复杂的网络是十分困难的,而这却是个体要取得成功所必需的。而且结盟关系的经常改变使

---

① 米尔恰·伊利亚德:《宗教思想史》,晏可佳、吴晓群、姚蓓琴译,956～960页,上海,上海社会科学院出版社,2004。
② 米尔恰·伊利亚德:《宗教思想史》,晏可佳、吴晓群、姚蓓琴译,961～964页,上海,上海社会科学院出版社,2004。
③ 米尔恰·伊利亚德:《宗教思想史》,晏可佳、吴晓群、姚蓓琴译,961～964页,上海,上海社会科学院出版社,2004。
④ 理查德·利基:《人类的起源》,吴汝康、吴新智、林圣龙译,113页,上海,上海科学技术出版社,2007。

得这个任务更为艰难。因为个体总是寻求改进它们结盟的势力，常常为了寻求它们自己的最大利益以及它们至亲的利益，不惜破掉现存的结盟并建立新的结盟，甚至发现与从前的对手结盟是有利的。群的成员因此而发现它们自己处于不断变化的结盟格局之中，就如同汉弗莱所说的社会的国际象棋比赛，在其不断变化的竞争中要求有敏锐的智力。

灵长类生物是典型的社会化生物。观察一个猴群，只需几个小时就足以了解社会性的相互作用对于猴群成员的重要性。已建立的结盟关系经常受到考验才得以维持下去，如探索新的结盟关系，在这种结盟关系中，朋友将得到帮助，对手将受到挑战，同时，为了个体得到交配的机会始终保持警惕等。灵长类之间的结盟关系是其社会性的表现之一。由此可以推断，人类先祖在类人猿时期就有了同样的社会性。

一般而言，灵长类以采集食物为主，偶尔捕捉小动物作为食源的补充，因此，食物的攫取还可以以个体方式进行，因此其社会组织的功能还是有限的。相比其他社会性动物群体[1]，灵长类的社会性有更多的智力因素，但与人类的社会性仍有质的区别。

人类最早的社会组织——氏族产生于狩猎时代。氏族的产生与人类体质的革命性变化有关。考古学、体质人类学的发现与研究表明，在旧石器时代晚期，人类已没有发情期[2]，这也就意味着人类成年人的性能力达到了"万物之灵长"的水平，由此，人类两性间最持恒、最亲密的感情——爱情有了发展的生物学基础，进而为社会学的氏族组织的产生与发展提供了重要的客观基础。

氏族组织，与其他所有动物群体有质的区别，它不仅是一个社

---

[1]　动物种群中相当一部分是有社会性的，小如蚂蚁、蜂类，大如狼群、象群等。
[2]　迄今 4 万年左右。

会性的生产、消费单位,而且承担着人类自己创造的文化的传承功能。此外,维护氏族外婚制度是其持久不衰、一刻不得松懈的文化功能——使人类健康繁衍,因此,氏族的延续与发展,需要意识形态的保障。

氏族组织的基础之一是婚姻关系的供奉与调整,具体而言,即维护氏族外婚制度的实施与传承。我们以史禄国《北方通古斯的社会组织》一书中对通古斯氏族的考察为例,来探索初民时期萨满教对氏族外婚制度的根本性影响。史氏指出:假设一个氏族人口众多,有一百名男青年必须结婚,可是已经同这个氏族有交换妇女关系的另一氏族能够结婚的姑娘只有五十人,因此第一个氏族必须从其他氏族中去寻找年轻姑娘。如果它能够在近似的集团中找到这样一个氏族,问题就解决了。如果找不到,或者那个氏族居住地很远,问题就很困难了,因而这个氏族或者有五十名男青年不能结婚,或者必须用其他办法解决。在通古斯人中,氏族内部是不许通婚的。当氏族一旦满足不了婚姻调整的实际需要,通古斯人即把一个氏族分为两个外婚制单位,这些单位又成为氏族。

从满族的实例中,也可以看到氏族形成的机制,它同我们在北方通古斯人中观察到的没有太大的不同。我们已经在通古斯新氏族形成的历史中看到,显然现在我们能够追溯出许多新氏族从老氏族派生出来的历史,从有些实例中各老氏族就是这样在两个世纪间派生出分支,由它们又派生出新的氏族,最后派生出新的家庭名称①。因此,如何将氏族的划分程式化、合法化的问题就产生了。在通古斯人中,社会生活是由习俗规定的,而习俗的建立已经超出了现在活着的人的记忆,于是它们就被设想为是由更高的存在,即神灵赐给人的,或者是由其他民族集团的风俗暗示的。如果要做

---

① 或者是氏族。

任何改变,通古斯人必须向那些更高的存在祈告,求得批准。这种更高的存在就是神,他是全能的、无所不在的、至高无上的,是生命和万物的本源。这位神在通古斯语中被称为布嘎(Bugabura),它同时也具有"场所""世界"等的意思。在满族中,这位神被称为阿布卡恩都利①(Apka Endure),即天神。这个称谓被同满族接触的某些通古斯人所借用。通古斯人在需要分开氏族时,要用一头驯鹿或牡牛作牺牲,向布嘎②献祭。

然而分开的氏族,因为存在着共同的氏族神灵而变得复杂,例如毕拉尔千中,人口很多的马阿卡基尔氏族,分出去了新氏族玛拉库尔③,他们对布嘎供奉了一头牡牛,形成了两个外婚制单位,但是神灵尚未分开,仍然不许通婚。以后萨满们将神灵分开了,因此新成立的单位的神灵,必须不离开他们的氏族成员,但是这个试验还没有完结,因为毕拉尔千还要在一定时间内看一看,神灵是否真的分开了,如果证明神灵已经分开了,即可通婚。

在库玛尔千中也有两个氏族处于类似的地位,玛纳基尔氏族与吴查特坎氏族已决定分为两个外婚制单位,但是尚未向布嘎供奉牺牲,因而不许通婚。④

这段民族志的田野调查资料非常重要,因为史禄国在20世纪20年代调查时,北通古斯人⑤仍然在大、小兴安岭游猎,他们的社会组织比较接近人类的原始状态。从中我们可以看出:古人类从原始群团到氏族的产生,是其社会发展的质的飞跃,是氏族外婚制度的确立,保障了人类的体质与智力有了可持续发展,体现了生物进

---

① 满语:天神。
② 又名"恩都利"。
③ 现在这个氏族人口也很多了。
④ 史禄国:《北方通古斯的社会组织》,吴有刚、赵复兴、孟克译,324~326页,呼和浩特,内蒙古人民出版社,1984。
⑤ 这里指鄂伦春人。

化的正确方向。同时,氏族外婚制度是氏族存在与发展的基石,而萨满教是其意识形态的根本保障。在萨满教的肇始期,其神系即氏族神系,成为生活中氏族区别的神圣标记。

七、萨满教中的图腾崇拜

"图腾"(Totem)为北美阿耳贡金人的奥季布瓦(Ojibwa)部族方言的音译。20世纪初才传译到我国,被我国学术界广泛应用。美国早期著名民族学家摩尔根认为:图腾是指"分化出来的部分各组成为独立的氏族","都依然保存着基本的氏族的名称作为他们胞族的名称"[①]。英国著名学者乔·弗雷泽认为:图腾既是亲属,又是祖先,为"他的亲族"和"他的图腾标记"。[②] 前苏联著名民族学家谢·亚·托卡列夫指出:澳大利亚南部和东南部的部落土著民众"通常将图腾称为'我的朋友'或'我的兄长''我的父亲',有时又称为'我的骨肉',即笃信自身与图腾之间存在某种血缘关系……甚至有似将自身与图腾视为一体者"[③]。这种原始图腾观念在中国源远流长。我国古籍文献中,很早就有以鸟为图腾的氏族记载。我国南方不少兄弟民族都有丰富的图腾神话和图腾实物。我国阿尔泰语系诸民族文化史亦不例外。

(一)萨满教图腾的产生及其初始意义

富育光曾经指出:萨满文化中保留有生动的原始图腾文化,在古代仍有相近似的图腾标志崇拜物,满族创世神话中有众多图腾

---

① 路易斯·亨利·摩尔根:《古代社会》,杨东莼、马雍、马巨译,162页,北京,商务印书馆,1977。

② J. G. 弗雷泽:《家庭和氏族的起源》,转引自何星亮:《中国图腾文化》,11页,北京,中国社会科学出版社,1992。

③ 谢·亚·托卡列夫:《世界各民族历史上的宗教》,魏庆征译,47页,北京,中国社会科学出版社,1985。

文化的影子,最多者如柳、喜鹊、乌鸦、小海豹、苍鹰、蟒蛇等。某些满族古姓出自古代图腾徽记。从清光绪末年特尔胤所撰《瑷珲副都统辖地满洲姓氏索实录》中可知:满族钮祜禄氏,满语意为"狼",以"郎"字为姓①,也就是氏族徽号;尼玛哈氏,满语意为"鱼",以鱼为氏族姓氏徽号;富察氏,满语称为"佛多赫",汉语意为"柳",以柳为氏族姓氏徽号;代敏氏,汉语意为"鹰",多以鹰为氏族姓氏徽号。可以看出,满族部分古姓源流多以与本氏族有血缘关系的动植物为图腾徽记,沿袭为姓,将某些动植物看成自己远古的祖先,并以萨满神柱形态表现出来。

西北印第安人每个部落都有自己共同的祖先,而这种认识一般都来源于古老的萨满教神话。每个氏族是一个血缘集团,以图腾为代表。他们认为自己与某种动物有着密切的关系,而把它看做和自己有血缘关系的祖先,如生活在北部夏洛特皇后岛的海达部落,由两大氏族组成,他们的图腾一个是鹰,另一个是乌鸦。而东部的钦西安人部落有四大氏族,他们的图腾分别是狼、鹰、黑熊和乌鸦。每个氏族都有自己的语言名称、故事、传说和舞蹈,而且视这些东西为神圣,认为他人不得模仿。②

这个传说明确地指明图腾的初始意义,就是禁止氏族内婚。在满族古婚俗中,成熟的男女青年经过一系列奇特而庄重的萨满教仪式后,由萨满在他们的背、腹或腿部刺刻氏族图腾的图案。以后,他们就有觅偶择婚的权利。但是,当热恋中的男女青年一旦发现身上文身是同一图腾图案时,就会毅然决然地挥手而去,决不回头,无论当时有多么痛苦。这就是图腾的力量。图腾是人类克服

---

① 满语称"哈喇"。
② 高小刚:《图腾柱下:北美印第安文化漫记》,102～104 页,北京,生活·读书·新知·三联书店,1997 年。

近亲结婚的一个胜利的里程碑,是氏族产生的标志,是世界各民族都曾存在的文化现象,尽管其形式千差万别。

图腾的产生,是初民对男女交合与生育的关系有了一定认识的标志。否则,初民何以实现族外婚?但是,图腾的存在又揭示初民对人类生殖奥秘的认识还有很大的不明确性与神秘性。图腾是作为血缘标志而诞生的,在现实生活中,图腾成了氏族各方面的标记与象征。黑格尔说:"在古代的富有弹性的整体里,个人不是孤立的,而是他的家族和他的种族中的一个成员。因此,家族的性格、行为、命运就是每一个成员都有份的事。"①在初民时代,氏族是每一个成员须臾不能离开的生存母体,作为氏族的标记——图腾就有了保护神的意义。突厥人在军旗上绣绘图腾——狼头,成了勇敢与胜利的象征,就含有这种宗教意味。随着祖先崇拜的萌生与发展,图腾又成了祖先的象征,这样图腾便有了某种生殖功能。初民在生活中看到,有的男女初交后,很快就怀孕,有的过了相当长的时间才怀孕,有的压根儿不怀孕,这是为什么?他们要追寻生育中更根本、更神秘的第一因,当时,他们无法得到科学的解答,只能把第一因归结于蕴涵万千的图腾神。因而萨满教中许多狼交、虎交、熊交等的神话故事问世了。

(二)萨满教祭礼与神话中图腾崇拜

西北印第安人把图腾精心雕刻在整根两米以上甚至十几米高的杉木上。杆粗可容一人合抱甚至几个人合抱。这种刻有本部落图腾形象的图腾柱,带有宗教意义,在祭神活动和其他仪式中被竖立起来,神圣而威严。一个印第安人通常从用乌鸦或鹰作项饰的图腾柱开始,能追溯出图腾主人的家世和显赫功绩。

---

① 黑格尔:《美学》,朱光潜译,1 卷,241 页,北京,商务印书馆,1979。

满族某些姓氏谱牒、族训、萨满神谕中记载,各部早年都惯于在久居地,将本氏族引以为荣的英雄史诗和氏族发祥神话,刻制成高大而独有特色的神柱。为了醒目惑人,神柱不仅仅用一棵粗壮笔直的松柏,而常与槐、柞、榆、柳诸木相嵌垒,合镂而成,筑做本部徽号和标志,巍然豪壮。在《太平御览》等中国古籍中,有满族先世肃慎人"虽野处而不相犯"的记载,说明远古各部互相自别于他部的方法,就是严格划定捕鱼、牧猎、采集之域,高竖本部图腾神柱,恪守一方,虽同川而浴,互不相扰。所竖立神柱,均依萨满祭礼,使神柱尤具神圣性,护佑阖族,邪恶不敢侵。《吴氏我射库祭谱》①云:"古者为祭,崖木奇巅,百祭不怠。"可见,最初的神柱就是自然界实体,不重雕饰。后世发展中,越来越希求奇美。

满族徐姓《萨满神谕》中记载:"祖居于萨哈连(黑龙江)支流安班刷迎毕拉(大黄河,今俄境结雅河)石洞沟地方,远古栖古洞幽居,受日阳而生人,周身生毛,繁衍为洞穴毛人,随年月日久而人齿日盛,便是黄河古洞人,后成部落。太祖北伐,萨哈连部达率族人归服,随征战萨哈连,移居朝阳、苏登、古沟地方,姓奚克特哈喇,汉音为徐姓,隶正红旗虎可舒牛录统辖。"该氏族南迁后,仍祭石洞,在其祖先神匣内恭放三枚白卵石,传言为远世萨满南迁时从石洞带来,世代恭祀不已,已逾二百年。祭时,族人向白卵石叩礼,萨满颂道:"妈妈的祖石,母亲的祖石,光明的祖石,生命的祖石,万代开基的母石神祖。"显然,白卵石作为氏族始母是图腾女神。满族石克特立氏祭,称柳为"石姓始母",东海库雅拉人称柳为"东海肃慎公主",都是将柳奉为图腾始母神,其宗教意味与徐姓白卵石一样。

牡丹江《富察哈拉神谕》记云:"在古老又古老的年月,我们富

---

① 满族萨满教族传史料。

察哈拉祖先居住的虎尔罕毕拉①突然变成虎尔罕海,白亮亮的大水淹没了万物生灵。天神用身上搓落的泥做成的人只剩下一个,他在大水中随波漂流,眼看就要被淹没。后来,柳枝载着他漂进了一个半淹在水里的石洞,化成了一个美丽的女人,和他交媾,生下了后代。"柳图腾救了其先祖,图腾担当了氏族守护神的职责。有趣的是,在神话中,柳图腾痛痛快快地变成一个美丽的女人,与幸存者交媾,繁衍出后代,其氏族始母的身份再清楚不过,当然受到其儿孙们年复一年的祭供。

在徐姓石图腾神话中有一个情节引人注意,即石头是"受日阳而生人"。阳光乃是生命之本源。高句丽、契丹始祖都是感日光而孕,某些氏族起源神话也强调太阳的重要作用。《蒙兀儿史记》载:土伯特智固木赞博汗之福晋(王后)云:我从前生博罗咱时,夜梦白色人同寝。迨后产一卵。此子出卵中,观此,当是一有福佳儿。这里,太阳神已化作白色人与福晋同寝,方孕生土伯特氏族之后人。天女佛库伦生爱新觉罗氏始祖布库里雍顺的水池,"池通于鸭绿、混同、爱罅三江。其发祥之地在山上日出之方"②,寓意太阳的神秘作用。列维·布留尔说:"原逻辑思维本质上是综合的思维。"③神话就是一种原逻辑思维,这种综合思想的特点,就是追溯事物的"第一因",即事物的神秘方面。因此,初民在思考人类生育的原因时,比今人要复杂、神秘得多,排斥了其神秘的因素,就很难真正解译开神话所包含的历史文化之谜。

柯尔克孜族源神话说:"古代柯尔克孜人曾受到一次突发的空前规模的战争浩劫,那次洗劫,使整个柯尔克孜人濒于灭绝。当

---

① 满语:小河。
② 蒙文原:《蒙古逸史》,陈任先译,58 页,台北,广文书局,1976。
③ 列维·布留尔:《原始思维》,丁田译,45 页,北京,商务印书馆,1985。

时,有一男一女两个孩子进山采集,幸免于难。等他俩回来时,家乡已经尸横遍野,血流成河,一个活着的人也没有了。一只母鹿将他们带到山里,用乳汁养育他们。他俩长大后,结为夫妻,繁衍了后代。"①这是一个民族再生型神话。在神话中,古老的图腾母神——鹿兼有守护神、拯世英雄神的神格。在柯尔克孜族中至今仍有"布库"——鹿部落,神话中的母鹿是该氏族的远古图腾。随着神话的传播,今天的柯尔克孜族都敬崇鹿母神。

鄂伦春族神话说:"很久以前,一位中年鄂伦春妇女,右手戴红镯子,进山采野物,天黑迷路,遂变成熊。数年后,她丈夫进山打猎,见一只熊正在吃都柿②,遂开枪将其击毙。当剥皮时,发现熊的前肢有一硬处,插不进刀子。原来,那上面是只红手镯,细细察看,正是他妻子戴过的。从此,熊被鄂伦春人视为祖先。"又有神话说:"古时,一位猎手'莫日根'③为一头母熊所获,禁于洞穴中,数年后,得一幼仔。有一天,莫日根趁母熊外出觅食,逃到江边,登木舟顺流而下,母熊发现后,急携幼仔追赶,一路奋力呼喊,劝其归还,猎人不予理睬。盛怒之下,母熊将幼仔撕成两片,一片投向生父,一片留下养育。日后,随母者化为熊,随父者即成为鄂伦春的祖先。"④神话中的母熊是鄂伦春族的图腾始母神,今天兴安岭的鄂伦春族仍有敬熊之俗,一般禁猎,如有特殊情况打死了熊,抬进村寨时,族人齐学鸟叫,意思是告诉熊,是鹰或乌鸦把您给打死的,不是我们鄂伦春人。食熊后,要将其像人一样风葬,并唱葬熊歌。⑤ 一

① 多里昆·吐尔地:《鹿妈妈》,见《中国各民族宗教与神话大辞典》,北京,学苑出版社,1993。
② 东北的一种野果。
③ 鄂伦春语:勇士。
④ 马名超:《熊变人》《熊与猎手》,见《鄂伦春族民间故事选》,隋书金编,上海,上海文艺出版社,1988。
⑤ 据关小云的鄂伦春族文化调查资料。

般不直呼其名,而以长辈亲属称之,以示敬意。在鄂温克及远东民族中,多有熊崇拜的礼俗,可能与熊图腾有关。

哈萨克族有天鹅神话,其故事说:"远古时候,一个勇士在战斗中负了伤,被困在戈壁上生命垂危,一只天鹅飞来把他引到清泉边。勇士解渴后,伤口痊愈,天鹅变成一个美丽的姑娘和勇士结婚,生了一个儿子,起名'哈萨克'。哈萨克长大后娶妻,生了三个儿子,其后代繁衍,成为哈萨克的三个'玉兹'①。"②氏族始母神在危难时刻救了英雄,并与英雄成亲,繁衍出一个英雄的民族,当然受到全民族的敬重。哈萨克人自古把天鹅视为圣鸟加以崇拜,禁止捕杀。哈萨克萨满身披天鹅翅膀,以从始母神中获取神力。神话中,天鹅化成一个美丽的姑娘与勇士成亲,与满族神话中的柳枝化为美女如出一辙,表明随着人类对自然征服能力的提高,人在神话中的地位也上升,图腾神逐渐变成了人神,民族始祖开始由人神来担当了。

在东北亚、北亚地区的萨满教中熊崇拜是普遍的文化现象。在满族的火祭、雪祭、野神祭中,熊神都被视为神力非凡的守护神。在通古斯、古亚细亚语族的某些民族中曾流行过熊节。在鄂温克、鄂伦春等民族中保留了古老的熊祭。

20世纪初,黑龙江流域的赫哲人曾经常举办熊节。据当代民族学家梅利尼科娃考证:那乃人(俄罗斯人对赫哲人的称呼)举办熊节,这种祭祀活动可以使被打死的熊起死回生。熊节的意义是通过一定规则进行的杀熊、吃熊仪式,能把熊的灵魂送还给"森林人",那重返自己世界的熊,能够把所有给自己的食物和礼品带给

---

① 哈萨克语:部落联盟。
② 别克苏勒坦:《天鹅女》,见《中国各民族宗教与神话大辞典》,北京,学苑出版社,1993。

"森林人",熊在沿途洗掉身上的污泥,变化自己的身躯,成为"森林人"。当他见到其他"森林人"时,就会向其描述熊节的盛况。如果一切都按规则进行,那么"森林人"会感到满意,就会给人带来好运。为了举办熊节,人们得把小熊养两至三年,有时养五年。通常养熊的一家是那一年死者的亲属,其目的是为了纪念死者。熊得到很好的照料,人们精心地喂养它们,每月给熊洗澡两至三次。冬天给它们准备一个暖和的木墙围栏。熊住的木墙围栏是养熊家族的私有财产,只有家族的成员才能管理。这木墙围栏一般放在家族成员中年龄最大的长者居住地,其他家族的人和妇女严格禁止靠近和接触它。

熊节持续的时间一般为 7～17 天。熊节经常是从狗拉雪橇比赛开始,赛后做一种叫"莫西"的民族饭,招待客人。人们牵着熊走一家又一家,男子进行一种特殊比赛——跳熊脖,看谁有劲,比谁灵活。杀熊场地设在离村庄 200～300 步远的地方,用树干、木杆做场地装饰。在杀熊之前,用画有熊图案的专用长柄勺把熊喂好、饮好,让熊在河的冰窟窿周围走一圈,然后举行迈门槛的仪式。杀熊的场地只允许男人去,不允许女人去。第一支箭先射到熊的上方树上,象征扫清熊归熊国的道路;第二支箭才能射死熊。在熊节结束时,大家一起围坐吃熊肉,比谁吃得多。熊节后,要把所有的熊骨头收集起来,葬在树上。如果不这样做,熊就不能死而复生,不能回到"森林人"那里去。通古斯民族中流传着熊变人、人熊结合的神话,说明熊曾经是该地区某些氏族的图腾。

北方民族萨满教崇拜虎、熊、狼、豹、野猪等神兽,如突厥语、蒙古语诸民族崇拜狼,相当一部分民族将其作为始祖,并把它看做是民族的象征;通古斯语诸民族普遍崇拜虎,鄂伦春族中的某些氏族将虎作为图腾,对虎用长辈的称呼,满族、赫哲族的萨满教大型祭祀中常祭虎神,石克特立氏萨满祭礼中有六位虎神;通古斯民族将野猪看做是勇士的象征。

八、萨满教与北方民族心理素质

萨满教女神崇拜不仅将史前人类的文化成果传承到文明时代,而且将其基本精神——集体英雄主义,通过圣坛与神话传承至近世,对北方民族的心理素质——民族性格的塑造起到深刻、持久的作用。

（一）男神对女神的承继

萨满教在进入文明时代以后,女神崇拜并没有迅速颓衰,其文化传承的作用仍很重要。到了近代,不少地区与民族的萨满圣坛的重心已转到男神崇拜,女神崇拜所传承的文化内容主要侧重于孕生、育子、保健、医学、天时、艺术等方面,但女神崇拜的基本精神——集体英雄主义不仅仍被活在圣坛上、神话中的女神传承下来,而且被女神的后继者——男神承继下来。

在近世萨满教神话中,有一大批男英雄神。例如:满族的三音贝子,他为人类套掉了七个多余的太阳;塔吉克族的英雄神鲁斯塔木,他为人类驱除黑暗魔鬼,身经百战,屡建奇功;维吾尔族的英雄神艾里·库尔班,他曾与恶龙相搏,斩断龙首,消灭了吃人的魔鬼;锡伯族的祖神海尔堪,他庇护族人放牧、狩猎不受邪侵;鄂伦春族的天神恩都力,他教人类制弓矢,打败了群魔,使人类得以安生;鄂温克族的巨人神来莫日根,他发明了弓箭,教人类学会了狩猎,并打败了独眼巨人;裕固族的英雄神贵依斯貂尔,他为了给人类寻找火种,与三头妖搏斗而牺牲,使裕固族有了火种;赫哲族英雄神西尔达鲁莫日根,他降伏了乌鲁古力①、长角鹿,战败了凶恶的山主;蒙古族的射日英雄神额尔黑蔑尔根,他因没射掉第七个太阳,切掉了自己的拇指……这些男英雄神所具有的英雄气概、牺牲精神与女神的英雄主义是一脉相承的。这种英雄主义的性质是集体主义的,又有明显的人本主义倾向,确立了氏族成员内部平等的社会原则,规范与协调了世俗生活中的人际关系。在史前时代,它促使氏族整体权威的确立,促进了初民社会性的形成与发展。在文明时代,它维系着宗族内部的感情纽带,缓解了由阶级差别与财富多寡带来的人际关系的紧张与冲突。

（二）萨满教与阶级分野

以封建文明已高度发达的满族为例,清代满族实行八旗制,八旗制已是等级森严的封建军政制,不仅人们社会地位差别悬殊(有贝勒②、额真③、披甲④、包衣⑤之分),而且贫富差别巨大。但与八旗制并存的是穆昆⑥制,其族长是民主公选的。尤为重要的是,该氏族的精神代表——萨满,或是"神选"的——一种萨满传承的古老方式⑦,或是公共推选的,推选的标准是被选者的品行端正,聪明伶俐,并不考虑其尊卑、贫富。在部落时代,萨满往往兼酋长;在文明时代,萨满往往由平民——普通劳动者担任。在阖族共祀的萨满祭祀中,在这些古老的女神、新兴的男祖神、瞒尼⑧神前,氏族成员仍是平等的,没有一位王爷或将军能在祭祀中妄称自己是天神或

---

① 赫哲语:黑。
② 满语:一种贵族爵位。
③ 满语:主子。
④ 满语:士兵。
⑤ 满语:家奴。
⑥ 满语:氏族、宗族。
⑦ 金启孮:《满族的历史与生活(三家子屯调查报告)》,67～69 页,哈尔滨,黑龙江人民出版社,1981。
⑧ 满语:英雄。

祖神的骄子而高人一等。相反,他们会谨遵古俗,恭听萨满的神谕。所以,在萨满祭礼中充满平等、祥和、庄重、喜庆的宗教气氛,这无疑对缓解日常生活中的阶级冲突、经济矛盾有积极意义。当然,它不能从根本上铲除阶级的分野与社会财产分配的不均。

（三）萨满教对北方民族的历史影响

萨满教最重要的历史文化意义,是对进入文明时代后的北方民族心理素质的形成仍有重要影响。请看民族学家在实地调查中对北方民族心理素质的观察:

俄国著名民族学家史禄国在其代表作《北方通古斯的社会组织》①一书中有对通古斯人的性格的考察与认识,因原文相当周详,这里只能节选。

一般说来,通古斯人被认为是一个具有高尚精神力量的民族,这可以从满族中曾经出现过诸如努尔哈赤、康熙等坚强的通古斯人物而得到间接的证明,在女真族中也有许多类似的人物。

对知识的热爱,好钻研以及好奇心强是通古斯人的一般特征。不论男女,这些品质都是他们必须具备的。……通古斯人将自己的任何行为都看做是很有社会意义的行为。这样一种意识具有明显的民族性,其原因虽然是多方面的,但主要原因是通古斯人生活在氏族中,离开了氏族就不可能生存。通古斯人已将这种性格发展成一种特殊形式,即将客人当成自己单位成员的那种无限殷勤好客的风俗,自然是由于通古斯人自己在流动生活中时常需要他的部族人的帮助,因而这种风俗是必要的。

通古斯人非常嫌恶阿谀奉承,既不想奉承别人,也不愿别人奉

---

① 史禄国:《北方通古斯的社会组织》,吴有刚、赵复兴、孟克译,251 页,呼和浩特,内蒙古人民出版社,1984。

承自己。通古斯人并不傲慢,他们虽流露出自尊和自信,但对任何人都抱非常淳朴的态度。

通古斯人非常正直、有礼、有魅力、殷勤周到,极少粗鲁和粗野,令人生厌也很罕见;他们永不贪心,永不怯懦,永不背叛。

对通古斯人个性的描绘,还应当加上一点,即他们性格的这些特点还产生于固定的正义观念和公平的概念,高度发展的个性意识,有时骄傲,但绝非无礼的傲慢。因此,当一个通古斯人认为自己正确的时候,不管有多大的压力,他将坚持自己的想法。

通古斯人通常不喜欢说谎的人。说闲话被认为是最令人讨厌的行为之一。

通古斯人通常并不是残暴的,他们厌恶任何形式的残暴,不论是肉体上还是精神上,也不论是对其他通古斯人,对动物,还是对其他民族。

通古斯人易于受强烈情绪的感染。情绪是萨满教的基础,非常强烈的情绪感染力吸引着通古斯人。情绪可以表明通古斯人的许多态度,尽管通古斯人克制自己,可是他们的表情还是明显的。

对美好物品的喜爱也是通古斯人的性格特征之一。通古斯人通常非常喜欢美好的食品、漂亮的衣料和一切美好的东西。……营地的选择在很大程度上要依斜仁柱①和营地附近的景色而定。他们非常欣赏美貌的男子和妇女。通古斯人喜欢各种娱乐。他们的一般想法是,人应该尽量使自己的生活过得快活一些。他们也能适应必需品与社会规定的限制。在通古斯人的爱好中最使他们动心的是对性的乐趣的爱好,无论男女都受它的支配。通古斯人

---

① "斜仁柱"是鄂伦春人传统的居室,圆锥形,用几根顶端带杈的树枝交叉搭成支撑架,然后再搭上几十根木杆,围成圆锥体,外面或覆盖狍皮围子或覆盖桦皮围子。门上挂狍皮或柳条门帘。

并不认为这是应该受到谴责和非议的,如果不违反社会规定,即认为是自然的、正常的。

通古斯人的自豪感很强,所以竞争精神高度发展。男子为自己在狩猎中的成就,为自己具备应有的各种本领以及为自己的身高、臂力、体质,为自己的容貌、智慧和道德品质以及有耐久力等而骄傲。通古斯男人知道自己的本领,但并不在那些缺乏这些本领的人面前显耀。在体格、精神和道德方面出类拔萃的人,对待别人也采取保护性的而且非常平易的态度。妇女为自己的女性才能而自豪——如治理家务井然有序、精巧的手工、有良好的子女和儿媳、称心如意的丈夫、自己的美貌以及母性的品质等。一般来讲,由于通古斯人的心情主要是开朗和愉快的,他们愿意在社会生活中取得成功。不论男、女和儿童,对待生活的态度都是乐观的。他们以极大的精神力量——宿命论度过艰难时期并尽力忘却困难时期,只回忆自己一生最愉快的时刻。①

在大量的民族材料中,民族心理素质调查内容往往空缺,或者只有零散的记录,因此,史禄国先生对通古斯民族心理素质、性格特征的详细而又比较完整的调查与考察就显得特别珍贵。

前苏联学者 B.阿尔先尼耶夫在《林中人——乌德赫》一书中指出,"乌德赫人②特别善于同大自然作斗争,真令人震惊。猎取猛兽是他们经常的活动,暴风雪、洪水是经常面临的生命危险。这一切,锻炼了他们的机智和主动精神。如果认为乌德赫族妇女由于留在家里,就失去了主动精神,不善于同大自然作斗争,那就错了。在这方面,她们同自己的丈夫相比,也毫不逊色。乌德赫人小心谨

---

① 史禄国:《北方通古斯的社会组织》,吴有刚、赵复兴、孟克译,256页,呼和浩特,内蒙古人民出版社,1984。
② 乌德赫人分布在俄罗斯西伯利亚乌苏里江和黑龙江右岸地区。

慎,沉默寡言,为人深沉,具有非常坚强的性格。他们说话温和,简单明了。与此同时,乌德赫人还热情奔放,想到做到。"

"乌德赫人没有自私自利的思想,不管给他们什么好吃的东西,他绝不肯独自享用,他自己尝一尝,就分给了周围的人。乌德赫人关心人家的利益和需要,就像关心自己的一样。如果自家家里的粮食不够了,他就到邻居家去取,因为他知道,无论什么时候,都不会遭到拒绝。甚至在小事情上,乌德赫人也都很关心邻居,哪怕他们是异族人。如果住在同一条河上的邻居,很久没有消息了,那么他们就要让家里的人去打听,邻居家安好吗? 发生什么事情没有? 需不需要帮助? 还应当提一提乌德赫人的殷勤好客。这个习惯促使他们关照所有的旅行者。首先要请客人喝茶,吃鱼干、肉干;客人不需照看狗,主人会好好地喂它。晚饭后,妇女会给客人烤干衣服,仔细看看靴子,哪里破了就予以修补,或给换上新的,而给最年轻的妇女垫上新草,并准备好衣服。"

"乌德赫人的诚实朴素十分令人感动。有一次,在库逊河畔,一个乌德赫人在小道上行走,那里有俄罗斯人铺设的捕捉器,他忽然发现,有个捕捉器卡死了一只貂。他把捕捉器拾起来,取下貂,用桦树皮包好,挂在树上,等候俄罗斯人来取,随后,又把捕捉器安放好,以免空着。在这件事上可以看出,他们是如何关心别人的利益,甚至还关心使他受委屈的人的利益。"[1]乌德赫人的心理素质、性格特征与史禄国调查的通古斯人是十分接近的。

多年来,我们在东北三省、京津地区、河北承德地区等满、蒙、朝鲜、锡伯、赫哲、鄂伦春、鄂温克、达斡尔等北方民族聚居地进行了较长时间的调查,据我们对这些民族心理素质、性格特征的考

---

① B. 阿尔先尼耶夫:《林中人——乌德赫》,蒋秀松译,97~99页,符拉迪沃斯托克,1926。

察,结论和上述民族学家论述的相近。一般说来,北方民族对外来的客人慷慨热情,坦诚无私,古道热肠,这方的感人的事例多得不胜枚举。他们对故乡、对自己的民族十分热爱,有很强的群体意识,自尊自强,勇毅刚强,敏慧好学。当然,北方民族的经济文化发展并不平衡,接受外来文化的程度也不划一,加之地理环境的差异,其民族心理素质、性格特征也存在差别,但上述特征却普遍存在,可视为共性。

如果将北方民族心理素质的基本特征与萨满教女神的基本品格一一对照,就会发现两者十分相似,十分接近,这并非是一种偶然的巧合,而应该说存在着必然的历史文化联系。在女神崇拜中寄寓的初民的生活理想、群体意识、英雄主义、人格规范——通过萨满教与其他有关民俗潜移默化、天长日久地影响了民族心理素质的形成以及民族性格的铸造。虽然,民族心理素质形成的基础是生产方式,但宗教的反作用不容忽视。令人饶有兴味的是,进入文明时代以后,北方民族的社会生产范围逐渐扩大,冲破了原来氏族、部落的藩篱,在萨满教中,原本属于氏族部落的女神,越来越变成民族甚至跨民族共祀的女神(或嬗变为男神),有的已经有人类共同母神的意味,反映在民族心理素质上,就是人类族类群体思想的发展,人类共同的亲爱之心的增强。北方民族著称于世的热情好客,不仅是一种民俗,而且体现了这种社会观念,无疑会促进各民族之间的文化交流、友好往来,推动历史的发展。

从今人的标准看,上述北方民族心理素质、性格特征仍是优良的、健康的、蓬勃向上的、充满活力的。它亲和了人际关系,激发了群体的英雄气概,增强了集体的凝聚力,规范了社会公德,培养了个人的优良品质,从而使人类更好地以群团的力量与智慧战胜自然、征服自然,推动整个民族或区域的经济文化进步。既然女神崇拜对北方民族的心理素质的形成发展起了良好的作用,那么女神崇拜在北方文明时代的重大而又积极的历史文化意义也昭然于世了。

说到这里,我们也许能接触到一个历史之谜。

在一个相当长的历史时期内,由于自然环境等多方面因素,北方民族生产方式、生产水平要比中原落后,踏进文明门槛也晚。但是在历史上,北方民族曾多次迅速崛起,建立过夫余、高句丽、渤海、高车等众多地方政权,尤其是鲜卑建魏、契丹建辽、女真建金、蒙古建元、满族建清,这些在中国历史上举足轻重的封建帝国,给中国历史以重大影响,推动了整个中华民族文明史的发展。上述北方民族不仅在中国历史舞台上叱咤风云,而且其传奇般的勃兴令历史学家沉思。女真反辽,阿骨打①誓师来流水②,率完颜部2 500名勇士,就敢于向有上百万军队的辽朝宣战,而且仅三年就败辽建金;建州女真努尔哈赤以13副盔甲起兵,统一了女真,屡次打败明朝大军,为将近三百年的清朝奠基。对这一幕幕奇迹般的历史活剧,历史学家曾从政治史、军事史、经济史角度来诠解、剖析,以解开这个历史之谜,已获得了可喜的成绩,但我们认为还应该考虑文化史这个视野,从民族精神这个角度来透视,以便更全面地解开这个历史之谜。

建立海东盛国——渤海的靺鞨人有"三男如一虎"之美誉。《辽史》记录了"女真过万不可敌"的佳话。《大金国志》记载:"女真人善骑射,耐饥渴,上下崖壁如飞,济江河,不用舟楫,浮马而

---

① 完颜阿骨打,女真族酋长,金国建立者。12 世纪初统一各部,并消灭辽国,在位期间,定制度,立刑法,造文字,加强皇权,对女真政治、经济、文化的发展起到了极大的促进作用。

② 今黑龙江拉林河。

渡。"《满族源流考》记云:"我国士卒初有几何,因娴于骑射,以野战则克,攻城则取,天下人称我兵曰立则不动摇,进则不回顾,威名震慑,莫与交锋。""以铁骑奔驰,冲突蹂躏,无不溃败。""咸用少击众,一以当千,固因神威之姿出于天授,贤臣猛将协力同心,亦我驱熊罴之士有勇知方,骑射之精,自其夙习而争先敌忾信焉故也。"《啸亭杂录》云:"八旗子弟,一闻行师出猎,皆踊跃争先。"此类记录,史籍中还有不少。史学家常说,北方民族以弓矢而定天下,是有一定道理的。但是,弓矢毕竟只是一种武器或工具,关键是掌握武器的人。在上述记载中,我们已经看到"立则不动摇,进则不回顾","一以当千"的"驱熊罴之士",这是创造军事奇迹的根本,而且"贤臣猛将协力同心",是一个凝聚力很强的战斗集体。北方民族性格上的勇敢、刚毅、忠诚、团结一致与奋发向上的精神风貌是其民族迅速崛起的重要内在原因。

从某种意义上说,英雄的女神培育了英雄的民族,英雄的民族创造了历史的伟绩,在这些古老的萨满教女神身上,蕴涵着某些历史之谜的谜底。

(四)对北方民族妇女地位的历史考察

下面我们以契丹、蒙古为例,来审视北方妇女在兴邦立国中的作用与影响。

辽太祖耶律阿保机于10世纪初统一契丹八部被举为可汗,国号契丹,后改为辽。辅佐他完成统一大业的首先是他的皇后述律后,名月理朵,其先人为回鹘人。她被封为淳钦皇后,太祖即位,群臣上尊号曰"地皇后"。《辽史·后妃传》记载"后简重果断,有雄略",善使人,机智卓识。辽太祖死,述律后砍下右腕殉葬,抚养了两个儿子,长大又扶他们为王,又自立爱子耶律德光为帝,统国有殊功。

辽景宗睿智皇后萧燕燕是契丹族著名的政治家、军事家。据《辽史》记载，因景宗多病，"因事皆燕决之"。及景帝崩，萧后"跨马行阵，与幼帝提兵"，南征大宋，深入内地，屡战屡胜，终于在1005年与宋真宗订"澶渊①之盟"，得宋输币十万两，绢二十万匹。萧燕燕以女主临朝，辅幼子辽圣宗"称制凡二十七年"，历有治绩，为辽朝的鼎盛奠定了坚实的基础。史称"后明达治道，闻善必从，故群臣咸竭其忠，习知军政，澶渊之役，亲御戎车，指挥三军，赏罚信明，将士用命。圣宗称辽盛主，后教训为多"。

燕燕之姐齐妃，也是能征善战的女将，齐王死后，她带兵出征，鞍马为家，长于射御，自选奴隶中一美男为夫，执三万大军，镇守西北。

辽兴宗仁懿皇后萧氏深明大义，不徇私情，有人密告重毛与其子涅鲁古反状，乃言于帝，帝疑之，太后曰："此社稷大事，宜早为计。"帝始戒严，太后亲督卫士破逆党。

《辽史·后妃传》总评说得很中肯："如应天（述律后）之奋击室韦，承天（睿智皇后）之御戎澶渊，仁懿之亲破重毛，古所未有，亦其俗也。"辽之勃兴，并延帝祚二百余年，也得力于这些英雄后妃，得力于女神崇拜的遗俗。

在蒙古族中，妇女不仅与男子同样执鞭跨马，千里放牧，也有英雄南征北战，握有重权，在政治、军事、文化、民族关系，乃至民族命运上，起过重要的历史作用，如成吉思汗的母亲诃额仑、窝阔台的皇后乃马真后、满都古勒汗的王妃满都彻辰夫人、俺答汗王妃三娘子，都是蒙古史上的杰出人物。

---

① 澶渊，古地名，在今河南濮阳西南。

《蒙古秘史》满怀敬意赞颂成吉思汗的母亲身穿百结衣,扎着破裙子,来往于斡难河边,用心血与汗水抚养大铁木真兄弟,并以先妣阿阑豁阿《五箭教子》的故事教训他们兄弟一定要团结。当成吉思汗建国以后,受人挑拨,疑心弟弟合撒儿谋位,想要惩处他,诃额仑闻讯赶来,怒不可遏,露出双乳,以他们一奶同胞的见证,历数合撒儿的战功,狠狠教训了成吉思汗,使他"感到惭愧"而"敬畏躲开",表示"以后不再这样了"。可见母亲的威严与力量。诃额仑还抱养了四个孤儿:失吉忽秃忽、索罗忽勒、曲出、阔阔出。她视同亲出,在艰难中将他们培养成人,成为成吉思汗打天下时的得力助手。扎木合在总结成吉思汗的成功之道时说:"机智英勇的安答①,你有圣明的母亲。"将首功归于这位伟大的母亲。汪玢玲②教授说得很精彩:"拥有亚欧两洲土地的一代天骄成吉思汗的王业是建立在他母亲诃额仑的伟大母性、正义性和英雄主义基础之上的。"③当然,成吉思汗的成功还有其他重要原因,但母亲的影响是不可忽视的。

《元史》上的乃马真后是成吉思汗第三子窝阔台汗(太宗)的皇后,名脱列哥那,是蒙古勃兴时期临朝称制的女王,1241 年窝阔台病死,她"称制摄国者五年"。1246 年,其子贵由即位,朝政仍由她主持,曾进攻南宋的两淮等地,承袭了窝阔台"治平"之世。

《蒙古源流》卷五记云:"聪睿之满都海·彻辰夫人,髻其垂髫之发,以皮橐载国主达延合罕,自为前部先锋,攻伐卫喇特四部,战于塔斯博尔图之地,大加掳获焉。"传说夫人于战马倥偬中三次孪

---

① 蒙古语:朋友。
② 满族,东北师大中文系教授,硕士研究生导师,民俗学家、民间文艺学家,笔名冰凌。
③ 汪玢玲:《东北神话与古代女权》,载《黑龙江民族丛刊》,1988(1),35 页。

生,果生七男(名"七博罗特")一女。这位马上女英雄"统一七零八落的蒙古国,为封建领主制的普遍发展,打下了坚实的政治基础"①。当代史学家誉她为"蒙古历史上仅次于成吉思汗的第二号人物"。

明朝中后期,在土默特部崛起的俺答汗王妃三娘子,以其高尚的人格,卓越的政治能力,结束了蒙汉两族长达百余年的"锋镝之苦",开创了嘉靖、万历年间60年塞上物阜民安、商贾辐辏的民族友好、和平安定的繁荣局面。三娘子在汉文史籍中"籍籍有声"。她"骨貌清丽,资性颖异",文武兼长,深受俺答汗的钟爱,"事无巨细咸听取裁"。隆庆五年(1571年)明朝封俺答汗为顺义王,三娘子为顺义夫人。三娘子掌管印信,掌握着土默特部的军政大权,故明朝认为"夷情向背,半系三娘子"。三娘子当政40年,审时度势,巧平内乱,又坚持平等贡市,严守规定,常亲自挂帅至边塞探望官兵,进贡明王朝以马匹等,促进了蒙汉两族友好往来与经济文化交流,致使塞北"烽火不惊,三军晏眠","农狎于野,商贾夜行"。正如徐凯②先生所言:"三娘子正是顺应了蒙古人民的衷心愿望,也符合汉族对边民安定的长期要求,通过她的努力,实现了长久的和平局面,从而造福于两族人民。"③

除了契丹、蒙古族,在其他北方民族中,历史上也出现过一些著名的女政治家、军事家。《新唐书·新罗传》记载,唐太宗贞观五年(631年),"新罗王真平死,无子,立女善德为王,大臣已祭临国,国人号圣祖皇姑。贞观十七年(643年)为高丽、百济所攻……善

---

① 见新校、译注《蒙古源流》,序言,呼和浩特,内蒙古人民出版社,1980。
② 当代著名明清史学家,北京大学历史系中国古代史教研室主任。
③ 徐凯:《论蒙古三娘子的历史作用》,见《明史研究论丛》第二辑,南京,江苏人民出版社,1983。

德使兵五万入高丽南郡,拔水口城以闻。二十一年(647年)善德死,赠光禄大夫,而妹德袭王"。新罗出了两代女王,而善德能统兵五万进攻高丽取胜,是位女军事家。

清太宗爱妻庄妃博尔济吉特氏,传说她不仅劝降洪承畴,而且解决了太宗死后的诸王之争,使顺治帝顺利登位,辅佐了太宗、世祖、圣祖三朝皇帝,尤其是能与唐宗宋祖并驾齐驱的封建明君康熙的成长与少年时治国皆得力于这位蒙古血统的老奶奶,为中国封建社会的第三个黄金时代——康乾盛世奠定了基础。庄妃堪称是杰出的女政治家。

在众多北方民族的女英雄、女军事家、女政治家的身后,可以感受到萨满教女神崇拜的深刻影响。

让我们将视角转向民间。

被誉为清代第一词人的纳兰性德,在其名篇《浣溪沙》中吟道:

一半残阳下小楼,
朱帘斜控软金钩,
倚栏无绪不能愁。
有个盈盈①骑马过,
薄妆浅黛亦风流,
见人羞涩却回头。

清初,这位薄施粉黛的满族姑娘骑马回头,其爽朗大度的个性被词人描绘得多么传神,她们仍未失去历史的风流。

《鄂伦春竹枝词》吟云:"十五女儿能试马,阴阴深处打飞龙。"

---

① "盈盈"即满语中的"姑娘"。

清代,北方民族的女子执鞭仍不亚于男子。直到今天,你到大兴安岭或到松花江上游的满族山村,依然可以看到那十来岁的鄂伦春、满族少女不用马鞍骑马,扬鞭疾驰,英姿飒爽。北方妇女在生产、生活中的重要作用并没有丧失。从2004年春到2009年冬,我们到大兴安岭调查,发现妇女不仅主持家务,而且牧马,猎人要出猎前,都是由主妇去唤马、备马,甚至出猎的地点都由主妇定。锡伯族民俗"女主内,男主外",在北方民族中相当普遍。

北方民族的妇女在生产、生活中的重要作用,使她们在民俗意识中受到某种程度的敬重。她们的社会活动受封建礼教的束缚很少,所以外来客人时"内眷不避","门生谒师,固无不见师母者。亲戚至,无不见家人者"。"诸一远戚,乃其家闺中三人咸集,若者妗姨姑姊妹,固夙所未知也,然一片嘤咛问好之声……"①待客喝酒时,妇女不仅可敬酒,而且妇女敬的酒客人只要沾唇,就得一饮而尽,不可推辞,表现了社会对妇女的敬意。最有趣的是,北方民族将嫁出去的姑娘称为"姑奶奶",备受娘家宠爱,如族中有祭礼、续谱、移居等大事,要扎起漂亮的彩车先将"姑奶奶"接回来。由此,姑爷也借光,来到妻家会受到隆重接待,故东北地区有"姑爷进门,小鸡丧胆"的民谣。

《二朝北盟会编》记云:"贫者则女年及笄,行歌于途。其歌也,乃自叙家世、妇工、容色,以伸求侣之意。"辽金时代满族先民女真人中的贫家姑娘可以在途中以歌公开求婚,比今天婚姻自主的现代娇女还泼辣三分。凌纯声于20世纪30年代搜集的赫哲情歌,我们于80年代搜集的满族情歌《盼喜车》《黄雀歌》,锡伯族情歌《绣荷包》《青石板》等,都表现了北方妇女对爱情与婚姻自主的强烈追

---

① 夏仁虎:《旧京琐记》,67页,沈阳,辽宁教育出版社,1998。

求,其中的坦率、天真、主动的情趣,只有《诗经》中的情歌可与之匹敌。

北方妇女社会地位的保持与社会作用的发挥,与其民族经济基础——生产方式有关,但萨满教女神崇拜观念的延续也是一个重要原因。在前文中,我们看到许多古老的女神(虽然职能有所变化)活跃在圣坛上,存活在神话中,直至现代,无疑会反作用于世俗的社会生活。宗教作为一个民族意识形态的核心部分,其影响往往十分稳固、深刻。直至清朝末年和民国初年,北方民族中,仍有相当数量的女萨满活跃在圣坛前。吴士槛在《清宫词》[①]中吟:

坤宁宫里拜南膜,

萨满名称译语殊。

世袭竟同三品俸,

曼殊(即满洲)旧俗亦崇巫。

吴氏注曰:"坤宁宫中供奉神位,皆依盛京旧制。应由皇后每日行礼,设一女官代之,食三品俸,名曰萨满,俗称'撒麻太太',旧《会典》谓之赞祀女官。清晨入神武门,至官礼神。萨满身故,则传于其媳,而不传女,盖其所诵经咒不轻授人也。"

清朝帝后依盛京旧制,在宫中设有萨满教祭坛[②],主祭人即女萨满,食三品俸,可见在皇宫中地位不低,且规矩又传媳,说明在宫廷礼神者必为女性,满族妇女在圣坛前没有失去往昔的光彩与威严。直至新中国成立初期,鄂温克、鄂伦春族仍有"九十个女萨满,

---

① 由北京古籍出版社 1986 年 5 月出版。
② 富育光:《萨满教与神话》,83 页,沈阳,辽宁大学出版社,1990。

七十个男萨满"之说,实际生活中,确也存在相当数量神术高超的女萨满。宗教中妇女的作用巩固了世俗中妇女的地位。

据我们近十余年的民族文化调查,细细考察北方少数民族妇女——这些从来没有缠过足且始终保持"天足"的大自然的女儿,绝大部分体格健壮,办事泼辣能干,性格爽朗活泼,受封建礼教的束缚浸染与压迫程度相对来说要小得多。这是多种因素共同作用的结果,而萨满教的女神崇拜是重要因素之一。妇女解放的程度是一个民族文明程度的主要标志之一。妇女积极性的发挥,有利于全民族的文化提高与经济发展,从这个意义上来说,萨满教女神崇拜在北方初民跨入阶级社会并步入文明时代以后,仍有重大而深刻的积极意义。

九、萨满教与北方先民的文化精神

中国相关学者三十余年的田野调查资料表明:萨满教保留了相当完整和生动的自然宗教特点,是古代文化的聚合体,包括宗教、哲学、历史、经济、道德、婚姻、文艺、民俗、天文、地理、医学等内容,有多方面综合性的文化史价值。萨满教传承了北方先民某些健康的文化基因,记录了他们文化精神发展的历史步履,萨满教可视为人类童年文化的一个典型。

萨满教的重要价值之一就是其保存了北方古人类自人猿揖别后,在漫长的蒙昧时期、母系氏族时期萌生、形成的文化精神及部分表现形态,这种起源阶段的文化精神,成为北方先民后来文化发展的源泉与特质,不仅承载已经过去的历史,还会影响未来的文化发展。

在中国南北朝以来的一千六百年历史中,鲜卑建魏、契丹建辽、女真建金、蒙古建元、满族建清,这 5 个入主中原的王朝立国约八百年,对整个中国及亚洲都产生了重要的历史、文化影响。更为重要的是,它们都是源自北方——信仰萨满教的阿尔泰语民族。一个民族的兴起有其经济、政治、军事等综合因素,而文化是其底蕴,阿尔泰语民族文化的核心是萨满教,因此,萨满教在历史上起过重大的作用。

萨满教作为一种古老的自然宗教形态,已在历史的长河中消沉,但它所蕴涵的北方先民在与自然搏斗和社会文化发展中产生的积极的精神文化成果——群体意识、社会性、英雄主义、战斗精神、人本倾向、母性的高扬、对友情的忠诚、对认识世界的探索、人类种族之间的亲和力等,是人类文化初创阶段的文化精神,对未来人类的文化发展仍有重要影响与积极意义。

只有了解并正确认识某一事物的起源,才可能从整体上正确认识并把握该事物的本质、发展规律与趋势。萨满教田野调查资料与相关的考古学成果、民族志古籍记载,为我们勾勒出北方古人类在文明萌生时期——母系氏族社会时期的部分文化形态中所表达的文化精神,以及这种文化精神在北方民族后来的社会发展中的演变及其历史作用,说明这种文化精神是北方民族在中国历史上多次崛起的主要历史原因之一,是中华民族传统文化的重要组成部分。我们在了解了北方民族文化精神的形成、发展、特质、作用的基础上,可以寻觅出其中对我们当下与未来的文明发展有积极建设意义的健康的文化基因,可以初步探索人类文化发展的某些规律性问题。

文化精神在当下学术界是一个流行的概念,但还没有严格、科学的界定。我们的理解是:文化精神并不等同精神文化,后者包括极为丰富的具体形态。文化精神是人类所创造的众多文化形态中体现的整体精神特质。我们认为,萨满教的最重要的价值是它以一种活的形态,形象地记录了人类童年时代心灵发展的轨迹,它反映了我们的祖先对世界的认知过程,表达了他们的斗争意志和力量,也揭示了他们的迷惘与失误。这是一个充满现实苦难而又充满理想追求的童年,是人类永远不会忘记的童年。

萨满教在进入文明时代以后,有一段蓬勃发展的时期,其间有与外来的宗教与文化的激烈冲撞、相搏。于是,它抵抗着、变化着,甚至吸收了竞争者的某些成分,继续存活于北方民族的心灵深处。这是一个引人深思的历史文化现象,它从更加广阔的历史视野,给我们提供了人类(而不仅仅是原始人)心灵发展的总进程。

"汗水入土悄无声。"今天,我们再也吃不到先人用"楛矢石砮"射杀的狍鹿以及用石锄石犁种出来的糜稗,甚至戴不上用他们灵巧的双手制作的石佩玉饰。也就是说,先人创造的物质文化成果绝大部分已消失在历史发展的长河之中,但他们的精神文化成果却世代传递,不仅影响着今天,还将影响着人类的明天。从这个意义上来说,萨满教包含着对人类具有永恒价值的某些精神成果。

如果我们一起共进萨满教神圣的祭坛,一起遨游瑰丽的神话世界,就会透过扑朔迷离的宗教云雾,感悟到我们的先人在大自然威力下不屈的灵魂、顽强的生存意识、勇于开拓、艰苦创业的精神和集体英雄主义的气概。这是我们的先人能征服北方这片寒土的内在原因。就如同多神时代的古希腊人创造的奥林匹克圣火照亮了人类通往团结、进步、友谊的未来之路一样,萨满教中积极的精神成果,也能给今天的人类某种历史启示与激励力量。因此,研究萨满教,是要从北方古代的文化遗产中吸收有利于人类文明建设的文化养料,这并不意味着我们提倡复古,更不是宣扬宗教,就如历史学家研究古代石器,赞叹先人的智慧与劳动的伟大,并不意味着我们号召今人再回到洞穴石器时代一样。

　　文化是人民用自己的生命、智慧、汗水创造的。我们的文化研究,只是先民创造的文化巨川之一溪,尊重先民的文化创造力,努力做好他们的书记员,是我们研究的态度。

第七章　非物质文化遗产的保护与民间信仰的发展

非物质文化遗产概念的提出，以及相应的保护措施的实施，为我国民间信仰的发展提供了新的思路与新的理论。前者的使命就足保护与传承对建设今天的和谐社会仍然有生命力的部分传统文化，而相当一部分的传统文化正寓于民间信仰中。保护与传承非物质文化遗产，不能忽略其间的民间信仰。

第七章　非物质文化遗产的保护与民间信仰的发展

非物质文化遗产概念的提出,以及相应的保护措施的实施为我国的民间信仰的保护与发展提供了新的思路与新的理论,因为相当一部分的非物质文化遗产起源于民间信仰中。例如,上海奉贤的滚灯是国家级非物质文化遗产保护项目,滚灯像一种民间舞蹈,或者是一种民间体育,但其起源于民间信仰①,当时的主要功能也是用以表达民间信仰。因此,我们研究保护与传承非物质文化遗产,不能忽略研究其民间信仰的缘起与发展。

一、三个民间信仰的项目是如何成为"非遗"保护项目的②

(一)上海龙华庙会调查

具有独特海派风格的上海龙华庙会,是华东地区著名的传统庙会之一,它不仅对上海地区,而且对长江三角洲地区都曾经产生过深远的影响。

---

① 奉贤处杭州湾入海口,历史上水患频繁,民间以舞灯者戴二郎神面具舞滚灯以求降伏水魔。这是滚灯的起源,说明当时的主要功能是用以表达民间信仰。

② 王宏刚作为上海市非物质文化遗产保护项目的评审委员,经常参与市级项目的评审,在市级项目的基础上为上海的国家级项目提供参考名录与基础材料。2007年,王宏刚指导龙华庙会、道教音乐、叶榭舞草龙三个与民间信仰相关的非物质文化遗产项目申报国家级保护项目,并做了有关调查。2008年这三个项目都被批准为国家级非物质文化遗产保护项目。

龙华庙会是集商品集市、民间信仰和民间娱乐于一体的综合性庙会。它以龙华寺为中心,北起龙华路茂公桥①,南至龙华西路和天钥桥路相交处的长达千米的狭长地带中。其分布的所在区域现为上海市徐汇区龙华街道,是上海市区经济文化发展速度最快的区域之一。

龙华街道即原龙华古镇的中心区域。龙华古镇所在地区在三国时已出现"龙华荡"的名称,东晋时出现了"龙华港"的名称。唐代,龙华地区先后隶属信义、昆山、华亭县,龙华集市逐渐形成。五代,"龙华村"名字出现。元初,龙华已成为古代邮路上的一个重要驿站。明代,龙华已是十分繁荣的市镇,龙华庙会业已成名,一条龙华港穿镇而过,东接黄浦江,西连漕河泾、蒲汇塘,是龙华古镇的水上交通要道。正是这条水上要道,通过黄浦江连通东海,方便了人和货物的流通。在龙华庙会几百年的发展过程中,许多的游人、信众、商品正是通过龙华港汇集到龙华古镇,而龙华庙会的影响也是通过龙华港向四周扩展出去的。

龙华塔、龙华寺的存在是龙华庙会的信仰基础,据成书于清康熙十二年(1673年)的《龙华志》记述:三国吴赤乌年间,康僧会求得五色舍利,孙权下令建造了十三座佛塔以存放舍利,龙华塔就是其中的一座。龙华寺始建于唐垂拱三年,黄巢起义时期,寺和塔均遭到损毁。宋代,吴越王钱俶出资重建了龙华古寺,后更名为空相寺,其界碑至今仍保存于龙华寺内。《云间志》记载:"空相寺,在龙华,张仁泰请于钱忠懿王始建,旧号龙华寺,宋治平年改今额。"后来,空相寺在元末的战争中遭到损毁,在明永乐年间得到重建,并恢复了龙华寺的名称。经过清代的屡次修缮,龙华寺发展为现在的规模。

---

① 今华容路口。

龙华寺在明代已经是江南名寺①。龙华寺被称为弥勒道场。龙华寺的第一殿是弥勒殿,供奉着汉化弥勒即布袋和尚的造像,其后的天王殿中还供奉着天冠弥勒的造像。《弥勒下生经》《法苑珠林》等佛经认为弥勒菩萨将会在华林园龙华树下成佛。"布袋和尚"的产生是佛教汉化的标志之一,他于农历三月初三圆寂,于是世人每逢这一天就在龙华寺举行庙会,以纪念汉化的弥勒。相传在人间五十六亿七千万年以后,弥勒自兜率天降生于龙华树下,传道弘法,广度众生,谓之"龙华会"。弥勒信仰在中国的汉化与不断深入发展中,龙华寺的影响也逐步扩大了。

在佛教传入之前,龙华地区信仰的是以广泽龙王为代表的本土神。龙华古寺②中有专门供奉广泽龙王的一殿。据《龙华志》的记述:康僧会路过龙华荡,认为这里是清静福地,发愿在此修建佛寺,便占据了广泽龙王的领地,并将广泽龙王收为护法神。这段传说,至今在龙华一带流传,表现了佛教与本土龙王信仰的融合过程。

在明代万历年间,神宗朱翊钧和肃太后很重视龙华寺。从万历二十九年(1601 年)至万历四十年(1612 年),朝廷先后赐给龙华寺大藏经 718 函,范金毗卢遮那佛一尊,御书承恩堂匾一块和大量法器、古物、银两等。龙华寺一时名动江南,成为江南名山道场,四方朝山进香者慕名涌来,龙华庙会就是此时成名的。每逢布袋和尚的涅槃日,龙华寺都会举行隆重的纪念法会,做众姓水陆道场,佛教徒云集,有独特的烧头香、放生、上贡、踏青赏桃花,观皮影戏和花鼓戏,舞龙舞狮和荡湖船等习俗。到清代龙华庙会进入全盛期,清人所写的不少诗词中都载录了龙华庙会的盛况,民间也有

---

① 参见成书于清康熙十二年的《龙华志》。
② 毁于唐代的黄巢起义。

"三月三,上龙华,逛庙会,看桃花"和"烧烧龙华香,投个好爷娘"的谚语①与民俗。龙华庙会的盛况延续到民国时期。

龙华庙会不是单纯的信仰活动,商品贸易和娱乐是与信仰几乎同步发展的,上海周边的江苏、浙江、安徽、江西等省的民众与庙会发生过广泛的联系,后来观赏桃花的民俗活动作为庙会的一个重要组成部分,为龙华庙会吸引了更多的游人。

近代龙华庙会的发展遭遇过低潮,光绪二十六年上海道余晋珊以有伤风化为由,严令禁止妇女入寺烧香,这一年的庙会受到很大的影响。② 同年十月,上海道又下令封闭了龙华寺。③ 到了民国二十六年"八·一三"事变后,上海沦陷,龙华庙会一度被日军取缔。

新中国建立后,龙华庙会又趋兴旺。1953 年以来,人民政府参与组织龙华庙会,易名为"龙华物资交流会",庙会成为在政府领导下的有组织的文化经济活动。④ 龙华物资交流会在"文革"期间中断,到 1980 年才又得到了恢复发展。1985 年复名"庙会",由徐汇区举办。1987 年,庙会升格为市级,称为"上海市龙华庙会"。在庙会的发展过程中,还产生了众多的传说故事、诗词、谚语等文学作品。这些作品的产生既说明了庙会在民众生活中的重要作用,又体现了庙会的巨大影响力和强大的辐射能力。

庙会产生于农业社会的商品交换,进入工业社会以后,市集作用逐渐衰落,很多传统庙会衰落直至消失。但是,龙华庙会在繁华的上海市中心区域能够有一定发展,对市民来说是一种独特的文

---

① 吴春龙:《龙华镇志》,上海,上海社会科学院出版社,1996。
② 见 1987 年民间文学集成《故事、歌谣、谚语集》,徐汇区龙华镇卷本,内部资料。
③ 上海通讯社:《旧上海史料汇编》,北京,北京图书馆出版社,1998。
④ 1953 年的龙华物资交流会有 976 家商户参加,其中私营占到 95.2%,成交额为旧币 5.7 亿元。参见《上海名镇志》,337 页,上海,上海社会科学院出版社,2003。

化记忆和文化空间。自 20 世纪 80 年代晚期开始,很多民众参加庙会的初衷并不是为了购物,而是对传统文化的浓厚兴趣。庙会期间,龙华古寺内佛事兴旺,香烟袅袅,佛教梵乐悠扬悦耳。龙华古镇上,各种店铺鳞次栉比,买卖兴隆,地方风味小吃特色各异。国内外旅游者既可品尝到著名的龙华素斋,还可以参加当地举办的国际旅游者一日游活动,参加龙华寺前广场载歌载舞的欢迎仪式,参观藏经楼,学剑习武,逛集市品尝风味小吃,观看文艺演出等。现在主办方都致力于挖掘上海民间的民俗表演,如 2007 年龙华庙会现场展示"大秤""西洋镜""切笋片""棉花糖""捏泥人""小热昏"①等上海传统民俗项目。不过我们也了解到,有些独门技艺已经遇到了难以为继的困局,如"小热昏"艺人其中一位家中过去就是卖梨膏糖的,他们继承了父辈说"小热昏"的技艺,在庙会表演"小热昏"很过瘾,但是他们找不到继承人;而"切笋片"的刀具以及立夏秤小孩体重的"大秤"也都是以前传下来的,但是如今会操作这些工具的人寥寥无几。现场观众反映上海民俗传统的表演没有来自江苏南京乡间的"高淳大马灯"②演得吸引人。

　　2008 年,"上海龙华庙会"以民俗类型被批准为国家级非物质文化遗产保护项目。虽然其核心观念还是在民间信仰,但作为一种综合性的文化空间,将它的特色归为民俗也是说得过去的。除了妈祖被联合国教科文组织批准为世界级非物质文化遗产保护项目是以"信俗"为名以外,一般中国的国家级评委还是倾向于以民

---

　　①　"小热昏"原为一种以唱新闻来宣传商品广告的说唱形式,旧时很多艺人自己熬制梨膏糖,用这种说唱形式来推销。
　　②　"高淳大马灯"是 2007 年上海龙华庙会特意邀请的来自江苏省高淳县东坝村的优秀民间传统表演。由两名表演者组合表演一匹马,一人扮马头、一人作马身,每匹马背上还有一名小孩扮演刘备、关羽、张飞等人物。表演时,7 匹"战马"跟从人物手中的令旗指挥,不断变换速度和阵形。合演一匹马的表演者必须配合紧密,步调和谐统一,才能把假马演得活灵活现,因此大马灯的表演难度较大,享有"江南一绝"的美誉。

俗类型参评的项目,对民间信仰还存有一定的顾虑。

自 2010 年参与了上海市"十二五"非物质文化遗产保护与发展的规划的制定以来,我们认为以什么类型进入保护程序问题不大,问题在于如果某一保护项目的生态发生了根本性变化怎么办?如自龙华旅游城建设兴起后,龙华庙会却呈衰落之势。如今龙华古镇已经消失,仿古建筑替代了古老的民居。龙华庙会也仅限在龙华寺前新建的 2 000 平方米的步行街上举办。没有了文化底蕴的龙华庙会渐渐式微,而古诗上描写的"十里桃林红不断,画船常滞画桥西"①的龙华庙会中看桃花的胜景也早已成为绝唱。

(二)上海道教音乐调查

据调查,最初"上海道教音乐"的"非遗"保护项目申报单位为黄浦区的上海城隍庙与嘉定区嘉定镇街道办事处。后来请专家去指导该项目的单位为黄浦区文化局、市道教协会与嘉定区文化局。2008 年上海市道教协会被批准为国家级非物质文化遗产保护项目的保护单位。

上海道教音乐是由各个乐种成分相互融汇并具有江南独特音乐风格和丰富道教色彩的宗教音乐。它伴随着上海道教声势浩大的斋醮科仪的进行,灵活巧妙地在各种场合穿插运用,有时鼓声震天,气势磅礴,以示请神遣将、镇邪驱魔;有时丝竹雅奏,余音绕梁,使人身心清静,如入缥缈之境。道教音乐是道教仪式所不可缺少的有机组成部分,它是道教内涵向外延伸的演艺形式,是完善道教内容的一个基本要素。

上海道教音乐在道教仪式中有三种功能:

一是通神的功能,指通过此形式在精神上与道教诸神取得

---

① 清代曹钟焌诗云:"龙华寺畔草萋萋,柳绕江村花映溪。十里桃林红不断,画船常滞画桥西。"记录了当时龙华三月的盛况。

沟通；

二是养生的功能，即所谓治身、守形的功能，通过遣欲的功能①来达到养生的目的；

三是宣化的功能，即显示道教威仪以靖众的功能。

这三种功能中，通神功能是举行仪式的最直接目的，以音乐沟通天人是道教科仪运用音乐的基本出发点。道教音乐的风格亦由此而建立，道乐不但代表了道教的内涵，也是中国音乐传统文化的重要组成部分。上海的道教音乐除了具备上述道教音乐的一般性质之外，另具其特有的地域性特点。旋律的婉转曲折作为上海道教音乐的民俗特色，包括了江南吴语地域的语言系统、生活习俗、民间俗乐（民歌小调、器乐、说唱、戏曲）等因素。另外，吹、拉、弹旋律器乐与声乐唱腔的紧密配合，唱腔中唱段之间的空隙由器乐伸延填补，使两者的旋律连续为一体，使唱腔更具有起伏连绵的音乐性，这是上海道教音乐地域性风格的体现。

上海道教音乐按照其地域的分布，可以分为东乡、西乡和市区三大派。东乡道乐以浦东川沙、南汇为典型，音乐特色为"热闹"，演奏上注重粗锣鼓的打击乐，紧打慢唱，有时还用京胡作为主要的旋律乐器，具有清新、活泼、欢快、明朗的韵律和生活气息。西乡派道乐以嘉定、宝山为典型，以粗犷的音乐为主，打击乐套路与十锦细锣鼓②相近，曲牌音乐以昆曲和京剧为多，科仪结束后还加唱戏曲，丰富了西乡道教音乐的曲目和形式。市区道乐的表演者主要是市内本帮道士，注重音乐的文静、细腻，讲究演唱风格、曲调运用、乐器配置的整体配合。

上海道教音乐的构成主要有以下几部分：

① 亦即顺意、致思、检束心念的功能。
② 松江的"泗泾十锦细锣鼓"为国家级非物质文化遗产保护项目。

①纯道教音乐,如《步虚》《祝香赞》《香赞》等;

②源于民间戏曲音乐的,如《大开门》《朝天子》《小开门》等;

③源于宫廷音乐的,如《迎仙客》《瑶坛谒》等。

上海的道教音乐至今八百多年的发展历史中,经过近三十代道士的学习、创造、提高,发展成具有上海风格特色的宗教音乐,其主要音乐特色表现在:

①曲调起伏绵延,有的已达到优美动听的程度;

②唱腔中句与句之间用曲调型的伴奏加以联结,唱腔层次分明,演唱者有足够的呼吸来完成唱腔;

③首句的韵调,往往使用不同于后面反复咏唱时的曲调,有时甚至反复起句慢慢转入正调,造成曲调和调性上的变化;

④曲调中增加较多的装饰音,又称"加花字眼",曲调速度普遍放慢,音乐庄严华丽;

⑤伴奏乐器保持曲笛、钟鼓优势,注重拉弦和弹拨乐器的运用,使音乐优雅而丰满。

上海的道教以正一派为主,构成其文化传统,形成了本帮、苏州帮、无锡帮等诸多帮派。上海城帮传统与浦东的川沙、南汇等地有渊源,吸收了上海佛教的法事音乐的部分内容,把当时已走向衰落的佛教做法事用的音乐吸收了过来,使它变成适用于道教科仪的音乐。

上海道教音乐的传承谱系,由道门内部师父徒弟之间的口传亲授完成。上海地区青年道士学道的第一件要务就是学会"弄家什"(学乐器)。只有在学会乐器以后,一个小道士才能学习念经拜忏做法事。上海道士的法号目前正处于"高""宏""鼎""大""罗"等字辈。根据道教正一派法号字辈谱系,上海道教传承至今已有三十代了。

代表性传承人吉宏忠道长出生于 1972 年 10 月 29 日,1986 年入上海道学院就读,1987 年师从陆德华老师学习琵琶,并于同年参加道学院小乐队。1988 年拜上海著名的正一法师凌宏翔为师,系统学习正一派的斋醮科仪。1996 年,在江西龙虎山天师府受三五都功经箓。2006 年在天师府升受正一盟威经箓。2003 年协助陈莲笙道长创办上海城隍庙道乐团,担任道乐团团长。吉宏忠道长法号"鼎耀",在当代道教道士辈分中属"鼎"字辈。

吉宏忠自 1986 年(14 岁)入道以来,积极研习道教经典和道教音乐,19 岁就已经能够主持上海道教常用的科仪,对于上海道教音乐也是非常熟悉。在道学院期间主修琵琶演奏,兼通笛子、二胡、鼓等道教音乐中常用的乐器。自 1994 年进入上海城隍庙修道,热心于上海道教音乐的收集和保存工作。2003 年,在陈莲笙老道长的提议下,成立上海城隍庙道乐团,但因陈莲笙老道长年事已高,道乐团成立的各项筹备工作以及日常工作都是在吉宏忠道长的指导下完成。2004 年开始,吉宏忠道长组织专家开展了《上海道教音乐集成·浦东卷》的编撰工作。2006 年和 2007 年,为了更好地宣传道教音乐,让社会各界重视上海道教音乐的艺术价值,在吉宏忠道长的努力下,上海城隍庙道乐团在上海市东方艺术中心、上海音乐厅与上海民族乐团一起,举办了两场《钧天玉音》音乐会,使上海道教音乐登上艺术舞台,为上海道教音乐的保护工作作出了较大的贡献。

上海道教包括青浦城隍庙、朱家角城隍庙、嘉定城隍庙、上海白云观、钦赐仰殿、上海城隍庙等宫观,各个宫观中都有一些地方神或民俗神。就以最有代表性的上海城隍庙来说,其最新的神像就有第三位城隍老爷陈化成,还有海洋女神妈祖等。儒、释、道是中华文化三大组成部分。道教作为道家思想的载体,以清静无为和以柔克刚的政治智慧,帮助中华民族渡过了一次次危机;以积德行善和克勤克俭为伦理规范,维持中华民族社会的安定和发展;以淡泊自然和刚柔并济的艺术风格,为中华民族创造了无数传世的文艺作品;以健康长寿和长生成仙为追求目标,为中华民族的医学、药学、养生学、古化学作了有价值的探索,成为人类智慧的瑰宝。

上海大约在南北朝时期就传入了早期天师道。元代时期,松江地区也传入了道教全真派。一千多年来,上海道教曾经有过上千座道观,上万名正一派和全真派道士。每逢春节、神仙圣诞和初一、十五,到道教宫观烧香的人群达到几十万人。上海道教以正一派也就是天师道为主,正一派重视科仪和符箓。上海道教的科仪有两类,一类是为了祈祷信徒身体健康,事业顺利而举行的,称为清事道场,或者称为金箓道场;一类是为了超度信徒的亡故亲人灵魂出离地狱而举行的,称为亡事道场,或者称为黄箓道场。上海道教完整保存了进表科仪的内容和形式,在科仪的坛场里有许多雕刻、工艺美术和绘画等要素,都是有音乐伴奏的,且音乐伴奏全部由道士来完成,参加科仪的信徒只是在旁边观看。

早期道教科仪程式简单,只有文字祈祷,没有音乐伴奏的记载。到了北朝时期,寇谦之改革道教,出现了有音乐伴奏的念经。南朝时期,陆修静整理道教科仪,出现了边行走边诵唱的"步虚"。唐代推崇道教,唐玄宗亲自编制道曲,并且在科仪中使用。宋代道教有了第一本道教音乐的谱集《玉音法事》,这本谱集记录了宋代50首道曲,使用的是曲线符号记谱的方法,是中国最古老的记谱方法。明代道教有了以工尺记谱的谱集,《大明御制玄教乐章》以工尺记谱的方法记载了14首乐曲。明代的《茅山志》还记载了明代道教科仪乐队的配置。历史上道教的记谱方式都传入了上海地区。

上海地区的道教,受到南北两个方面的影响。今嘉定地区的道教,由于靠近江苏的苏州和昆山,从元代以后,受到来自茅山、苏州,特别是穹窿山的影响。今奉贤地区的道教,由于靠近浙江,从元代以后,受到来自江西龙虎山的影响。两个地区的道教音乐又由于要和上海地区信徒的审美情趣相适应,因此,又同上海本地的江南丝竹音乐成分相结合,形成了上海道教音乐的艺术特色。

上海的道士在学道的过程中,一开始就要花费大量时间和精力学习一种或者多种乐器的演奏方法。上海道教音乐在音乐形式上,可以区分为声乐和器乐两大部分。声乐部分,有步虚、颂、赞、偈等形式。常用的曲目有"步虚""祝香赞""香赞""香偈""香水偈""送表偈""献供偈""三宝偈"等,还有"风入松""三信礼""三符命""上斋"等。道士诵唱有咏唱和无伴奏的吟唱、念唱等等。上海道教音乐的器乐部分,可以分为细乐和粗乐两类。细乐由笛子、洞箫、二胡、三弦、琵琶、扬琴、阮和钟、鼓、铛、薄镲等乐器组合而成;粗乐由唢呐、鼓、锣、平锣、铙、钹、镲等组合而成。其中钟鼓发挥着控制道教乐的节奏和指挥整个科仪演示进度的作用。上海道教音乐的鼓技有悠久的传统。前武汉音乐学院副院长史新民教授在《道教音乐》[①]一书中,就曾经说到中国道教协会顾问、上海市道教协会名誉会长、上海城隍庙住持陈莲笙道长,作为中国道教音乐正一派代表,"精通道乐,尤以鼓技高超,是上海道教界资深的前辈"。道教音乐的鼓技,击鼓道士是以手腕之力来控制击鼓时细微的轻重变化。在技法上有"点签""满签""滚击""重击""轻击""击鼓心""击鼓边"等,因此,鼓音极其丰富,随着曲调的变化,鼓音

---

① 史新民:《20世纪中国音乐史论研究文献综录·道教音乐卷·道教音乐》,362页,北京,人民音乐出版社,2005。

有高低,音色有变化,具有丰富的艺术效果。上海道教音乐在历史长期的实践中,形成了以笛子为主的器乐配置,涌现了一代又一代的笛子吹奏高手。同时还在笛子演奏时运用了"快""慢""浪""拆""滑"等一系列的手法,使上海道教音乐曲调的变化更加多彩。

史新民教授在《道教音乐》一书中说:"上海白云观道教,在适应社会发展过程中,从仪式到音乐更加注重为群众所喜闻乐见,所以上海白云观道教音乐与民间音乐的关系,特别是与江南丝竹的关系更为密切,形成了演唱细腻、庄重、典雅,曲调婉转流畅,具有庄重华丽、优雅丰满的地方风格和特色的道教音乐。"

上海江南丝竹音乐艺术家金祖礼、卫仲乐、陆春龄、王乙、王永德以及昆曲艺术家俞振飞也参与道教活动。上海道教音乐同上海民族民间音乐界一直保持着紧密联系,特别是同江南丝竹名流交往密切。

上海城隍庙道乐团至今仍然经常在演奏江南丝竹闻名世界的上海城隍庙湖心亭茶楼演出道教音乐,得到上海民间音乐界的关注。上海城隍庙在法会期间常常有江南丝竹音乐界在庙内戏台上演出。上海其他道教宫观在庙内举行法会期间,也常常邀请一些民间的江南丝竹乐团到庙内演出,得到道教信徒一致的欢迎。上海城隍庙道乐团在上海音乐学院和张家港市先后两次参加了长江三角洲地区江南丝竹会演,两次都获好评与奖项。

著名道教音乐专家,前上海音乐学院音乐研究者陈大灿先生第一个提出"应当重视道教音乐的搜集和整理",对于中国学术界和音乐界产生了一定的影响。在陈大灿和前上海音乐学院院长江明敦的支持和帮助下,上海市道教协会恢复活动的第一项重要工作就是整理道教音乐,排练和录制了第一部道教音乐录音带《迎仙客》。上海市道教协会对于留存于民间道门中的道教音乐曲谱进行了搜集,采访前辈道长,得到了他们收藏的一些道教音乐的珍贵手抄本。陈莲笙道长根据回忆,诵唱《孔雀明王经》,由青年道士记谱整理,就是搜集抢救活动的一大成果。对一些没有音乐谱子存世,仅仅由老道长口口相传的重要科仪音乐,上海道教协会组织青年道士用耳听手记的方法,及时记录下来,使其不致湮没。

1995 年,上海市道教协会在音乐家周成龙的帮助下,出版了上海道教音乐碟片《道之韵》,扩大了上海道教音乐在社会上的影响。2000 年上海城隍庙成立道乐团,聘请上海音乐学院的各位教授,根据不同乐器的要求,对城隍庙的道士教学各种乐器的演奏技能。2006 年起音乐界人士辅导浦东新区道乐团排练。上海道教界录制了新版的《迎仙客》碟片,在中国和英国公开发行。

上海道教音乐团体以其浓重的江南丝竹音乐的韵味,典雅、庄重、柔美独树一帜,博得了国内外音乐听众和观众的好评,先后出访到欧洲的法国、瑞士、意大利等国家和香港、台湾地区演出,并且应邀在北京、广州、成都等地的道教音乐专场"钧天玉音音乐会"中演出。

上海市道教协会成立保护小组,制定保护规划,确立保护意识,加强领导完善组织机构。保护小组成员访问老道长,听取意见,请老道长为青年道长演习科仪,积极加强上海道教音乐历史资料的抢救、保护工作。工作内容包括:做好道教醮仪的文本、图片、曲谱等珍贵资料的挖掘、整理、收藏,并用现代科学手段记录、保存这些档案材料,为健在的老道长制作录像和音响资料;加快青年道士的培养,利用上海道教学院的课堂,陆续聘请专业教师讲授道教音乐的基本理论,面授各种乐器的演奏技能。除了原有的"上海城隍庙道乐团"以外,还组建上海浦东新区道教协会道乐团,积极利用道教宫观的空间开展演出活动,加强同广大道教信徒的联系,扩大上海道教音乐的影响。同时,充分利用上海道教在中国道教中窗口的地位,邀请海内外道教音乐团体莅临上海,相互学习,加强交流、继承传统,不断创新,在发展和弘扬中华民族优秀文化的伟大事业中贡献上海道教的力量。

上海道教音乐是中国古代民族民间音乐的活着的音响资料,具有重要的音乐史价值。中国昆曲大师、已故的俞振飞先生曾经惊叹,道教音乐保存的《玉芙蓉》六段是最完整的古乐,因为苏昆中也只保存了两段。2008 年上海道教音乐以民间音乐类型被批准为国家级非物质文化遗产保护项目。虽然这里的民间音乐是宗教信仰的一部分,宗教信仰①才是其核心的文化观念,但是从其表现形态来看,归到民间音乐类型一点儿也不错。在 2010 年的调查中我们发现,虽然上海道教协会在该项目的保护与传承中注意到社会力量的重要性,他们提出:整合政府、社会和道教协会等各方力量,逐步形成上海保护工作整体的资源积聚趋势以及传承传播优势,使"上海道教音乐"项目保护工作充满生机和活力,充分融入上海推进现代化国际大都市文化建设的战略,成为上海具有影响力、辐射力、竞争力的特色民族、民俗、民间文化品牌,做好"上海道教音乐"的传播和国内外推介工作,形成政府管理部门、专职保护机构和地方社团"三位一体"的保护工作格局,把上海打造成为全国保护"上海道教音乐"遗产项目的主要基地。但是在实际操作中,社会力量很难发挥。现在"非遗"保护与传承的社会力量的发挥,主要是靠中小学和社区的成人学校。道教音乐虽然好听,但是一般的中国人与宗教信仰还是不沾边,所以学校这个主要的"非遗"保护与传承的地方,对上海的道教音乐不设班,小孩子也不学道教音乐。道教音乐仍然只是在宗教界流行并传承。

---

① 包括民间信仰,实际上道教融合我国的民间信仰成分是最多的。

(三)松江叶榭舞草龙

据调查,松江叶榭①舞草龙不是一种单纯的民间舞蹈,其主要文化功能是舞草龙求雨。相传源自唐代的一场旱灾,"八仙"中的韩湘子是叶榭垫泾村人,为解家乡旱灾,召来东海"青龙",普降大雨,使得叶榭盐铁塘两岸久旱逢甘霖。当地百姓为报韩湘子"吹箫召龙"的恩德,便将盐铁塘更名为"龙泉港",沿用至今。以后每年乡民就用金黄色的稻草扎成四丈四节、牛头、虎口、鹿角、蛇身、鹰爪、凤尾的草龙,祈求风调雨顺。草龙舞在一阵节奏明快的木鱼和祭板声中开始,一名大汉头戴寸帽,身穿圆领短褂,足蹬草鞋,手持"祭牌"跳"祭天舞"出场。十二名村姑头扎蓝底白花方巾,身穿粉红色斜襟衣裤,腰系墨绿色镶边围裙,脚穿蓝色绣花彩球鞋随上,其中两女捧蜡台红烛,两女抬香炉,八女捧猪头三牲、果品美酒,在祭牌引导下跳"求雨舞"。而后"韩湘子"身穿绿色长袍,足穿布鞋,口吹长箫,挥动箫上彩带引龙上场。九名舞龙人上身穿红色对襟短衫,下身穿红色灯笼裤,腰束黄带,头戴雨笠,肩披蓑衣,足穿草鞋,挥龙起舞。从此,舞草龙求雨成为叶榭民间的一种习俗,并影响到周边地区。在传承过程中,形成了草龙舞、滚灯舞、水族舞等民俗舞蹈。该仪式逢农历五月十三、九月十三当地"关帝庙会"时举行,供奉"神箫"②和"青龙王"牌位,分为"祷告""行云""求雨""取水""降雨""滚龙""返宫"七个程序,是村落群体性的祭祀活动。供品必须来自本地,如陈稻谷、麦、豆、浜瓜、鲤鱼等,表达当地

---

①　松江现有的集镇,数叶榭历史最久。据新编《叶榭志》称:"叶榭集镇是个有着两千余年历史的古镇,公元前174年,吴王刘濞在叶榭塘东滩设立盐仓,集盐北运广陵(今扬州),遂成集镇雏形,三国时期已粗具规模。相传有一叶姓猎人开酒店,煮售鹿肉,镇名由此初称为'叶店'。五代十国时期,有叶姓、谢姓两大户居此经商,镇名以两姓得名'叶谢'。明万历年间,董其昌助外婆家建华丽的'叶家水榭',四方乡民便以此为标志,易'谢'为'榭',将镇名改为今日的'叶榭'。"

②　象征韩湘子。

农民朴实、强烈的感恩之情。在"降雨"仪式中,两名村姑将盆中之水不断泼向观众,象征"泼龙水",观者纷纷争着让村姑泼水,表达对村落集体生命绵延的祈愿。

这种接近古代原生态的祭龙求雨仪式,因为有整合村落集体力量的文化功能,已传承了近千年,并孕育出富有特色的民间音乐、舞蹈与相关民俗。1950 年,该地为解除旱情举行了该仪式。后因庙会的普遍式微而中断,近年又恢复。

叶榭舞草龙的传承谱系是这样的:创始人为陈山华,五代(公元 950 年)华亭县盐铁庄人(今团结村)→清代,华亭县叶榭八图(今垫泾村)→陈金缘 102 岁(1984 年病故)(今团结村)→孙岳贤(徒弟)89 岁(2006 年病故)(金家村)→徒,俞金仙 65 岁(金家村);金银山 77 岁(金家村);蔡凤仙 77 岁(金家村)→徒,王妙兴59 岁(金家村);费土根 62 岁,李志才 58 岁(金家村);俞水林 56 岁(金家村);吴辉章 48 岁(金山区亭林镇);俞水云 50 岁(金家村);顾顺林①55 岁(井凌桥)。②

代表性传承人费土根,出生于 1947 年,男性,汉族,生活在农村,自幼就学习手工竹编,学会了编竹篮、竹筐、竹匾等农家生活用具。70 年代跟著名编草龙传人孙岳贤师傅从事学习草龙、滚灯③和水族舞道具的制作。1987 年开始参加文化站组织的滚灯、草龙制作队。20 年来先后 10 多次参加制作滚灯、草龙等,在周围乡镇也有一定的影响,被奉贤区邀请为他们制作滚灯、水族舞道具。2008年,镇组织传承队伍,由 50 多名学生组成,滚灯与草龙相对缩小,他就动脑筋按要求重新构图、设计,达到了预期的效果。费土根扎

---

① 他在叶榭文化站工作,是舞草龙的代表性传承人。
② 以上人员的岁数都以 2009 年为准。
③ 竹编球状,中间置灯。

的草龙,全长 10 米左右,分 7 段。龙骨全部用竹篾扎成,龙衣全部用稻草扎成。每段竹篾扎成直径为 25 厘米的圆圈,用稻草沿圈扎紧,用三根麻线连接起来,龙球用竹篾扎成直径 22 厘米的圆形架子,用粉红色布缝合,一个铁丝穿过中心,扎在竹叉中间,竹柄长 110 厘米,直径 4~5 厘米。龙尾用直径 20 厘米和 15 厘米两道竹圈扎成,长度为 1 米。舞龙杆共 7 根,每根长约 130 厘米,其中 25 厘米分上下两道扎在每段竹圈上。

2008 年,松江叶榭舞草龙以民俗的类型被批准为国家级非物质文化遗产保护项目。叶榭学校将“草龙滚灯”民俗编进了特色校本教材,学生们能从中了解韩湘子“吹箫召龙”的舞草龙起源传说,学校专门成立了“草龙滚灯”学生社团,在 6~8 年级学生中招募成员,每年都吸引五六十名学生踊跃参加。草龙舞表演时需要 10 多米长的大草龙①和 2 米长的小草龙,还有大小不一的滚灯等道具,这些道具都是由叶榭当地老艺人编制的。学生从教材及实践中了解草龙制作的过程。学校还邀请了专家、老艺人来校指导师生掌握舞草龙的表演技巧。社团成员在此基础上编排出一套草龙滚灯舞蹈。伴随着铿锵欢快的节奏,手持滚灯,舞着小草龙的学生依次上场,排列出不同的队形,最后一条大草龙由 10 人舞动登台亮相,翻腾穿行,颇为壮观。据了解,该节目还摘得了 2010 年长三角舞龙舞狮大赛“银龙奖”。②

2010 年 3 月 30 日我们在采访费土根时了解到,像松江叶榭舞草龙这样的国家级非物质文化遗产保护项目,国家与省市级经费当时还没有下来,每次舞草龙需要的经费还是作为传承地的乡镇自己出,

① 竹编结构,扎以稻草。
② 陈佳欣:《编民俗校本教材组草龙滚灯社团叶榭学校传承国家级非遗“舞草龙”》,载《松江报》,2010－11－17。

而乡镇作为基层政府其财力却十分有限。可见非物质文化遗产的保护需要国家与省市政府的支持。

二、黄道婆信仰与上海的海派精神

(一)植棉与纺织中的民间信仰

上海地区元初已有棉花种植。尤其是中国古代纺织革新家黄道婆自崖州①回乌泥泾②故里,革新纺织技术,改进捍弹、纺织、错纱、配色、综线等工具和工艺,广为传授操作方法。人们争相传习,并通过乌泥泾向周边地区广泛传播。植棉因而进一步推广。至今,在当地还流传着赞颂黄道婆的歌谣:"黄婆婆,黄婆婆,教我纱,教我布,两只筒子两匹布。黄婆婆,黄婆婆,吃是吃,做是做,一天能织三个布③。"元代黄道婆已经成为上海的地方神,明代上海地区已大面积生产棉花,至清嘉庆年间粮食种植已大部分为棉花所取代。

植棉业的发展,带动了棉纺织业的发展。人们在黄道婆棉纺技术的基础上,对木制机械不断改进,出现了多种不同类型的轧车、织机等等。例如:脚踏轧车,一人可当二三人操作,每人每日可轧皮棉 110 斤,得净棉 30 余斤。弹棉的弹弓也有改革,用富有弹性的木料制弓,蜡丝作弦,弓身长四五尺,可缚在椅背上弹花,也可背在肩上,用锤子敲绳,棉也震动。这样弹棉既有力,效率也高。这种弹弓,不仅在江南,以及全国推广流传,而且传到了日本,称作"唐宁"。据 1992 年出版的《上海县志》载,1368—1644 年间棉纺

---

① 今海南岛地区。
② 古代属松江府,今属徐汇区。
③ 即三匹布。

织品生产日盛,南北商人携货至上海县①,"徐售其货,徐收其布"。商品流通,数十商市形成。"七宝尖""龙华尖"②棉布闻名于世。明代中叶,上海县已成为全国棉纺织业的中心,布匹营销海内外。当时的《上海县志》载:"家家纺织,赖此营生,上完国库,下养老幼。"布的品种很多,有三梭细布、标布、中机、小布、浆纱布、小标布、稀布、清水布、斜纹布、飞花布,等等。清顺治年间,上海一县年产标布最高达一百三四十万匹。

植棉业和棉纺织业的发展,也改变了民间习俗。明万历《上海县志》载:"妇女习井臼,余供纺织。里媪晨抱纱入市,易棉归,复抱纱出纺。"清乾隆《上海县志》载:"民间男子多好游闲,不事生业。其女子多勤。善织纱,篝灯燎火,至达旦不休。终岁生资悉仰给于织作。"织重于耕,一个能干的女子,往往成为一个家庭中的主要支柱。而新娘嫁妆往往以陪嫁土布数量为标志,称多少个布,嫁妆于女家出门前,必以土布扎缚,缺此不可。农历七月初二,凡女结婚未满一年,须回娘家,直至过初七,随父母于棉田锄最后一次秋草,谓"斗量花"。民谣有:"七月七,鹊桥来相会,十个姑娘九不归,蹲了娘家帮脱花。"③

（二）黄道婆崇信与上海海派文化

近20余年来,海派文化受到学术界与媒体的重视。"海纳百川"被认定为海派文化最传神的概括。实际上,当下人们的认识侧重在海派文化对外来文化善于吸纳方面,如此,浦西"万国建筑博览"、浦东东方明珠等建筑群、中西合璧的"石库门"等,被认为是海派建筑经典,20世纪20—40年代的上海文学艺术也被认为是海派

---

① 上海县立县于1292年(元至元二十九年),当时面积约2 000平方千米。
② 布之精者为尖。尖,为顶尖之意。当时人们对龙华、七宝所产棉布的赞词。
③ "蹲了娘家",上海方言,即住在娘家。这里指在娘家帮助锄棉田草。

文艺的历史性亮点。这些确是海派文化内容的组成部分,但仅于此,是有严重偏颇的。笔者认为:海派文化的前提性要素是海洋,其底蕴与特质是在对海洋开拓的历史过程中形成的勇气、智慧、胸怀、胆识等群体品格,或者说具有大海一般的视野、胸襟、坚韧与包容性。

按此认定,海派文化并非在上海开埠以来的一百五十余年突然形成的,而有其漫长的历史积淀过程。据上海福泉山等古文化遗址的考古发现,至少在六千年前上海已有灿烂的原始文明,拉开了海洋开拓的历史序幕。元代,黄道婆棉纺织技术的传播,使上海及相邻地区成为"衣被天下"的中国棉纺织品生产基地,极大地推动了中国的海洋经济与海洋文化的发展。近一百五十余年来,上海及江南地区的崛起与繁荣,仍受益于这位七百年以前的伟大的科技革新者与传播者。

在中国史籍记载的文化名人中,黄道婆是现上海地区的普通农家妇女,元末陶宗仪在《辍耕录》卷二四云:"有一妪名黄道婆者,自崖州来,乃教以做造捍弹纺织之具,至于错纱配色,综线挈花,各有其法。以故织成被褥带帨,其上折枝团凤,棋局字样,粲然若写。人既受教,竞相作为,转货他郡,家既就殷。未几,妪卒,莫不感恩洒泣而共葬之。又为立祠,岁时享之。"另一位元人王逢在《梧溪集·黄道婆词诗序》云:"黄道婆,松之乌泥泾人。少沦落崖州,元贞年间(1295—1297 年),始遇海舶以归。织崖州被自给,教他姓妇,不少倦。未几,更被乌泾,名天下,仰食者千余家。"这些原始记录可以肯定黄道婆是生于宋末的松江乌泥泾,年轻时踏海到崖州学到了当地的棉纺织技术,并加以革新,成为能传播这些先进技术的纺织能手。黄道婆回到家乡,积极推广棉纺织新技术,使当时纺户发展到千余家。黄道婆死后,即被民众奉为文化英雄神。

　　上海至海南横亘千里大海,黄道婆踏海破浪出自一次偶然的机会。黄道婆生逢宋元鼎革的乱世,出身寒苦,幼年当过童养媳。成年后她躲入停泊在黄浦江边的一只海船,流落到海南岛崖州。黄道婆本是被压在社会底层的童养媳,为反抗压迫,敢于出海逃生,就已经具有大海一般抗争命运的坚韧性。

　　黄道婆对命运的抗争,使中国的纺织业获得了一次历史性进步的契机。因为这位勤劳、聪慧的上海纺娘到了当时中国棉纺织最先进的地区,即棉纺织业已负盛名的宋代黎族聚居地。黄道婆学习、总结并创新了海南黎族妇女的棉纺织技术,至今,在海南仍然流传着许多黄道婆的民间传说。

　　黄道婆踏海回乡,已是 50 岁左右,看到家乡乌泥泾因土壤贫瘠,不利种稻,便孤身一人全身心投入到棉纺织技术的传播事业中,传授于当地妇女错纱、配色、综线、擘花的方法,织出折枝、团凤、棋局、字样等图案,织成被褥带帨等成品。将崖州被(黎锦)的提花印染等工艺发扬光大,在创新的基础上创造出精美高贵、具有江南特色的“乌泥泾被”。她的家乡就有千户织户,成了一个富庶的知名村镇。

　　黄道婆逝世后,松江府地区很快成为全国植棉业的中心,并赢得了“松郡棉布,衣被天下”的赞誉,黄道婆原创的棉纺织新工艺长期流传于世。据清代褚华《木棉谱》记载:松江府地区普遍栽种的“杜花”和“紫花”,均为黄道婆传下的棉种。盛行于明清两代匹值万金的棉织龙凤、斗牛、麒麟等袍服材料,也是沿用黄道婆的方法生产的。可见,黄道婆的技术革新,极大地解放了妇女的生产力,使上海及江南地区成为中国最富庶的地区,为上海及江南的近代崛起夯实了物质与精神基础。上海民谣“……黄婆婆,教我纱,教我布……”述说着黄道婆伟大的历史功绩。黄道婆的成功与大海相连,也可以说,她作为一个上海人,就天然与海洋有关,她所具有的海洋精神为上海海派文化奠基。

上海先民与当代人一直在为海派文化添砖加瓦。明代以来,上海居民为抗击倭寇进行了数百年的英勇斗争,如今上海郊区民间信仰中传承了一批抗倭英雄。小刀会起义与两次上海抗战,都体现人民的众志成城、前赴后继、英勇不屈,以及如同大海一般的坚韧与整体精神。上海成为中国吸收外来文化与科学技术最迅速,而且最具有创新意识的城市,如此,中国共产党成立于上海,许多新思想的传播始于上海。在新中国成立后,上海一直是科技、文化、教育、工业最发达的地区,出现了一大批如彭加木等勇敢且具有创新能力的科学家。在国难当头的艰难岁月,他们接纳了当时将惨遭屠杀的3万多犹太人,并让他们好好活下来。实际上,上海是世界上最大的移民城市,不仅吸纳各方人才,也吸纳无数难民,在这个意义上说,上海人做到了"海纳百川"。

黄道婆对历史的实际推动,在人类的文明史中,女性当中只有近代伟大的科学家居里夫人能够媲美。黄道婆也成为历史上有十几处祠庙的上海地方神与民俗神。2006年,黄道婆棉纺织技术列入国家首批《中国非物质文化遗产保护名录》。由此,在上海的宗教学研究中,黄道婆信仰无疑构成重要一章。

(三)黄道婆棉纺织工艺成为国家级"非遗"保护项目以后

我们在调查中发现:在某些地方,一项当地的文化遗产被列入省市级或国家级保护名录后,即会成为当地文化建设的热点与重点,成为全民盛大的文化节日,但也有些地方,仅限于文化部门与学术界少数人知道,民众知之甚少。这是由于各地领导和群众对于文化遗产保护工作的重要性和紧迫性认识不同,导致保护工作进展不均衡。

黄道婆棉纺织工艺成为国家级"非物质文化遗产"保护项目以后,上海徐汇区文广局与传承地华泾镇都比较重视,召开了关于黄道婆的国际学术研讨会,编制了相关教材,将某些学校作为"非物质文化遗产"传承基地培训学生等,这是可喜的开端。但是考虑到黄道婆对上海的贡献,相比黄道婆的第二故乡海南岛,上海作为黄道婆的第一故乡对黄道婆创新精神的弘扬是不够的,缺乏全市规模与力度。

黄道婆远涉海洋的传奇人生是上海先民海洋精神的生动体现,是上海近代海派文化形成的历史基石,如此,黄道婆成为上海古代三位文化伟人之一。另外两位是春申君与徐光启。① 春秋、战国时期,楚封春申君的治理开始形成了上海地区的文化身份,即以"申"为自我称谓,以吴越文化为地方本色,春申君时代上海的海洋开拓有了新的发展,致使秦在今上海金山区设立的第一个郡县——海盐县与海洋有关,春申君也是上海历史悠久的民间神。徐光启是明代伟大的科学家,他的视野穿越了海洋,为西方科学技术系统传入我国之肇始。这三位最能代表上海特色的文化伟人在他们的故乡仍没有得到应有的重视,历史上曾经有过十几所黄道婆祠庙,但后来大部分颓败,黄道婆棉纺织技术濒于失传。虽然,黄道婆棉纺织技术作为一种历史上的生产技术无疑是会过时的,但黄道婆所代表的上海的海洋精神对今天与未来上海的发展具有永恒的价值。因此,在人们大力传承海派文化的今天,我们仍有必要在海派文化奠基者黄道婆所体现的文化精神中,去深化对海派

---

① 战国时期楚国的春申君黄歇最早开发了上海,治理了黄浦江。公元前 27 年,楚考烈王改江东(今上海、苏州、无锡一带)为春申君的封地。相传春申君精于治水,功绩卓著,黄浦江系其所疏凿,又名春申江,上海之简称为"申"盖源于此。徐光启,明朝南直隶松江府上海县人,中国明末科学家、农学家、政治家,中西文化交流的先驱之一。欧洲人称他"徐上海"。

文化内涵的理解。

海派文化热闹了已有二十余年,但作为社会良知的学术界与主流媒体,对黄道婆的研究与弘扬实在太细小,造成的直接后果是,黄道婆精神文化遗产的悄然流失。2006年6月11日《上海青年报》报道:乌泥泾黄道婆纺织技术的传人之一75岁的康新琴阿婆演示黄道婆纺技,吸引了很多人驻足观看,只见她脚踩踏板,缠着线的梭子在灵巧的手上左右翻飞,一块色彩斑斓的织布在古旧的木头织布机上渐渐显现出了雏形……可见她的纺织技艺确实高超。但是像康阿婆这样的老人在上海仅剩不到10人,黄道婆纺织独特的三锭纺车也基本找不到了。一门从元代起就声名显赫的民间传统技艺,如今却是濒临消失。上海奉贤区的庄行土布染织工艺是黄道婆纺织工艺在当地的传承与发展,2009年列入市"非物质文化遗产"项目。近年,庄行土布馆是中外游客最有兴趣的旅游热点,接待8万余人。土布服装表演成为当地菜花节最受欢迎的节目,极大地促进了该乡与日本鹿儿岛姐妹乡的国际文化交流。但是,当下只有十几位老年人会这种手工技艺,纺织机也多已被丢弃,当地的年轻人由于忙于上学或打工赚钱,失去了学习这种工艺的兴趣与热情。这项沪郊独特的民间工艺也面临后继无人自然消失的命运。历史上曾经有过的十几座黄道婆祠庙大部分颓败,虽然近年修建了黄道婆纪念馆等,但并没有在全市形成必要的文化影响,上海的黄道婆民谣几乎成为绝响。

黄道婆第二故乡——海南的情况是这样:海南崖城镇对当地历史文化资源进行了详细梳理和整体规划,积极开发崖城古镇历史资源,包括要在水南村建立"黄道婆纪念馆"和"黄道婆庙"。在纪念馆附近组织人员运用轧车碾子法、脚踏纺车一纺三纱法织布等,用再现原生态的方式构成完整的黄道婆纪念景区,展示黄道婆棉纺织技术革新后对社会的巨大推动作用,宣扬黄道婆的历史功绩。

据《海南日报》2006年4月10日报道:海南首台大型民族舞剧《黄道婆》当晚在海南省人大会堂公开亮相了。虽然只是部分场次,但还是让人们有种惊艳的感觉。无论是舞蹈编排设计、演员表演,还是舞美、灯光、音乐、造型,各个环节都在古朴中透出现代意味,于厚重中不失时尚气息,令人耳目一新。从策划之初,《黄道婆》就受到海南省委省政府有关领导及各相关部门的高度重视,全剧主创人员由北京舞蹈学院、北京歌剧舞剧院等国内一流艺术院校和文艺团体的主力担当,海南省歌舞团及艺校的舞蹈精英也悉数加盟,演职员达到近60人的规模。该剧不仅要代表海南参加第三届全国少数民族文艺会演,还将参加上海第八届国际艺术节以及第四届全国歌剧舞剧音乐剧优秀剧目展演等多项大型活动,并将参加文化部文华奖角逐。

然而在上海只有徐汇区业余演员演出的新编越剧《黄道婆》走进社区舞台,强大的具有强烈创新意识的上海主流文艺界却对本土的具有史诗价值的黄道婆题材无动于衷。

黄道婆无疑是上海最杰出的人文代表,因此我们曾向有关部门建议在未来上海的城市建设中,黄道婆应该是城市雕塑、广场、公园等不容忽视的文化主题,成为上海国民教育不可或缺的基本教材,要采取切实有效措施,不使黄道婆非物质文化遗产继续流失,并通过文艺作品等各种形式,使人们通过了解黄道婆了解一个真实而伟大的上海。

三、庆阳香包与文化产业

许多非物质文化遗产蕴涵着民间信仰的因素,民间信仰是许多非物质文化遗产的根基。从上述调查中可以看出,自 2006 年我国开始的非物质文化遗产保护运动,为民间信仰的发展提供了一个新的理论维度与实践操作的重要平台。但是,非物质文化遗产保护项目仍有其濒危的一面,非物质文化遗产保护与传承仍是摆在我们面前的一个重要课题。本节以庆阳发展香包文化产业为例,探讨非物质文化遗产保护与民间信仰发展的新路子。

(一)庆阳香包的发展与民间信仰性质

1. 庆阳香包的历史与特色

庆阳市位于甘肃省最东部,地处黄河中上游的黄土高原,是陕甘宁三省的交会处。秦时为北地郡,隋代改庆州,宋代定为庆阳府。

庆阳香包的起始时间尚不可考,据说形成于公元前 2300 年以前,《黄帝内经》的作者歧伯曾携一药袋防疫驱瘟、禁蛇毒,开创"熏蒸法"。因歧伯生于庆阳,故此法在当地渐成习俗,流传不断。草药被称为"香草",因而药袋便称为"香包"或"绌绌"①。中华医学最早的经典之作《黄帝内经》中就有关于香包的记载。庆阳现存的最古老的香包历史也在八百年以上。2001 年文物工作者在庆阳市华池县双塔寺塔体内发现了一个保存完好的香包,这个香包通体由黄褐色织绵缝制,呈一边平直的椭圆形,玛瑙宝石带链,周边采用传统锁边工艺,附加十字针黄白丝线装饰边缘,底部有写意式的凤爪纹饰。主体为海棠花,是用彩色丝线绣成的。花叶造型从色彩到形态层次分明,富于变化,虽年代久远,仍艳丽如新。因双塔寺建造于金大定十年(1170 年),距今八百四十多年,香包至少与双

---

① "绌"原指原始骨针的一种缝制方法,后借称用布缝制、袋口能松能紧的包袋。

塔同庚,故被称为"千岁香包"①。

"千岁香包"的出现,证明香包当时在庆阳已很盛行了。据调查,20世纪60年代以前,庆阳香包的绣制普及到家家户户,庆阳女孩儿多"七岁、八岁学针线"。20世纪60年代,庆阳香包开始沉寂下来。近二十年,香包的制作与刺绣又开始复兴,2002年庆阳市被中国民俗学会命名为"香包刺绣之乡"。

庆阳香包以其古拙质朴、富有原始文化遗存和手法奇特而区别于国内其他香包。其特点是色彩浓重,工艺精湛,立体感强,动静互补,民俗意识深厚;刺绣手法多变,不讲透视,不求比例;不讲形象,只求神似;夸张变形,突出头身。各种动物香包,或大头小身、有头无尾,或有头无足、有头有身无腿,或身长蹄短、以爪代腿等,完全由刺绣艺人随艺术思考刺就。类型大体有头戴型、肩卧型、胸挂型、背负型、脚蹬型五种。

在庆阳,香包无处不在,随处可见,如挂在农村老汉的旱烟袋上,戴在乡里孩子的头上,穿在农家姑娘的身上。尤其是端阳节这一天,大小孩子都要戴香包,特别是孩子,前胸、后背、肩上缀满了各种各样表示吉祥祝福、驱邪镇恶的香包。这一天的庆阳,大街小巷、岭上原下,犹如一个香包的博览会,城镇乡村香气四溢。

2. 庆阳香包的民间信仰性质

庆阳有着浓郁的农耕文化习俗,其中一个最显著的特点是男耕女织。在生产力较为发展的前提下,女人们除完成织布缝衣外,还做一些工艺品、礼品用来点缀生活,联络感情,香包也就由此而生并广为流传。这些香包给人以原始生命的壮美感,包含和浸透着古代哲学的神秘色彩,内容无所不包,多以人类童年期的多种崇

---

① "千岁香包"的复制品成为庆阳最重要的礼物,赠送给参加2009年11月由文化部文化产业司主办的会议与会者。

拜和原始图腾为主题。

香包的直接功能是传播香味,我们从古代民族的用香习俗说起。早在公元前3000年,尼罗河流域的古埃及人为了保证香料的来源,发动过多次征战。在图坦卡门金字塔里,就发现了许多存贮各种香料的容器。两河流域的古巴比伦人在祈祷、占卜时都要焚香以引起神灵的关注。古希腊和古罗马人以燃烧香木、香料或树脂来供奉神灵。在古印度有燃香和以香花供佛的传统。在我国,用香草进行祭祀起源也很早。《周礼·甸师》云:"祭祀,共(供)萧茅。"①《礼记·祭义》则曰:"建设朝事,燔燎膻芗,见以萧光,以报气也。"②由此可见,无论中外,古代的焚香活动都与原始信仰和宗教祭祀有关,它是人与神之间精神沟通的中介与桥梁。

战国时期,屈原《离骚》中有"扈江篱与辟芷兮,纫秋兰以为佩"。江离、辟芷、秋兰均为香草。纫,乃连缀之意。佩即佩帏,在这里既指香包,也含佩戴之意。全句的意思是把装满香草的佩帏戴在身上。这说明香包早在屈子所处的战国时代已是一种饰物了。汉代《礼记》有云:"男女未冠笄者……衿缨皆陪容臭。"容臭即香包,说明汉代未成年的男女都是佩戴香包的。到了唐宋时期,香囊逐渐成为仕女、美人的专用品。而男官吏们则开始佩戴荷包了。有的官吏上朝时干脆把荷包缀于朝服之上。当然,那时的荷包与香包不完全一样,香包里主要装的是香草,而荷包主要是"盛手巾细物"的。这与2001年时庆阳市华池县双塔寺出土的手包形"千岁香包"比较吻合。至明清两代,香包十分兴盛,成为人们佩戴或馈赠的佳品。至清代,香包已成为爱情的信物了。而历史演化到近代,香包则多半用于民间端午节的赠品,主要功能是求吉祈福、

---

① 萧,艾蒿;茅,香茅。皆香草类植物。
② 膻,羊肉的气味;芗,香草或谷类的香味;萧光,燃烧艾蒿类植物的光焰。

驱恶避邪。

香包在端午节中的传统用途主要有两种:一是辟邪,香包装入人们认为有辟邪之效的香粉或者绣上符图,可以辟邪祈福;二是防病避瘟,香包可以使用有防病驱虫效果的原料。后来发展出来美化环境与人体的功用,香包的香气可以使环境气味芬芳,其秀美外形则可装饰房屋、打扮儿女。

庆阳香包佩戴之俗的核心文化观念也不外乎祛恶气、辟邪秽,是节令的喜庆装饰,它的民间信仰的性质也由此表现出来。人们认为要使孩子平安成长,无灾无难,就得靠神灵或吉祥物辟邪驱鬼,消灾护身。庆阳虎、狮图案的单体香包和五毒簸箕、五毒帽等群体香包,都属于这一类。除此而外还有鸡,鸡鸣天亮,古人因此便把鸡与鬼魅的消失联系起来,认为鬼魅是怕鸡的,鸡能辟邪驱鬼。还有蒜头香包(蒜骨朵)亦是辟邪的象征。在葫芦香包里面缝入葫芦籽,也被认为是法力无边的护身之宝。"千岁香包",选用变形的梅花、荷花及缠枝花为刺绣纹饰图案,是按照佛教净土的教义设计的,其寓意是把这件小香包看做"西方净土",因为变形梅花从唐代起就作为佛胸前的吉祥标志。

3. 庆阳香包的文化产业

经过近几年的开发,庆阳市已经形成了以香包刺绣为主的民俗文化产业雏形,开发模式主要有:"公司加农户模式"——以公司为龙头,集研发、设计、生产、收购、销售于一体,实行规范定型,订单作业,农户加工,批量生产,逐步形成规模化、专业化、产业化的发展格局;"能人带动农户模式"——在民间艺术能人的带动下,形成各具特色的文化生态村,一批香包刺绣村、道情皮影村、剪纸雕塑村、秦腔头帽村已粗具规模。集团公司构成协作力量的核心,将生产展销系统化,将不同门类的民间艺术品系列化。这些能人中有李秀娥、贺梅英等优秀的香包制作传承人,她们靠聪明智慧生财,靠灵巧双手致富,实现了融精神财富与物质财富于一身的财富创造,初步达到了"卖"文化、"卖"智慧的目的,也开始实现了自身的人生价值。这种生产形式,不受时空、资金制约,户户都是"车间",人人都是"工人",一个艺术大师就是一个企业家,一个香包刺绣实体就是一个没有围墙的无烟艺术工厂。

据不完全统计,该市已有香包、刺绣、剪纸、雕塑等专业村276个,年销售收入在100万元以上的产业基地39个。正宁县已有6个乡镇建立了30个龙头企业,带动5 000多户发展香包产业。香包工艺,作为国家级第一批"非物质文化遗产"保护项目,已成为庆阳文化产业的核心,并同当代人的审美与保健需求结合,研究开发出了岐黄保健、中医养生、传统民俗、时尚礼品等系列香包产品,组织中医专家开发研制了医疗保健香包香料配方10类26种,体现了"庆阳香包—中国香道—中国千年养生之道"的核心价值。

(二)庆阳香包如何更好地走入世界文化市场

自2002年以来,到2010年,庆阳已举办了八届端午香包民俗文化节。以庆阳香包、刺绣、民间剪纸、道情皮影、陇东民歌为代表的"庆阳五绝",已成为民俗文化产业的知名品牌,带动了草编、根雕、泥塑、石雕、面艺、戏剧服装道具、艺术壁挂等工艺美术门类的发展。特别是被联合国教科文组织和中国民间艺术家协会命名的1名"一级民间工艺美术家",被中国民间艺术美术专业委员会命名的76名"中国民间艺术大师",甘肃省民间文艺家协会命名的63名"甘肃省民间艺术家",他们充分发挥了名家效应,其贡献促进了名牌产品的形成。庆阳已被中国民俗学会、中国民间工艺美术专业委员会等学术团体和中央美术学院、清华大学美术学院等全国著名高等院校确定为中国民俗文化及民间工艺美术调研基地、中国民俗艺术教研基地。

目前,庆阳有民俗文化产业开发企业 100 多家,吸纳从业人员 15 万人以上,年实现产值 1.5 亿元,产品销往美国、日本、新加坡、欧盟等 20 多个国家和地区。但从其产品本身蕴涵的文化价值,以及庆阳人的投入(包括体力与智力)来看,大部分香包产品仍然没有充分实现其应有的价值,相当一部分产品只是实现了劳动力价值,其文化附加值还远远没有实现。为之,我们有必要探讨类似庆阳香包这样的文化产品如何更好地走入世界文化市场。

1. 彰显本土的民族原创性文化

近三十年来,"文化寻根热"遍及全球,对本土的民族原创性文化——民俗文化遗产的珍视,是民族自尊与创造力的表达,因此,在国际重大活动——如奥运会、世博会中,举办国会千方百计展示本土的民俗文化。汉城奥运会的开幕式以鲜明的韩民族的民俗文化给世人打下了深刻的烙印,悉尼则以有四万年历史的土著民俗文化作为其展示的主题,大阪世博会以其鲜明的大和民族的民俗文化特色给世人心中打下烙印,特别是建在万博公园的大阪国立民族学博物馆成为世界民族的民俗展示地、世界文化人类学的学术交流中心与博士生的培养基地。

1997 年,我国参加日本鸟取"山阴梦港博览会",展出了满族的"三进九合院"、民间刺绣等,受到 197 万日本观众的热烈欢迎,日本方面为此在博览会挂牌致谢,日本皇太子秋宫涤夫妇亲临吉林馆[①],接受的礼物是吉林民间艺人的 56 个民族的服饰剪纸。

2004 年我国学者在加拿大考察温哥华文化人类学博物馆与渥

---

①　1997 年,王宏刚曾受吉林省政府委派,到日本鸟取"山阴梦港博览会"任吉林馆馆长。

太华文明博物馆①,看到他们展示的主要内容是北美印第安人的民俗文化,展品相当一部分是当地的民间信仰的产物,该馆的旅游纪念品都是有鲜明民族个性的民间工艺品,价格不菲,博物馆对其还有系统的实物、实景与影视展示,不仅使观众了解其文化本质内涵,还产生了收藏的冲动。

如果我们将一批类似庆阳香包的原生态作品拿到世界主要博物馆展览,建立长期的合作交流关系,利用当地的媒体宣传,也能使其更好地走向世界。

2. 原生态园区展示与价格保护

文化产品只有保持其唯一性,才能实现其内在的文化附加值。这方面加拿大的做法值得我们学习和借鉴。以多伦多、魁北克的印第安社区为例,其生活设施已经相当现代化——全部是西式别墅,但门前仍然有古老的民俗信仰图腾的标记,在社区文化中心保留了原汁原味的民间信仰的场景。每逢节假日,人们身着传统服饰,进行古老的萨满教仪式,唱起古歌,跳起图腾舞蹈,讲唱祖先的英雄史诗,然后按传统阖族喜宴。这个场景不仅是用于游客参观,也是展示其工艺品的生产基地,是当地印第安人的精神家园。

加拿大还利用价格杠杆对原生态园进行保护和发展。魁北克的一家因纽特人工艺品专卖店,其门票要 10 加元,比著名的渥太华文明博物馆贵 3 加元,其商品全部是石雕作品,内容是北极圈的动物世界崇拜,是当地的民间信仰,利用当地石料,凭借粗犷生动的笔法,不拘一格地显示了北极圈的文化个性。这里最小最简单的石雕要人民币 300 元以上,底座直径约 30 厘米的石雕要 1 万元

---

① 2004 年初夏,王宏刚在加拿大渥太华大学参加"北亚萨满教艺术及传统"国际研讨会,并考察了北美原住民印第安、因纽特民族的某些社区与相关博物馆的民俗文化,这是一次行程一万多公里的学术之旅,期间考察温哥华文化人类学博物馆与渥太华文明博物馆。

人民币。重要的作品旁都有作者的影视简介,画面朴素、清新、明快,展示出其在北极圈原生态园区中的制作过程。人们沉积在那种自然、人文与艺术结合的氛围之中实在是一种享受。展示原生态生产过程是其经销的主要方式,这既保持了市场的唯一性也保障了其产品文化附加值的实现。

对于类似庆阳香包的文化产品,我们也可以保留其原生态生产与生活基地,以便旅客到实地亲眼目睹,也可以拍摄工艺传承人的短片,作为产品的说明或者可以借助发达国家的艺术品交易商的现成平台,来拓展我国文化产品的国际市场。

3. 民间工艺品的文化设计

据我们调查,各地民间工艺品走向国际文化市场的普遍的"瓶颈",一是市场培育的初期经费贫缺。由于中国地方的工艺品营销基本上仍然处于守株待兔状态,要培育国内市场尚需时日与较大资金,而传统工艺品生产是家庭式或作坊式的,承担不了培育市场的经费,而打入国际文化市场,又缺乏相关路径与必要成本。所以我们认为当地政府的工作重点应该在初期的市场培育上,投入必要的经费①,建立起市场培育的激励机制。二是产品普遍缺乏高品位的文化设计。在我国文化设计只是设计学中的一个讲座题目,缺乏高素质的文化设计人才,而在欧美、日韩民俗学与文化设计已是后来居上的学科,有较系统的理论与实践。

前文叙述的渥太华文明博物馆与魁北克因纽特工艺品专卖店,都有一批有国际文化市场眼光的学者担任文化设计,所以成为世界级的民间工艺品的展示与销售中心。俄罗斯科学院彼得堡民族研究所与民族博物馆是两块牌子、一支人马,学者的田野调查与研究成果必须在博物馆的文化设计中体现出来。

---

① 犹如科技项目的中试阶段的投入。

日本境港市①仅4万人口,但市政建设中以当地一组古老的民间传说——鬼太郎的故事作主题,渗透到该市居民的衣食住行中,不仅整个城市被建设②成一个美丽的童话世界,而且预留了与鬼太郎相关民俗信仰的文化空间,全城居民都成为本土非物质文化遗产的守护者、传承者,不但丰富了居民的精神生活,而且吸引了大批海内外游客,成为国际旅游胜地。这就是文化设计的奇妙!

20世纪80年代,日本的一个偏僻山区乡镇三岛町受到现代化的强烈冲击,年轻人大部分出走,经济滑坡。十年内,他们挖掘本土工艺——树皮编织与木雕,并与当地的冬祭等民间信仰活动结合,成为日本著名文化旅游地,产值增长10倍。其原因之一是千叶大学工学部长宫崎清教授参与了该地的文化设计。而作为三岛町姐妹乡③的我国云南白族镇南乡,木雕工艺比三岛町技高一筹,连三岛町町长见了都惊叹不已,但镇南乡木雕工艺品的市场价格却只有日本的十分之一,甚至二十分之一,其原因之一也有文化设计的问题。

如果类似庆阳香包的民间工艺品也有高素质的文化设计人才参与指导,也许前景更锦绣。

4. 民间工艺品的传播要传达其中的文化理念

民间工艺品不仅内含着先民的聪明才智,也蕴涵着他们的文化理念,挖掘这种理念也是开发民间工艺品的重要方面。

20世纪50年代,中国境内的大、小兴安岭鄂伦春人陆续实现了定居。定居前的漫长岁月,桦皮制品覆盖着鄂伦春人的全部生活,定居后,鄂伦春人的桦皮工艺式微。但近十年来,随着民族旅

---

① 1997年,王宏刚在日本境港市讲学。
② 包括街道布局、城市公共雕塑、建筑风格、公园广场等。
③ 2003年,在王宏刚与中国社科院苑利教授的联系下,三岛町与云南的白族镇南乡结成姐妹乡。

游业的兴起,鄂伦春人的桦皮制作业出现了强劲的复兴,我们调查的大兴安岭的塔河县十八站鄂伦春民族乡、呼玛县白银钠鄂伦春民族乡、小兴安岭逊克县新鄂鄂伦春民族乡都出现了家庭式桦皮手工作坊,甚至在十八站鄂伦春民族乡出现了桦皮协会,以及由十几人组成的大型作坊。鄂伦春桦皮制品成了当地与省会哈尔滨展示鄂伦春文化的主角,甚至在北京等地的民族文化展示中,鄂伦春桦皮制品也是引人注目的展品。鄂伦春桦皮制品不仅是大、小兴安岭地区的主要旅游纪念品,而且在哈尔滨、牡丹江等城市有专卖店。随着各国游客的到来,鄂伦春桦皮制品已流传到国外。

相对人数稀少的鄂伦春族来说,制作桦皮制品的原料——白桦在大、小兴安岭的储备是极为丰富的,但鄂伦春人却格外地珍惜。鄂伦春人在桦树上用刀切割桦皮的时候,格外小心翼翼,因为要确保刀尖不能伤害桦树的内皮,如此被剥去桦皮的桦树才能不死。而实际上,鄂伦春人剥取桦皮后的桦树果然不死。除了他们有高超的技术外,"敬物如神"的萨满教观念起了潜在的作用。据我们的调查对象关扣尼说:"萨满教认为:花草树木、江河大山、飞禽走兽都有生命,都有神灵,人类都要珍惜、爱护才能繁衍兴旺。所以在大山游猎时,绝不乱打滥伐。大兴安岭满山遍野都是林子,但往昔他们在山林中游猎时,只用雷击木与倒木做燃料。"

由于鄂伦春桦皮工艺品与当今世界"保护自然、回归自然"的文化思潮契合,这种纯自然的工艺品受到国内外游客的欢迎。如今,桦皮工艺列入了当地学校的乡土教材,不仅传承一种工艺,也传承一种健康而富有生命活力的文化理念。所以鄂伦春桦皮工艺还深刻地影响了与其相邻的汉族、满族、达翰尔族等,如在大兴安岭原本不使用桦皮制品的汉族中,就出现了一批桦皮制作高手。桦皮制作工艺也成为当地旅游的亮丽风景。在鄂伦春桦皮作坊中,大量游客来到这里,不仅仅是为了购买工艺品,更重要的是为了观看这种独特工艺的展示。赛桦皮船、桦皮工艺制作成为鄂伦春重大民族喜庆活动的主要内容之一。鄂伦春桦皮工艺的复兴表现了民族文化意识的自觉。

近三十年来,中国作为一个成长中的旅游大国,生产了不可计数的民间工艺品,但总体仍然在中低端水平徘徊,没有占领国际文化市场的高地,数量巨大而效益低下。因此,我们希望类似庆阳香包、鄂伦春桦皮工艺这样的民间工艺品能够通过文化设计,走向世界文化市场的高端,成为新时期中国的文化产业示范基地。如此,中华民族灿烂的文化遗产才能更好地传承下去。

第八章 关于民间信仰的认识与政策导向

在社会转型的新时期，统战工作的内涵更加广大，也包括对民间信仰的全面的、科学的认识与符合中国国情的管理方式的实施。本章对民间信仰提出一些本质的认识与政策法规方面的建议。

第八章 关于民间信仰的认识与 政策导向

统一战线是中国共产党领导中国人民取得革命胜利的三大法宝之一。在社会转型的新时期,统战工作的内涵更加广大,其形式也更加丰富与多样。宗教领域是党的统战工作的重要阵地,民间信仰是我国宗教信仰的重要形态,对民间信仰有一个全面、科学的认识,探究其规律,从而将新时期党的统战工作的精神、政策、步骤渗透到各种类型的民间信仰的社会团体、群众组织中,创造出适应新时期发展战略需要的引导与管理工作新模式,是当下中国宗教学、社会学、民俗学界与政府相关部门的重要现实课题,为之,需要在深入调查的基础上进行系统研究。

本章结合我们在近年中对部分地区民间信仰的历史和现状调查,结合我国的非物质文化遗产保护工作,对民间信仰提出一些本质的认识与政策导向方面的建议。

一、如何正确理解民间信仰

(一)民间信仰与中华民族传统文化

余秋雨教授曾经在《解放日报》首届"文化讲坛"的演讲中说:"我们很容易把文化看成是知识,其实文化更重要的是一种精神力量。什么是文化? 所谓文化就是人类为了摆脱愚昧和野蛮而构建起来的价值系统,它的成果是不断创造和不断更新的一种积极的人格。"他的讲话启发我们对文化的思考,研究我国民间信仰文化中的积极内涵,发挥其在建设中华民族共有的精神家园、构建和谐社会和促进祖国统一中的特殊作用,具有时代意义。

1. 妈祖文化具有独特的民族凝聚力、感染力

近年来,我们参观过各地许多妈祖庙,参加过一些妈祖文化研讨会和妈祖祭祀活动,所见所闻众多,被妈祖所独具的在推动两岸交流中发挥出来的凝聚力、感染力、整合力所震撼。

妈祖信仰蕴涵着中华民族传统历史文化的积淀,具有鲜明的民族品格和强烈的民族意识。当年郑成功收复台湾,传说就是择日祭祀妈祖,大举获胜。日本侵占台湾时期,奉行殖民同化政策,企图以日本神道教和靖国神社取代中国的庙宇。台湾同胞从未屈服于日本殖民主义的淫威,针锋相对,借助民间信仰表达对殖民统治的反抗,寄托对祖国大陆的眷恋。1945 年日本战败后,台湾人民彻底废除了神道教及其庙宇,和中华文化血脉相连的民间信仰庙宇纷纷重建,香火空前旺盛。闽台两地各种修谱续牒、寻祖追根的活动日趋频繁。台南大甲慈济宫每年农历三月十一日都隆重举行弘扬民族精神、遥祭大陆列祖列宗的"上白礁祭典",连绵三百余年,从未间断。该宫还有一块"我台人士祖籍均系中国移来"的石碑保留至今。这就是独特的民间信仰文化浇铸、整合出的两岸同胞共同的民族文化心理。

海峡两岸民间信仰的人文背景是建立在共同的民族文化心理之上的,尽管 1949 年以后海峡两岸在政治上断绝来往,但两岸宗教文化并没有断绝和湮灭。1989 年 5 月 6 日,224 名台湾同胞不顾台湾当局禁令,分乘 20 艘渔轮,直航抵达湄洲岛,朝拜妈祖娘娘,首开两岸民间直航的先河。而后,台胞掀起了"人寻根,神寻祖"的

热潮,2002 年 7 月 25 日,妈祖金身直航澎湖引起海内外轰动。二十年来,每年赴湄洲岛朝圣妈祖的台胞都达十几万人次,台湾同胞和大陆同胞在某种程度上是通过妈祖崇拜这样一条民间信仰文化的纽带,来体现对中华民族文化的认同感的。年复一年的迎神、祭神、娱神等民间庆典活动都会强化民族意识和归属感。如今,妈祖已成为海峡两岸人民互相往来的和平女神,"同根同源"的人文精神,逐渐形成一个"华夏文化根基"。两岸关系能走到如今的良性态势,妈祖功不可没! 无论有什么艰难险阻,她永远在两岸人民的心中,世世代代薪火相传!

2. 冼太庙彰显中华民族"尊崇女性""英雄崇拜"的文化特质

一位 28 岁的年轻女子成为中国的海洋女神,反映了中国的文化特色,有其历史的必然性。悠悠中国文明史,曾从母系氏族社会走来,从原始宗教诞生起,就充满了对女性的尊崇,传承了不少古代女性本位思想。而对大自然的敬畏,更体现出人类对英雄的崇拜以及祈盼战胜灾难,与大自然和平相处的美好愿望。中国文化的特质是和平、和睦、和谐,女神能更好与这种文化精神相契合。在充满风险的海洋生涯中,人们需要母亲的刚强、坚忍与深情,所以,清中叶以后,人们敬妈祖为"天上圣母",远离故土的游子将妈祖作为故乡的神圣象征。

广东高州,一个千年古郡,由于它在改革开放中的成功实践,吸引了众多关注。2000 年 2 月 20 日,江泽民同志在广东高州视察时,就在那里,代表党中央提出了"三个代表"的重要思想。还值得一提的是,这个在汉代已有"高凉古郡"之称的小城,有一处地方曾吸引江泽民同志专程前往参观,这就是冼太夫人庙。冼太夫人是公元 500 年至 600 年之间岭南地区著名的少数民族领袖。她毕生致力于维护南粤大地的安定和国家的统一,受到中央政府的多次表彰。与戏剧、小说中的余太君、穆桂英不同的是,冼太夫人的事迹是真实发生过的,历代史册都有记载。周总理曾赞誉其为"巾帼英雄第一人"。人民对这位巾帼英雄从"感其德"到"报其功",在粤西地区,大大小小的冼太庙有 200 多座,体现了"尊崇女性"和"英雄崇拜"的文化特质。高州城的"冼太庙"是最大的一座,建于明嘉靖年间,距今将近五百年。江泽民同志参观后对冼太夫人给予高度评价,称她在维护国家统一、促进民族融合和惩治贪官方面作出了很大贡献。他还向高州领导建议,希望能将冼太庙建成一个爱国主义教育基地,让更多人了解和发扬冼太夫人的爱国主义精神。一座民间信仰的神庙和历史上的杰出女性作为中华传统文化的象征,引起人们的重视,并与爱国主义教育紧密地联系在了一起。

3. 正确认识和发挥民间信仰在弘扬中华优秀传统文化中的作用

宗教是一种历史文化现象,包括民间信仰在内的宗教文化,是宗教性质的文化类型,属于人类文明大概念的内容,又形成了自身的体系和特点。在文化发展史上,我国民间信仰与我国传统文化更是密不可分。我国具有博大精深、源远流长、经过几千年积淀和发展的优秀文化传统,而宗教文化以其深厚的文化底蕴,经过千百年的磨合,与中国社会文化逐渐相融,通过不断地取其精华,去其糟粕,成为中华民族优秀传统文化的组成部分,是中华文化和精神的宝贵财富。其热爱祖国的高尚情操,济世利人的道德规范,慈爱和谐的处世方式,顺应自然的行为原则,崇俭抑奢的生活信条,清净恬淡的精神境界,人与自然和谐相处的生态智慧等,在社会上产生了广泛而深刻的影响,同样可以为社会主义精神文明建设提供多元的养料。

(1)正确认识民间信仰的社会地位

民间信仰作为一种广泛流传于民间社会的现象,是相对于五大宗教等制度化宗教而言的各种非制度化的信仰与崇拜,它在我国社会根基深厚,影响广泛。民间信仰多数是由对历史上对人民有贡献的杰出人物或民间神话传说中的神灵的崇拜发展而来,从本质上说,是代表着广大底层百姓对美好生活的朴素愿望,反映了民间社会的生活方式和风俗习惯。改革开放之前,民间信仰曾一度作为落后的封建迷信的代名词,不登大雅之堂。改革开放以来,随着党的宗教民间信仰政策的逐渐宽松,宗教民间信仰活动日渐活跃,参加人员不断增多,形式多彩纷呈,对人们崇尚先贤古德、追求美好生活、丰富精神家园发挥了积极作用。但在现代主流社会中,对民间信仰的看法并非完全一致,对其社会认同存在一定差异。应当看到,民间信仰历经千百年沿袭,有其精华,也有其糟粕,其作用和功能也具有积极和消极两个方面。我们应以"兴利除弊"为原则,正确对待民间信仰问题。当前,正确认识和妥善处理民间信仰问题,给予民间信仰以一定的地位,加强正确的管理和引导,是贯彻科学发展观,以人为本构建和谐社会的重要内容。民间信仰是社会历史的产物,尊重并顺应民意,恢复和保护历史文化古迹,支持和引导人们的民间信仰及其活动,让人们瞻仰并感戴先贤古德的丰功伟绩,以收敦风化俗之效,发扬"往者虽逝,来者可追"的古风,此可谓之"顺俗"。对民间信仰中的不文明行为和民俗中的不良成分,则应给予必要的管理和引导,尤其对伴随民间信仰活动而出现的巫医神汉、相面算命等现象应当加以限制。

（2）充分发挥民间信仰文化在建设中华民族共有精神家园中的作用

全国人大常委会副委员长许嘉璐指出:"文化问题是一个民族得以强大的根本问题。""'八荣八耻'是做人的基本准则,但要让人们知荣知耻,光凭发文件、作报告、贴标语不行,还要靠大量中层的东西。我们可以充分利用文学、艺术、风俗等中层文化,以创新的思维和方法,用人们愿意接受的方式和手段去宣传,去渗透。"①我们认为,像妈祖崇信这样的在国内外有着大量信众,特别是在海峡两岸、世界华人社会都具有足够影响力的思想载体,应该属于"中层文化"这一层面,可以在建设和谐社会、和谐世界方面发挥作用。自2008年1月1日起清明、端午、中秋定为法定假日,这三个节日都有祭祀的内容,说明我国政府已经注意发挥古老的民族传统节日的文化传承功能,意义深远。

(3)为宗教文化的优秀成果提供一定的平台

挖掘祖国传统文化、宗教文化中的有益思想价值,正确开发与合理运用宗教文化资源,既能推动社会的和谐发展,也有利于推动宗教的与时俱进。应制定可行的政策措施,在政府的引导和管理下,大众媒体、艺术平台等领域应提供一定的空间,宣传报道宗教文化的优秀成果以及积极健康的民间信仰文化活动,教育界、学术界、宗教界、出版界也需编写和出版通俗易懂、健康向上的宗教文化书籍,积极满足社会不同阶层群众有关心理咨询、道德教育、生活哲理、精神安抚等需求。

中华民族传统文化的一个基本特征是具有较强的兼容性和多元性,同时还具备趋同性特征,每个时代都应出现主流社会意识与多元文化并存的"百花齐放、百家争鸣"的社会局面。正所谓七个音符才能奏出最美的旋律,多种色彩才能画出最美的图画。在坚持马克思主义主导意识形态的基础上,发挥宗教文化优秀成果和丰富思想资源的积极作用,不断加强社会主义先进文化建设,为构建和谐社会作出积极贡献。

---

① 《学习时报》2008年11月17日刊登记者专访,访全国人大常委会副委员长许嘉璐。许嘉璐指出,当前要清醒地认识文化建设问题。

(二)民间信仰与部分市民文化心理素质

1. 宗教"终极关怀"与部分市民的文化心理

在民间信仰调查中可以看出,敬天祭祖、圣贤崇拜的民间信仰在中国广大民众中是相当普遍并深入人心的。它有浓郁的儒教人文性与世俗性。表面看它的信仰组织形态是与世俗生活为一体的宗族或家族,往往会认为它不是一种宗教,但它实际上蕴涵着中国人特有的宗教文化情结。在历史上,佛教、道教与中国本土的民俗信仰密切相关,相互交融,有相当一部分地方神、民俗神成为佛教、道教的重要神灵。这个历史过程今天仍未停止。白鹤施相公庙的复兴就是一个典型例子。佛、儒、道三教合流在中国已有漫长的历史,铸造了中国人的文化心理。

"宗教是一个复杂的结构体,它包含着作为意识形态内容的宗教信仰和宗教情感,又包含着作为社会实体内容的宗教行为和宗教组织。"①宗教表达了人类超越现实生活——实现终极关怀的追求与努力,因此,在一个相当长的历史阶段,宗教信仰随社会的发展而发展,有其历史的必然性与合理性。李瑞环同志曾说:"我国五大宗教所倡导的伦理道德都有热爱祖国、服务社会、弃恶扬善、造福人群的内容,这些内容从一个方面反映了对美好世界的向往和对真、善、美的追求。"②因此,我们的宗教工作人员要进一步摆脱"左"的思想的历史影响,对宗教要有一个全面而客观的认识,要认识到宗教本身就有适应社会、推动社会发展的积极要素。

2. 民间信仰中的伦理教化要素

中国民间宗教信仰的底蕴是儒教。

我们的田野调查资料能从一个侧面印证钟国发先生在其著作

---

① 罗竹风主编:《人·社会·宗教》,33 页,上海,上海社会科学院出版社,1995。

② 见《中国宗教》,2000(2),第 1 页。

《神圣的突破》中提出的一个论点:儒教是中国轴心时代(春秋战国)后的一种高级宗教。① 无论从宗教的理念、感情,还是宗教的组织与活动,儒教都是一种成熟的高级宗教。在中国古代的王朝时期,孔庙与遍布全国的贤人祠堂往往是国家祭典的重要组成部分,在民间则以氏族、宗族、家庭敬天祭祖的宗教形态为主。五四运动以来,作为国家典礼的儒教仪式已经式微,但民间的儒教仪式(虽有简化的趋势)仍延续下来,并会长期存在。儒教与中国的宗法社会组织相适应,没有特殊的宗教组织,而被许多人认为不是一种宗教,其实,这正是中国原生宗教的特点。儒教还深刻地影响了道教与佛教,道教、佛教除了出家的道士、僧人外,一般的信众不易确定,与儒教的这个特点有关。因此,用西方关于神教的标准来衡量中国的宗教状况,就会产生认识上的误差。

儒教作为中国封建(农业)文明的历史成果,有其必然的局限性,但它蕴涵着中华民族健康的文化基因,是实现民族全面复兴的基础之一。党的十六大报告提出:“要把民族精神的塑造贯彻到国民教育的全过程。”这里的民族精神是以中国的传统文化为基础的。因此,对民间信仰中的儒教,要有正确的历史认识。

具体而言,在近年中国民间宗教信仰的复兴浪潮中,某些传统信仰仪式的恢复与发展,是中华民族文化复兴的一部分,如与黄帝同样重要的中国文化始祖——炎帝信仰的复苏,对弘扬民族精神有积极意义;富有中国文化精神的海洋女神——妈祖崇拜是沟通大陆与台湾两地重要的文化纽带与感情纽带,是开创两地“小三通”的基础。

目前,据国际上的有关统计,国外信仰宗教的人数占总人口的

---

① 钟国发:《神圣的突破——从世界文明视野看儒释道三元一体格局的由来》,56~57页,成都,四川人民出版社,2003。

80%以上,而按中国目前 5 大宗教信仰标准,中国信仰宗教的人数占总人口的 10%左右,无神论者也仅占 10%左右,那么,近 80%的人口的宗教信仰情况到底如何则是一本模糊账。

据上海民族和宗教事务委员会 2002 年底统计:上海佛教已开放寺庙 65 所,有僧尼 884 人,经常进庙烧香拜佛者约 36 万人;道教现有宫观 16 所,道士 127 人,经常进宫观烧香者约 8 万多人;伊斯兰教现有清真寺 7 座,阿訇 14 人,信仰伊斯兰教的 10 个少数民族人口约 6 万人;天主教现有天主教堂 97 所,在职教职人员[①] 165 人,信教群众 14 万人;基督教有基督教堂(点)164 处,教职人员 342 人,信徒 18 万多人。总计上海有教职人员 1 531 人,信教群众约 82 万人。当时上海有 1 600 余万的实有人口,信仰宗教的人数约占实有人数的 5%,显然这个数字与中国民众的实际信仰情况有很大的差距。据我们近年来在上海市区的董家渡街道、华一村、青浦区、崇明县的民俗信仰与某些庙观的实地调查,现在对汉族地区宗教信仰的统计明显偏低,对佛教、道教的信仰者估计太少。究其原因,除少数庙观的僧人、道士可以准确统计外,广大信众是难以准确统计的。这在一定程度上影响政府对宗教事务管理的准确判断和政策导向。因此,准确、全面调查掌握我国宗教信仰实际人数及现状,是摆在我国宗教事务工作者面前的迫切任务。

德国等一些西方国家,把宗教看成是国家的事业,把它作为舒缓社会矛盾、协调社会关系、慰藉心灵的重要力量,把它作为庇佑国家赖以生存和发展的必要社会思想文化条件。笔者认为,德国等一些西方国家的经验和做法是值得我们借鉴的。在德国是什么力量能有力地约束肆无忌惮的市场和唯利是图的资本主义精神呢? 政府监管和法律调控还只是这种约束的外部社会表征,真正

---

① 主教、神父、修女。

在人们内心里约束那个资本主义的是德国人民的宗教精神。在德国,宗教是国家的事业,国家以政府行为支持宗教事业的发展,这是德国社会市场经济的精神文明建设的最重要环节。[①]

(三)民间信仰与儒教、佛教、道教的互动关系

中国的民间信仰更多地反映了儒、佛、道三教合流的传统特色。

前文论述的华村庙,观音、城隍与民俗神同供一个神殿,虽然,他们自称信仰佛教,但道教之神与已经基本被纳入道教神系的民俗神也始终割舍不掉。否则,他们不会坚持六年要求恢复华村庙,其实离该地很近的龙华寺就是上海著名的佛教寺庙,近年附近又新修起七宝教寺,离华一村也很近,但信众不愿去,理由是路途太远,走不动。其实,进香者可以跨越千山万水到远方朝圣,如何会嫌路远呢?可见旧址华村庙才是他们心中的圣地。

沈家池圈的居民也主要信奉佛教,在村北边有一座广福庵,是这一带的佛教信仰中心。每逢初一、十五,该庵香火鼎旺。每年年初一烧头香,庵里人满为患。村南边有一座佛堂供了几十座观音像,形成了一个佛教信仰群体,但他们也参加由道士举行的祭祀宅神仪式,而宅神崇拜又有浓重的祖先崇拜(儒教)意味,可见佛、儒、道往往是相融相通的。

青浦区白鹤镇因为施相公再现的传说越传越神,20世纪80年代末期,有人在已毁的小庙旧址一棵银杏树下烧香,后来许多外地人视那株银杏树为施相公栖身的神树,也前来烧香祭祀,以求去病除灾。不久人们干脆在银杏树下建起一个简陋小屋,内供施相公与观音神像。2002年,新施相公庙建成,信众仍不满足,如今,又建

---

① 房宁:《德国社会市场经济的六大信条》,载《社会科学报》,2005-03-10。

起观音殿,才满足了大家既拜施相公又拜观音娘娘的烧香愿望。

朱家角城隍庙殿匾上书"慈航道人"①,指示牌上仍书"观音殿";城隍庙的主殿供奉城隍神像,其右侧是土地神像,其左侧是施相公神像,左侧后厢房中供奉民俗神刘猛将神像。可见在广大郊区的信众的观念中,儒、佛、道三教并不泾渭分明,他们对三教的神都称为"太太"②或"老爷",是自己可亲近的保护神。这种称谓的流行,积淀着古代儒教的祖先崇拜观念。

近年来,上海郊区居民请僧人或道士为亡人做超度仪式越来越普遍,他们对其中的佛教或道教的教义并不明了,所以,对两者的选择并不严格。其主要心意是尽孝心,这也是一种儒教观念。

在正式的宗教场所,佛教与道教的区别仍是明显的。在寺庙宫观中,供奉的神谱基本不混淆。但民众的宗教融合观念,也会在其中反映出来。如青浦区白鹤镇的佛教青龙寺也供奉施相公——一位道教化的民俗神。往昔,香花桥镇佛教的普光寺供奉一位民俗神"英烈侯随粮王",现在其神位牌供在道教的新施相公庙。普光寺的另一位民俗神杜伟清,其神位③供在尚未修复的章埝城隍庙。青浦区金泽的杨震庙,原属道教,1998年重修时,当地道教协会尚未成立,归佛教协会管理,直到现在。青浦区淀峰的道教关帝庙,重修后改为佛教的报国寺。

道教、佛教,尤其是道教,在两千余年的发展演变过程中,吸收了相当一部分地方神、民俗神,从而与民众的信仰贴得更近。这些地方神、民俗神一部分来自中国古代的民间信仰,一部分源自儒教。这种相融相通的历史过程至今没有完结。

---

① 属于道教的名称。

② 上海方言中对祖父的称谓。

③ 神像,道光年塑。

（四）民间信仰活动的特点

民间信仰是一种在特定社会经济文化背景下产生的民间文化现象，它是根植于普通民众生活的信仰及文化表现。其特点有：

一是泛神崇拜。民间信仰崇拜的偶像面广量大。上海郊区一些很简陋的乡间小屋①已成为民众偶像崇拜的场所，里面各式偶像都有，包括毛泽东石膏像、刘少奇画像以及历史上为民治病的施相公、杨老爷等神医，只要人们认为其能够为自身带来福祉，对生活中的问题能作出解释或产生影响，都可以成为崇拜的偶像。与其他传统宗教一样，各类偶像承载着老百姓的美好愿望，在祈求中渴望给自己的生活增添信心，增加生活的依托感，祈盼大自然风调雨顺、五谷丰登、生活美好，祈盼社会正义公平、道德规范、世界大同，等等，但它比传统宗教崇拜偶像的程序更为简单、随意，因为它更具民间性特征。

二是鲜明的地域性。不同的地域文化产生不同的崇拜偶像和不同的传播诉求形式。福建、台湾等沿海地区崇拜的偶像是海洋女神妈祖，北方少数民族主要信仰萨满教，而上海城隍庙供奉的城隍爷是清代为抗击英军入侵英勇牺牲的陈化成。上海郊区农村有"庙界"一说，每个地区有自己专属的庙界，有自己专属的土地神和地方神，很多烧香点的前身都是村里的土地庙、地方神庙。

三是仪式简约通俗。民间信仰作为一种非制度化宗教信仰，不同于偏重文本经典及强调宗教仪式的制度化宗教，而是与当地的历史传统、民间习俗和民间文化活动相结合，具有地区文化特色，具有强烈的视觉效果和传播效应，具有能够便捷、有效地满足群众精神文化需求的实用性特点。

---

① 有些是原来的小仓库、杂物房。

四是中国传统文化有益组成部分。民间信仰也是一种具有广泛群众基础、历史渊源的传统文化活动。民间信仰活动的许多表现形式、活动方式受到广大群众喜爱,被一些地方政府认可。沿袭多年的重大节日活动,能将传统与现代生活巧妙结合,注重发挥道德约束、幸福追求和终极关怀的社会功能,也为当地经济交流活动提供平台(如庙会等)。

总之,民间信仰活动不仅是表达广大底层民众祈求神灵保佑五谷丰登、老人孩子无病无灾、一家平安幸福的精神需求,也支持、活跃了地方经济,是当代中国人信仰多元化和价值取向多元化的一种表现,是传统文化中一项不可分割的内容,是颇具生命力的一种群众文化活动。

二、上海香客团体与散居道士的调查

中国是一个以家庭(家族)为中心的社会,同时也是一个以朋友为中心的社会。宗教信仰(包括民间信仰)包含着信众对某种社会归属感的追求,因此大部分信众会形成一个信仰圈子,会因为历史传承、现实需要而形成民间宗教团体,其影响面并不小,这是不容忽视的社会现象。

目前,青浦有民间自发性香客团体20余个,其社会影响不局限在本区域内,一般会影响到相邻的乡镇,甚至影响到市区。其领头人被称为香头,据说香头多属地方神、民俗神附体,有一定的威信,当地俗称"仙人"①。信众中有一条不成文的规矩,即一个人只参加一个香客团体。此类香客团体平时没有集体活动,只有在集体烧香活动时集资②并一起参加,香头管理这种临时性集资经费。

① 上海地区的"仙人"在治病这一点上类似北方的萨满。
② 一般是人均分摊。

对庙里资助的资金主要靠信众中的企业家提供,由香头提议发起,集资的经费交给庙方使用。庙方往往对这样的香客团体很欢迎,因为不仅给寺庙道观带来人气,而且带来经济效益。如青浦施相公庙的香头有千余信众,近年每年筹资 30 万元以上,该庙近年的基本建设经费主要来自于此。

二太子香客团体的香头是一位普通农家中年妇女,信众有 1 000 多人,很有威信和影响。青浦区政府所在地也有一个香头,约有1 200余信众,分布在青浦及周边。据初步调查,大部分香客团体的香头据说都能通神,当地俗称"仙人",此类"仙人"约占香头的80%。但也有群众说,这里的香头也有不少是假"仙人",只是采用这种传承方式,比较有号召力。一部分人之所以成为香头是因为有一定组织能力,又热心于此类活动。

除了上述香客团体的类型、活动方式外,有某些地区也会形成自发性香客团体,一些退休①人员需要结伴到附近或外地寺庙②烧香,也需要一个或两三个有组织能力、有一定威望的人组织联系,于是这样的人便成为香头,负责定期或不定期的烧香活动。一般来说,香头无额外收入,但近年也有个别香头借机敛些小财。虽然一个香客只参加一个香客团体,但相邻的香客团体有时会相互帮助,如一香客团体要举行一次群体性祭祀仪式,人数不足,另一香客团体的"大香头"会派遣一个或几个"小香头"带一些信众去参加。

"大禹治水,疏导为上"是 2001 年笔者在调查青浦白鹤镇施相公庙兴建情况时,当地宣传部一位干部说的话,表达他们引导非正常宗教活动及其香客团体使之正常化的积极态度,使笔者至今印

---

① 包括只有四五十岁的待退休人员。
② 也可能有地方神、民俗神。

象深刻。

上海城乡至少有1 200余名散居道士,他们中的绝大部分是世袭的,有的已传承十几个世代,虽然他们按传统组成道院,但一直是体制外的。近年城乡信众中请他们为生者祈福、为死者超度的越来越多,他们也日趋活跃。青浦道教协会委托一位年轻道士,承担起民间散居道士的管理,经过半年的努力,已有68名散居道士登记在册,交纳一定的管理费,组织他们朝拜龙虎山祖庭,定期召开会议,交流情况,学习党的宗教政策和道教知识。这些措施提高了散居道士的文化素质,将民俗信仰活动纳入依法管理宗教的正常轨道。2005年,青浦城隍庙修复,由于庙里正式神职人员不足,就请3位散居道士入庙,成为签约道士。虽然他们的月实际收入在1 000元左右,只有当散居道士时的一半左右,但他们很愿意在庙里,因为他们都向往在体制内的宗教团体中活动。

三、上海民间信仰管理工作的现状

长期以来,政府宗教管理部门没有将民间宗教信仰工作摆在一定位置,纳入依法管理之轨道,社会对新时期复杂而丰富的社会文化现象缺乏全面正确的认识,心理准备不足。另外,民间信仰活动本身行为不规范,良莠并存,学术界对这种非主流的宗教信仰活动重视不够,看不上眼,缺乏全面、系统的调查研究和舆论导向,特别是缺乏一套科学、规范并长期起作用的政策、法规和制度,出现了新时期、新形势下,诸如要不要支持保护民间宗教信仰活动和如何规范、引导民间宗教信仰活动等问题。

近年,上海的乡镇、社区(街道)已经配备负责统战①工作的干部来兼管民间宗教信仰工作,但他们依法管理宗教的经验不足,有

---

① 宗教工作归统战部门管理。

部分同志认为统战(包括宗教)工作对象主要是民主党派与社会名流,是市、区一级统战部门的事,自己的主要任务是做好乡镇、社区非公企业人士的节日慰问工作,召开相关会议,以配合乡镇、社区的经济发展等。所以,面对由于民间宗教信仰复兴而出现的某些社会问题,乡镇、社区的统战干部往往缺少主动或束手无策。例如,华一村一带居民每逢香期到华村庙烧香,只有街道相关人员出来防火,维持治安,而华一村所属的梅陇镇没有积极参与管理。又如,青浦沈联村的施相公小庙每逢香期香客达1万多人,严重影响这个小村庄的正常生活。政府部门出动100多名工作人员来维持秩序,颇像一支处理社会突发事件的灭火队,很少有哪个部门坐下来认真研究有关庙会或香期的管理制度和长效措施。

有的统战干部认为,这仅是一部分老年人的封建迷信活动,无碍大局,也有些基层干部认为,只要是群众要求的,就是合理的。在这个深刻的社会转型时期,如何面对这种颇有广泛社会基础又良莠并存、根深蒂固的传统信仰文化,如何既要民间宗教信仰,又要科学管理,加以引导,扬其精华、弃其糟粕,是当下中国城乡管理中必须认真研究、正确解决的现实问题。目前,这个重要的现实问题还没有得到足够的重视和充分的解决。

长期以来,我国宗教事务管理重点仍放在佛教、道教、基督教、天主教、伊斯兰教这五大宗教上,这种指导思想和工作模式与我国目前的宗教信仰的实际情况、发展趋势很不适应,因此,我们建议:①尽快将民间宗教信仰纳入乡镇、社区依法管理宗教的工作范围,在国家、省市宗教管理部门设立民间宗教司(处、科)的基础上,乡镇、社区也应设有专门人员专事民间宗教管理工作;②国家与省市的民间宗教管理部门以及乡镇、社区统战部门要深入开展调查研究,逐步探索出符合本地实际的科学、规范、有序的依法管理宗教的合理模式及比较系统的行之有效的法律、法规和制度;③对乡镇、社区负责统战(包括宗教)的干部进行宗教文化基础知识与宗教政策、法规的培训。充分发挥高等院校和培训机构的作用,大学的课程中要逐步增加宗教法规及民间宗教信仰管理的内容,各级党校、行政学院等干部培训教育中,也应增加宗教学基础知识与我国的宗教法规教育。

四、关于民间信仰政策法规建设的建议

近年来,我国的宗教政策法规建设呈快速发展态势,2005 年国务院发布了《宗教事务条例》,2010 年发布了《宗教活动场所财务监督管理办法(试行)》等国家性宗教政策法规,2007 年上海市人民政府颁布了《上海市固定宗教活动处所设立审批和登记试行办法》,2009 年浙江省民族宗教事务委员会颁布了《关于开展创建"和谐寺观教堂"活动的意见》等的地方性宗教法规,这些宗教法规都对民间信仰工作提出了意见和要求,我们可以在现有的法律、法规的框架内来改进我们的民间信仰的管理工作。

(一)整合社会资源,探索民间信仰管理的新模式

1. 在"十二五"期间完成对当地民间信仰的文化定位

民间信仰中含有底蕴很深的中国传统的宗教思想、文化观念、社会规范、伦理标准,也寄托着人们追求集体和谐与个人幸福、平安、健康的理想,它能几千年来传承不断,说明有其积极、合理的内核和百姓需求。当然应当指出的是民间信仰同其他延续至今的传统文化一样,肯定包含着封建迷信的因素和一些已经不能适应现代社会发展的因素,要使民间信仰成为和谐社会建设的重要文化资源,必须取其精华,去其糟粕。然而我国的民间信仰是一种无经典、无明确或系统教义、也无固定仪式的有神论信仰,它的内容庞

杂且无序,信仰对象涉及世界、人生的方方面面,迷信活动与民间信仰在现实生活中常常混淆在一起,要在理论与依法管理宗教事务的实践中对其作出准确的区分是相当困难的,所以应该在实践中逐步解决这个问题。这里,我们提出一个学理上的初步划分:健康的民间信仰是群体性的信仰,往往具有悠长的历史传承性,表现为一种民俗形态(近年来民间信仰活动往往与民间节庆活动相交织,具有集体文化娱乐作用),通过某种仪式,表达某种传统的宗教观念与生活理念,一般不会对信众的身心造成危害。迷信活动也有其历史与宗教的渊源,但是,其性质是中国传统文化中的消极部分,对当代人的生活与社会发展无任何积极意义,没有宗教的庄重性与群体性,往往是各种类型巫师的个人敛财手段,有对信众造成身心危害,影响社会安全、安定的因素。希望学术界在综合民间宗教信仰的总体情况后,在学理上作进一步的分析和探索。

理论的界定比较容易划分,但面对具体某一地方某一信仰活动,人们往往就搞不清了。我们建议:党委的统战部、政府的民族宗教事务委员会(局、科)应会同本地宗教学、文化人类学、民俗学、历史学等多学科专家,结合当地民间信仰的历史与现状对其进行梳理、剖析,进而进行文化定位,并且通过培训等方式让各级(特别是街道社区、农村乡镇)有关管理部门明确与理解什么是合法的及什么是不合法的。街道社区、农村乡镇也可请有关专家会同区、县民族宗教局就自己所在地的民间信仰进行梳理、定位,以便开展下一步的管理工作。

文化定位是对民间信仰开展管理的第一步行之有效的工作,应该争取在已经步入的"十二五"道路中首先完成。

2. 民间信仰应有合理合法的活动场所

民间信仰在我国社会根基深厚,影响广泛,近年来日益活跃,民间信仰活动在群众生活甚至祖国统一大业等方面起到了一定的积极作用。但是,目前我国相当一部分地区民间信仰活动还处于无序或混乱状态,有的是以乱建小庙、烧香点的形式出现,有的被少数人借机敛财、骗钱害人,或封建迷信活动回潮,或异化为邪教,给群众的生产、生活秩序和社会公共安全带来一定隐患。正确认识和妥善处理民间信仰问题,是坚持以人为本、构建和谐社会的重要内容,因此要通过科学的管理和引导,趋利避害,将民间宗教活动引向有序、和谐、积极的发展轨道。

由于民间信仰大部分是与中国传统的道教、佛教、儒教共生共长,相当一部分民间信仰活动可以放在宫观寺庙或者家族祠堂中,但是有部分民间信仰要有单独的活动场所,如岳飞信俗与妈祖信俗。由于民间信仰的文化定位尚不十分明晰,所以其活动场所引发的问题较多。据张化在《国家利益视野下的民间信仰活动——以上海为例》一文中指出:"建国初,大量小庙以破除迷信名义被铲除,1962年前后略有回升,很快再次被铲除。改革开放以来,小庙和非正常烧香点逐渐滋生蔓延,据近年对上海部分区域的摸底调查,非正常宗教活动点超过开放的宗教活动场所数,其中绝大多数是依附于佛道教的烧香点。参与烧香点活动的信众数量巨大。烧香点大都在原寺庙遗址附近,极少新建。当地信众通过集资等方式整修。规模大的占地数百平方米,小的不到两平方米。逢特定日期,如农历初一、十五,或逢六、八有活动,香客少的仅数人,多的达一万多人,不少烧香点约数百人,香客以老年人为主,文化层次普遍偏低。整治烧香点成为当前管理宗教事务的难点之一。市、区、乡镇相关部门每年均投入大量精力,但屡拆屡建,有的点已七拆七建,有的地区甚至拆的速度不及增长速度。农村信众对整治烧香点有抵触情绪。村干部和群众认为拆庙有损功德,怕动土后没好报,不愿参与整治,人员和车辆较难落实,大多是整治人员自己动手,苦不堪言。"上海的情况有一定代表性,各地在民间信仰复兴中也引发了与活动场所有关的纷争。

这里我们仍然以上海为例。根据新颁布的《上海宗教事务条例》第四章"宗教活动场所"中规定:本条例所称宗教活动场所,指信仰宗教的公民在本市进行宗教活动的佛教的寺院、道教的宫观、伊斯兰教的清真寺、天主教和基督教的教堂,以及其他进行宗教活动的固定处所。设立宗教活动场所,必须按照国务院《宗教活动场所管理条例》的规定向区、县以上人民政府宗教事务管理部门提出申请,经批准后按照《宗教活动场所登记办法》,履行登记手续。具备法人条件的,发给宗教活动场所法人登记证。宗教活动场所应当建立管理组织,实行民主管理,建立健全各项制度,接受人民政府有关部门的行政管理。

又据该《条例》第五章"宗教活动"的规定:宗教活动应当在核准登记的宗教活动场所和经宗教事务管理部门认可的场合内进行。信教公民可以在宗教活动场所内,按照各教的教义、教规和习惯,拜佛、诵经、经忏、斋醮、受戒、祷告、礼拜、封斋、讲经、讲道、受洗、弥撒、终傅、追思、过宗教节日等,也可以在自己家里过宗教生活。信教公民集体举行的宗教活动必须由宗教教职人员或者符合规定条件的人员主持。任何组织和个人不得在宗教活动场所内进行不同信仰或者不同宗教之间的宣传和争论,也不得在宗教活动场所外传教。宗教活动不得影响社会秩序、生产秩序、生活秩序,不得损害公民身心健康。

对上述条例精神,可以这样理解:正常的群体性宗教活动必须在已经政府宗教事务管理部门批准的公共宗教场所进行,在信仰者的家中只举行个人的信仰活动。在未经政府批准的公共性宗教场所或在信徒家中举行集体性宗教活动应该视为非正常宗教活动；损害社会与个人的，或者宗教活动主持者不合要求的也应视为非正常宗教活动。按此界定，民间自发性宗教团体多处于非正常活动状态，因为其信众的一部分群体活动场所并非属于政府相关部门批准的公共宗教场所。

在现实生活中，五大宗教的宗教活动搞得比较好，因为五大宗教都有历史上形成的、经有关部门许可的公共宗教活动场所，其宗教活动一般都能有序地、规范地进行。但近年来，由于宗教发展迅速，某些地区的公共宗教活动场所已比较拥挤，在相当一段时间内，信众的宗教活动要求不能得到很好满足。一些家庭、家族、邻居、亲友信众式的非公共宗教场所的宗教聚会时有发生。民间宗教信仰的活动方式更加复杂，有一部分民俗神已进入道教或佛教的寺庙宫观中，不免引起一些纷争。因此，一方面要制定对不在公共宗教场所进行的民间宗教信仰活动的管理办法，并实行向当地宗教协会或乡镇、社区管理部门事先登录制度，以将其纳入依法管理宗教的有序轨道；另一方面，政府相关部门要制定宗教活动整体发展规划，拿出一定地方和适当的资金兴建必要的规范的活动场所，来满足人们日益增长的宗教信仰的需要。

3. 民间信仰应属地化管理

近年来，中国加大了乡镇、社区三大文明建设的力度，这是中国建设全面小康和谐社会的根本措施。同样，中国对宗教，包括民间信仰的依法管理，以乡镇、社区为本，是符合中国国情的。

当下全球经济一体化进程发展迅速，不仅体现在经济上，也体现在文化上。随着外来人员的大规模涌入与流动，中国宗教信仰的状况会进一步丰富与复杂。

如上海近年来外来人员已接近 500 万。据《2002 年上海人才资源状况报告》统计:2002 年,来沪工作、旅游、讲学的境外人员为272 万人次,其中外国人为 210 万人次,达到上海开埠以来的最高值,其中有一部分是长期或较长时间在上海的工作者。这是上海国际化进程必然趋势的体现,而且这个趋势会加大。这些外来人员约 80% 是各种宗教的信仰者,我们应该考虑到他们的宗教信仰需求,也要重视随之而来的境外宗教团体的实际影响。留居在上海的台湾人约 30 万(包括短期的),他们中的大部分是宗教信仰者,据台湾有关部门 1994 年的统计:在台湾 2 100 万人口中,宗教徒有 1 050 万,其中佛教徒近 486 万,道教徒近 364 万,一贯道徒约90 万。据台湾某些学者统计,如果将民间信仰者也计算其中,台湾的宗教徒约占总人口的 90%。[1] 在上海的外资企业中,有数万日本人在上海,大部分也是宗教信仰者,据 1990 年统计,当时日本人口1.2 亿,有近 1.05 亿人信仰神道教,0.87 亿人信仰佛教。[2] 欧美国家来上海的人员中大部分也是宗教信仰者,都会带来新的宗教信仰需求。这种趋势也带来更广泛的宗教交流的机会,宗教交流实质上是一种文化交流,也是一种感情与心灵的交流。而且这种交流会深刻地影响民间信仰。例如,基督教的圣诞节已成为不少上海人的新节日,再过若干年,也许就会成为社会的新民俗。

近年来,上海市委统战部将宗教、统战工作的重点放在乡镇、社区,这是颇有眼光且具有长远意义的,因为市、区的宗教干部的人数是相当少的,应付不了具体复杂的宗教工作,必须依靠广大乡镇、社区干部。在大部分情况下,乡镇、社区干部处在宗教工作的第一线。只有建立了以乡镇、社区为本的宗教依法管理体制,反迷信、反邪教,引导宗教(包括民间宗教信仰)与社会和谐发展才能真

① 李桂玲:《台港澳宗教概况》,4 页,北京,东方出版社,1996。
② 赵匡为:《世界宗教总览》,580 页,北京,东方出版社,1993。

正落到实处。

这种管理模式在日本、欧美许多国家已推行多年。由于欧洲中世纪长达近千年的宗教冲突、宗教战争、宗教迫害,矫枉过正,因此现代欧美、日本等一些发达国家将宗教信仰自由视为人权的第一要素,民间信仰一般处于自由发展状态,管理底线是不违法就行,如果滋生出邪教,再按法律加以处理。但可以借鉴的是,他们基本上实现了行之有效的宗教社区管理。按此思路,我国要结合各地实际情况,探索出符合中国国情的乡镇、社区管理体系,加强乡镇、社区依法管理宗教的人员力量,逐步实行宗教场所属地化管理。

在管理原则上,本着"以人为本"、基本满足广大人民群众多样化精神文化需求、建设和谐社会的宗旨,以最大限度激发社会创造活力、最大限度增加和谐因素、最大限度减少不和谐因素为目的,形成党委领导、政府负责、社会协同、公众参与的宗教社会化管理的乡镇、社区新格局。

在管理方法上,我们要依照法律法规,因地制宜,因事制宜,实行柔性管理。管理模式宜多元化,不强求一律,适度、低调、有序、可控,正面引导,趋利避害,既不能听之任之,视而不见,"不敢管"或"不愿管",也不能"不懂管""乱管";既不宜照搬对五大传统宗教的管理模式,更要注意避免强化管理、过度管理①,以防止其激发群众狂热心理,反添其乱。结合上海、福建、浙江等部分省市行之有效的探索和实践,我们建议民间信仰管理事务要努力做到以下几点:

第一,坚持党委领导,政府负责。要充分认识民间信仰问题的长期性、群众性和复杂性,把宗教信仰工作包括民间宗教信仰工作

---

① 指用行政手段强行禁止或过于放任两个极端。

摆在政府特别是基层政府工作日程上，有计划、有步骤、有组织地抓好。坚持属地化管理，将责任落实到基层，切实建立长效管理机制，在法律的大框架下，制定符合乡镇、社区实际的具体政策措施。

第二，坚持社会协同，理顺管理体制。根据不同地区民间信仰情况的不同，明确主管部门。主管部门可以考虑一家为主，多家协同。这里的"一家为主"，必须因地制宜来确定，可以是宗教工作部门，也可以是群众文化部门、文物部门或社会群众工作部门等；"社会协同"，除上述部门外，统战、宣传、公安、规划、土地、建设、对台、旅游、精神文明等有关部门都有责任加以配合，建立党委、政府领导下的分级分类、属地管理机制。建议弱化其宗教特征，不照搬五大教现行管理办法，突出其群众性、文化性。工作步骤上，抓大放小，循序渐进。对于比较正规、成熟的民间信仰实体①，比较接近佛教、道教的，可在自愿的原则下，考虑分别归入佛教、道教。对历史上明令取缔的、搞封建迷信活动的，或与宗族势力、黑社会势力结合的，以及具有邪教倾向的，则必须坚决清理、整顿和取缔。

第三，坚持民众参与，推动乡镇、社区的民主自治。培育发展社会组织，激发社会建设内在活力，是社会主义民主政治建设的重要内容，也是民间信仰活动必须重视的关键环节。目前各地已经创造了不少行之有效的自我管理形式，有董事会、管委会、管理小组，等等，都是值得充分肯定并有待进一步完善的。要加强分类指导，健全各项内部管理制度，完善管理组织自我管理、自我服务、自律自治的运作机制；要发挥其在协助政府管理、反映群众利益诉求、动员社会参与、提高群众文明素质、规范群体行为等方面的积极作用；要培育乡镇、社区社会公益慈善功能，安老帮弱、扶危济困，开展健康有益的活动，倡导健康的精神生活，营造民主透明的

---

① 指有相当规模的庙宇建筑，并有正常的活动和内部管理组织。

良好氛围。

第四,坚持调查研究,推动管理不断完善。民间信仰活动将长期存在,对它的管理是社会建设的一项长期任务,必须把立足当前与坚持长远相结合。既要切实抓好眼前的工作,又要探索长远的机制。我国正处于社会转型期,形势在不断发展,新情况、新问题在不断发生,需要前瞻性研究。可以建立全国性的定点观察点,跟踪了解民间信仰活动动态,特别地,农村民间信仰活动研究是重点,要关注农村的经济基础与社会基础,关注社会主义新农村的建设,关注数以亿计跨城乡流动的农村劳动力对城市和农村社会带来的影响,加强对这个群体的研究。做好长期研究,不断完善乡镇、社区管理办法,对于弘扬中华民族传统文化和传统美德,促进社会和谐与祖国统一,都具有十分重要的意义。

4. 理直气壮地坚持无神论教育

除了对某些严重干扰社会正常生活、甚至触犯法律的恶性事件,可以采取适度的行政或法律手段加以制止外,对大部分意识落后的群众,还是要正面引导。因此,我们认为:为提高国民文化素质,为广大青少年的健康成长,持久而有效地宣传科学思想、宣传无神论思想,在新时期仍然是十分必要的。而乡镇、社区是进行持久的无神论宣传教育的主要阵地。

马克思主义、毛泽东思想、邓小平理论及"三个代表"重要思想是中国社会主义革命和社会主义建设的基本指导思想,辩证唯物论是我们的世界观和方法论,在社会多元化、思想多元化的今天,坚持社会主义的方向不动摇,坚持社会主义主流意识形态不动摇,坚持唯物主义、反对封建迷信不动摇,这是指导宗教工作和民间宗教信仰的基本原则理论。我国宪法中规定的保护"宗教信仰自由",也包括不信仰宗教的自由,蕴涵着宣传无神论的合法权力。

我们要理直气壮地开展无神论宣传和教育工作,不仅要做科学思想、科学知识的普及工作,而且要结合当今社会的一些典型事例,开展破除迷信的宣传教育工作。

(二)关于"非遗"中民间信仰的引导与管理问题

2002 年以来,我国实施非物质文化遗产的抢救、保护工作,目前,全国国家级非物质文化遗产名录项目共计 1 219 项。普查与申报工作已初见成效。这些非物质文化遗产保护项目绝大部分属于民间文化,其中民间信仰占据核心地位,民间文化是非物质文化遗产保护的主体,也是中国未来文化建设最重要的文化资源。

当下全世界对本土原创性文化的重要形态之一——非物质文化遗产都极其珍视,因为它是民族自尊与创造力的表达。在漫长历史时期中形成的民间文化——包括民间信仰、民俗活动、人生礼仪、岁时节日、民间工艺、体育游戏、民间文学、民间艺术等,不仅是该区域人类群体的社会生活方式,而且凝聚着他们的生活智慧与文化精神。因此,在国际重大活动中,举办国会千方百计地展示本土的民间文化。民间文化形态的核心是文化观念,文化观念又往往比较集中地蕴涵在其漫长的历史进程中,而后形成宗教信仰,包括民间信仰。民间信仰蕴涵着该地域居民的社会规范、道德准则、人生价值观等深层次的文化观念,是人们实践人生终极关怀——超越世俗生活的群体性活动的结晶。因此,在诸多国际文化交流与本土文化建设中所展示的各民俗文化形态中,都可以观察到其中蕴涵的由宗教信仰所表达的文化观念。汉城奥运会的开幕式以鲜明的韩民族的民间文化给世人打下了深刻的烙印,悉尼则以土著民间文化作为演绎的主题,而这些民间文化都包含一定的宗教信仰成分,如别具一格而又绚丽多彩的韩民族服饰,蕴涵着该民族早期的太阳崇拜观念。澳大利亚土著的音乐舞蹈源自其原生态的宗教信仰;三星堆文化遗址、兵马俑墓穴是中国考古学最重大的发现之一,也因此成为中国最有国际影响的文化旅游胜地,这其实都与民间信仰有关。

近年,由于上海对文化建设的重视与非物质文化遗产保护运动的兴起,民间文化资源已得到一定程度的保护与合理开发,如长宁区的北新泾镇,由于历史上这里是城乡结合部,辖区内居民的传统民间文化活动有灯会、清音班、各种地方戏剧,还有放风筝、斗鸟、斗蟋蟀、舞龙、舞狮、皮影戏等,这些民俗活动自20世纪50年代以后开始式微,甚至绝迹。改革开放之后,这些民俗活动不仅得以恢复,而且不断传承与普及,特别是长宁民俗文化中心于2004年成立之后,民间文化资源得到有效保护。这个以民间文化为主体的特色文化单位,以弘扬民俗文化,传承民间艺术,挖掘整理传承非物质文化遗产为宗旨,组建了各种民间艺术团队,开展民间艺术活动,将传统民俗文化、民间艺术引入社区、学校,创办了昆曲、京剧、越剧、沪剧、评弹①等特色学校和艺术团,被誉为长宁区的"五朵金花"②。至2007年,长宁民俗文化中心已组建了16支民间艺术行街队伍③,传统的元宵活动从2002年开始已经成功举办七届,每年的上海国际艺术节、上海民间艺术博览会、上海龙华庙会及非物质文化遗产保护日等全市大型活动都有他们的民间艺术队伍,同时,他们的"上海皮影戏""民间艺术行街活动"已得到了上海文化发展基金会的资助。民间文化的普及已成为长宁群众文化的重要工作,元宵观灯、猜灯谜、端午包粽子、做香袋、中秋折桂赏月等传

---

① 这些戏剧、曲艺也是国家级非物质文化遗产保护项目,过去人们都崇拜梨园神唐明皇,行业神崇拜也是中国民间信仰的一部分。

② "五朵金花"为长宁武夷中学上海学生艺术团昆剧队、安化二中越剧艺术团、姚连生中学评弹演唱班、新泾中学沪剧特色班、新古北中学京昆艺术团。

③ 可排列1.5千米长,非常壮观。

统民俗活动及民间艺术作品展览、民间艺人绝技展示、民间艺术团队展演等民间文化普及活动不断增进居民的本土文化意识与情感,彰显了长宁的文化品格与魅力,一部分外籍人士拜本地民间艺人为师,认真学习中国的民间艺术①,就是一个可圈可点的实例。近年松江文化馆将两位"古戏乐"②传承人请来,配备了一个 18 人的新乐班,每周定时演练,使这项有重要音乐史价值的民间艺术后继有人,并丰富了松江的文化生活。又如,上海师范大学恢复了传统的"女儿节",等等。同时,江南丝竹也是上海的民间艺术,当国家级非物质文化遗产项目传承人周皓先生到大学讲座时,可容纳 300 人的讲堂却来了约 400 人,其中多数是上海青年。

一个民族、一个城市,如果没有自己独特的传统文化支撑,是不会有持久的文化魅力的。上海世博会也是从本土的民间文化资源中发掘可展示的文化项目,让世人感受到一个具有东方文化特色的上海。在国家级非物质文化遗产保护名录中,上海所占有的项目数量已居全国前列,说明上海民间文化的普查、申报工作做得扎实、细致,也说明了上海本土民间文化的丰富与厚重。但列入各级保护名录仅仅是保护与传承的开始,从整体看,民间文化资源的保护与传承意识还没有成为上海全体市民包括领导与群众的共识,导致部分民间文化资源被闲置,没有及时而充分地受到保护与开发。

越剧、沪剧是上海曾经广泛流传的剧种。越剧起源于浙江,形成并繁荣于上海;沪剧更是上海本土特有的戏剧艺术,都是在民间艺术土壤中孕育出来的艺术奇葩。③ 在我们小时候,上海的越剧、

---

① 据王宏刚 2007—2008 年实地调查。
② 已列为国家第二批《非物质文化遗产保护名录》。
③ 这些戏剧、曲艺也是国家级非物质文化遗产保护项目,过去人们都崇拜梨园神唐明皇,行业神崇拜也是中国民间信仰的一部分。

沪剧票友比比皆是,成为市民民间娱乐的重要组成部分。如今,在市民生活中几成绝响。越剧、沪剧已是上海的国家级非物质文化遗产保护项目,其代表性传承人也在上海。近年为了保护、传承该剧种,越剧团、沪剧团准备招收几十名学员,但结果无一本地学员,都是外地农民工孩子,他们要先学上海话,才能进入专业课程,困难重重。上海顺昌路上的业余越剧剧团,其表演主体是六七十岁的老人,观众主体也是六七十岁的老人,维持艰难。而在杭州、宁波等地有数不清的业余越剧剧团与票友团体,某些年轻的民营企业家无偿建造小剧场,让邻居有机会登台演出。杭州、宁波也是经济发达地区,却比上海拥有更好的民间文化遗产保护与传承的人文环境,主要原因是有众多的中年人与青少年参与,对比上海越剧、沪剧目前尴尬的现状,恐怕不要多久,上海的一些民间文化遗产将处于后继无人、自消自亡的状态。

发人深省的是:沪上不少外国居民对中国的民间文化有强烈兴趣,如前年在长宁民俗文化中心举行的"洋徒拜师"涉外文化活动中,10名洋徒以当地的剪纸师傅、捏面人师傅、中国结师傅为师[1],学得非常认真,每周都会准时参加学艺活动。

上海人有相当强的文学艺术创造能力,近年上海所获多项"五个一工程奖"就是明证。但匪夷所思的是:如春申君、黄道婆、徐光启等历史人物以及《严家私情》《林氏女望郎》《白杨村山歌》[2]等上海本土民间史诗性题材,却难见其踪影。

近二十年来,上海的城市建设速度创造了人类文明史的奇迹。上海大剧院、上海博物馆、上海图书馆等世界一流的文化设施的建

---

[1]　参见长宁民俗文化中心黄之琳报道《洋徒拜师勤学艺,民间技艺广流传》,2008－04－19。

[2]　流传于奉贤地区三首长的叙事山歌,歌词共达6 000多行,是罕见的汉族叙事诗。

成,以及磁悬浮、地铁、轻轨等现代化交通线的开通,使上海具备了国际化大都市的基本风貌。而且,黄浦江、苏州河系的治理成功以及延中花园等大面积城市绿地的铺设和城乡现代化居民住宅的大规模建设,使上海的自然环境与居住条件得到根本性的提升。但是无论是城市特色、标志性建筑、公共文化建筑,还是民居建筑群以及相配套的立体设施,都缺乏中国本土原创性文化的内涵与特色。在上海,人们很难看到能反映上海历史文化特色又有一定艺术震撼力的城市公共雕塑。总之,很难让人们一到上海就能看到一个已有至少六千年文明史的东方独特的上海,可见民间文化元素在城市建设中被忽视了。

早在一百年以前,聪明的上海先民就发明了中西合璧的石库门建筑群,以及与之相适应的弄堂文化。我们同时代人的童年多在弄堂度过的,虽然那时的物质生活条件低下,但温馨、活泼的弄堂文化使我们也有一个难忘的童年。如今弄堂已大规模缩小,传统弄堂生活正在消减。即使住在弄堂里的小孩子的业余生活也是以电视、电脑与补课为主了。

近年上海郊区的农家游兴起,相比云南、海南等省,上海的郊游基本上在餐饮水平上,缺乏立体式的“活态”民间文化展示。上海有近 30 个古镇,但真正得到系统保护与开发的仅有朱家角等少数几个镇,大部分民间文化资源被闲置。

今天被誉为“海纳百川”的“海派文化”虽然有吸纳现代科技与外来文化的优点,但也有轻视本土民间文化的弱点。过去,部分上海人视外地人为“乡下人”①,就是这种弱点的自然流露。上海的民

---

① “乡下人”这种称呼有比较浓重的民间文化色彩。

俗学曾经有繁荣的时期,出现过如姜彬①那样的大家,也有过专业的民俗学期刊,但当民俗学成为当下发达国家的显学,成为外省市文化建设的重点学科时,上海的民俗学刊物却被取消了,民俗学研究队伍也在缩小,在每年的上海社会科学基金课题中,也很少有民间文化的研究课题。也许是因为上海文化发展的条件太优越了,人们顾不上重视民间文化保护、开发这样的繁难工作了。

为了引导与管理好"非遗"中的民间信仰,笔者仍以上海为例建议如下:

1. 正确认识民间信仰在当地文化资源中的作用与影响

当下,媒体推介上海历史时往往是从元代出现"上海"这个地名——只有近七百年历史——开始介绍,但实际上,上海已有至少六千年灿烂的文明史。今天的上海区域已是民国时期上海的十几倍,市区是中西文化交汇处,孕育出近代的都市"海派"文化,其中市民的民间文化是其主体。郊区更多地传承了江南水乡的传统文化,其民间文化历史悠久、丰富多彩。② 因此,我们在考察上海的民间文化资源时,要有今天上海区域整体的"大上海"视野,而非黄浦江畔一渔村。实际上,今天的上海区域历史上就出现过 30 个以上的经济、文化集萃的古镇、古城。元代以来,上海就是中国的棉纺织中心地③。只有如此才能对上海的民间文化资源有一个比较完整的认识。

在上海福泉山古文化遗址④中先后发现了距今六千至七千年的三处红烧土和其他文化遗存,与河姆渡出土的祭祀碑为同一时

---

① 姜彬先生是我国著名的民间文艺学家、民俗学家、作家。姜彬的作品曾获上海社科院特别奖、上海市社科优秀成果一等奖。

② 上海郊区不仅传承了江南的农耕文化,也开创了中国古代与近代的海洋文化,崇明曾经是郑和下西洋的出发点停泊处,近代有崇明"海洋三杰"等。

③ 在中国古代,棉纺织是最重要的手工业之一。

④ 在上海市青浦区福泉山路 658 号。

期,属于原始社会净土祭祀的遗留物。同时出土的马家浜文化的石器、陶器、禽兽角制成的生产工具、玉饰,以及妇女随葬品多于男子的现象,反映了该地区已进入了发达的母系氏族社会。该地出土了距今五千至六千年崧泽时期的磨制石器,有孔石器、骨匕、牙手镯、陶纺轮等,说明以农业为主的新石器时代文化已经开始。该地出土的距今四千至五千年良渚文化时期的精美石器,还有原始文字符号的陶器、玉器、牙雕等,其中石斧、玉璧、玉琮、玉锥形器、冠形玉器、象牙雕刻等制作工艺已相当成熟,反映了原始氏族社会转向奴隶社会的新石器时代晚期文化,其中相当部分是当时的民间宗教文化遗存。该地还发现一批商、周、战国、秦、汉、唐、宋年代的文化遗址与实物①,反映了由奴隶社会转为封建社会的上古与中古文化。可见上海不仅有灿烂的原始文明,而且这种文明的发展是不间断的。

秦朝在今上海金山区内设有海盐县,南北朝时又设胥浦县和前京县,形成与中原文化相联系的沿海文化。宋元时期起直至清末,上海逐步成为江南地区农业、纺织、航运中心地之一,成为江南文化的重要组成部分。近代开埠后,上海成为东亚最重要的经济、文化国际都市之一,形成善于吸收外来文化的海派文化。新中国成立后,上海成为中国最重要的工业、科技、教育基地之一,形成了社会主义性质的上海文化。因此,上海不仅有六千年前的"崧泽人",以及由此而来的诸多历史文化遗迹,更拥有丰富而影响深远的民间文化遗产。

民间文化中的重要形态之一,是在漫长历史进程中形成的地域文化英雄神崇拜。在古代上海,最能代表上海文化精神的三位伟人——春申君、黄道婆、徐光启都是深入民心的地方英雄神。战

---

① 详见《青浦县志》。

国时期,由于春申君的有效治理,上海地区的文化身份开始形成,即以"申"自我称谓,以楚文化融合吴越文化为地方本色,"申"成为上海地域与城市的文化符号。新中国成立前,在上海就有传承悠久的春申君庙。近年,松江农村群众自发修建了春申君祠①,说明这位两千年前的上海古代文化集成者的历史影响并未消失。

从国际经验来看,非物质文化遗产一直是国际性大都市非常重要的文化标志,是一个城市独特的文化品格。2006—2009年,上海的"非遗"保护项目已有33项国家级,123项市级,256项区(县)级,平均密度居全国前列,说明上海六千年的历史文脉所形成的文化遗产十分丰厚,应该看到这是上海建设国际文化大都市最重要的本土文化资源。

2. 保护民间文化资源的战略思考

本土民间文化是先民在漫长历史中凝聚的文化创造力的结晶,是未来城市文化建设的文化之根。上海未来的国际大都市模式不是"东方巴黎"或"中国的曼哈顿"式的,而是东方的、中国的、上海特有的。实际上世界上著名的国际文化大都市都以自己独特的文化品格长存于世,而非"克隆"仿造就能造就。而这种文化的独特性是在本土民间文化的保护、传承、创新的基础上才能表达与彰显。城市的文化建设不仅表现在建筑群、文化设施等硬件上,更重要的是表现在精神风貌、文化艺术、社会礼仪等"软件"上,这就更需要我们从传统民间文化中提炼出适应当代文明模式的诸种"软件"。

胡锦涛同志在致联合国教科文组织第28届世界遗产委员会的贺信中指出:"加强世界遗产保护已成为国际社会刻不容缓的任务。这是历史赋予我们的崇高责任,也是实现人类文明延续和可

---

① 据王宏刚、王海冬2007年在松江的调查。

持续发展的必然要求。"①保护民间文化遗产不是为了简单地留住历史,也不是为了回到过去,而是为了守护我们的精神家园,为了在文化传统的传承中为新的文化创造提供不竭的源泉。

要采取切实措施,使上海的各级领导从未来上海城市发展的角度来确立民间文化要及时保护的战略思想。保护民间文化资源非一时之功,需要政府根据各传承地情况制定一个切实可行的中长期规划。

福建泉州的 KTV② 包厢里,可以唱当地的民间文化遗产——南音③,许多歌厅都能听到南音的曲子,一些节奏缓慢、优雅绵长的南音曲目被制成了简短的演唱片段,一些朗朗上口的旋律则被编写成了对唱,深受年轻人喜爱。在农村,泉州等地的农户逢红白喜事,都会请艺人来演唱南音。随着南音越来越受欢迎,泉州艺术学校、泉州师范学院的南音专业吸引了许多孩子前来报名。台湾南音社团"汉唐乐府"的创办人陈美娥到大陆访问时曾对记者说,"很高兴,也很惊诧看到泉州南音保存得那么好。现在'汉唐乐府'每年都要到泉州的艺术学校物色毕业生,因为只有在那里还有系统完整的南音教育。"泉州政府提出要在十年内安排共 3 821 万元经费用于泉州南音的保护与振兴,这是很有战略眼光的。

"保护,不是时空上凝固不变的保护,不是把它当做遗产、古董,而是要使它活在人们的生活之中。"2008 年 6 月,闽南文化生态保护实验区批准成立,这是中国首个国家级文化生态保护区。活态保护、整体保护已经成为许多专家对文化遗产保护的共识。闽

---

① 王文章:《形成广泛参与非物质文化遗产保护的文化自觉》,载《光明日报》,2007－12－30。

② Karaok TV。

③ 南音也称"弦管"。"泉州南音",是中国现存最古老的乐种之一。两汉、晋、唐、两宋等朝代中原移民把音乐文化带入以泉州为中心的闽南地区,并与当地民间音乐融合,形成了具有中原古乐遗韵的文化表现形式——南音。

南文化生态保护实验区正是沿着优化民间文化的"土壤环境",培植活态的地方文化的思路在进行探索,并将重点放在青少年的文化传承上。南音、梨园戏、闽南方言以及造船、瓷器、制茶、手工艺等,都被列入了保护范围。为此,福建省专门编制了《闽南文化生态保护区规划纲要》,提出要探索建设一个"非物质文化遗产和物质文化遗产相依存,并与人们的生产生活密切相关,与自然环境、经济环境、社会环境和谐共处协调发展的保护区"。据福建省文化厅有关负责人讲,福建将拿出实实在在的办法,给予传承人经济资助和相应的荣誉;对保护区内以传统生产技艺、传统艺术为生活手段的艺人,给予生活补贴。① 民间文化遗产的保护,不仅是传承人的责任,也不仅是政府的责任,而是全民的责任,包括对青少年的相关教育。

泉州的民间音乐"南音"保护规划时期长达十年,上海也需要这样的中长期规划。这样科学的中长期规划,不仅需要拓建一些必要的文化展示、传播的场所,更重要的是要将许多文化资源进行集约合理配置,如原来有浓郁民俗特色的"大世界",以及大世界附近的工人文化宫小剧场②等都要充分开发利用。只有从全市的角度,进行合理配置,才能激活这些被闲置的资源。

3. 民间文化保护工程要落实到社区(乡镇)与学校

社区(乡镇)往往是民间文化遗产的传承地。当下,上海多数社区(乡镇)已有设施先进的文化活动中心,但还仅是退休人员为主的活动场所。如何吸引在校青少年和参加工作的年轻人加入到社区的文化活动中来是目前的重要工作。只有将民间文化保护工

---

① 曹滢、孟昭丽:《非物质文化遗产:打一场全民"保卫战"》,载《经济参考报》,2007-06-29。

② 新中国成立前为中央剧场,现为可容纳350人的剧场,很适合演出各种民间艺术,但长期闲置。

作落实到社区(乡镇),才会有坚实的基础。在韩国你会看到众多的社区民俗博物馆,馆内不仅有实物展示,还有实际的演示,而各种形式的传统民族文化遗产学习班也是遍布各地。韩国一年四季都举办各种各样的节庆活动,其中一种是民间代代相传的乡俗,另一种是各种民俗节或民俗文化节,它们构成了韩国民众精神生活的重要内容。像韩国的"重要无形文化遗产"项目"农乐"①,在各地许多重大节日和民众活动中都有它的演出,甚至各大、中、小学也有学生自己组织的"农乐"队。

各社区(乡镇)可以根据本土的民间文化资源确定自己的文化主题,也只有将民间文化保护工作落实到社区(乡镇),才会有坚实的基础。这项工作的落实,不仅会提高社区(乡镇)的文化活力,而且会切实提高居民的文明素质。例如,布依族聚居的贵州省黔南州贵定县音寨,自新中国成立以来迄今为止尚无刑事犯罪案件发生过。据有关人士分析,很大原因与当地特有的、一直未中断的"三月三""六月六"歌会等民间节日文化活动有关,正是这些民间文化遗产的有效传承,很好地起到了凝聚民心、传播道德、弘扬正气的作用,从而保证了当地的人民平安、社会和谐。②

我们认为,建立起民间文化保护这个系统工程的关键是让广大青少年参与其中。民间文化遗产不仅是民族的文化基因,而且是人民自我教育最生动的活态教科书,因此要从青少年抓起。青少年的主要活动场所在学校,因此将民间文化保护工程的重心移入学校,是有效途径之一。已任三届全国政协委员的王仁杰从20世纪90年代就开始呼吁让传统文化走入课堂,他说:"传统文化教

---

① 王宏刚到韩国考察过,"农乐"的核心文化观念是对农业文明的崇拜,也是韩国民间信仰的一部分。
② 程惠哲:《非物质文化遗产的社会和谐价值》,见《中国民族宗教网》,2009 - 10 - 21。

育应从小开始,从教科书开始,如果孩子们在很小的时候就能够接受到这些文化,在心灵上有印象,就会作用于一生,他们一辈子都会记住。"①

全国各地很多地方已做了有益的探索,比如延安的安塞将学习剪纸列入美术课、学打腰鼓列入体育课、学唱陕北民歌列入音乐课,并编写了相关教材。最近国务院领导倡导,全国小学在校生开始学唱京剧,每个学期学唱两段。这本身都是一种普及教育,将来会更丰富多彩。

其实,除了"进课堂""上教科书"之外,非物质文化遗产教育还应该成为学生课余活动的重要内容,让传统文化教育培训像目前人满为患的英语班、钢琴课、舞蹈学校、游泳俱乐部等一样成为学校课外活动的重要内容。

国家扶贫重点县甘肃省环县县政府在资金十分紧张的情况下,仍拨出专项资金给全县 80 名 60 岁以上的道情皮影传承人发放固定生活补助,支持他们安心地从事道情皮影的传承,他们还组织专家、艺人共同编写了《道情音乐欣赏》和《皮影欣赏及手工制作》两本教材,下发全县 605 所中小学校,在音乐美术课上教授,培养少年儿童从小喜爱和保护道情皮影的意识。

上海的王金根是点石成金的雕刻师,在南汇区书院镇名气很大,1996 年他被联合国教科文组织、中国民间艺术家协会联合授予"一级中国民间工艺美术家"的称号。他所住的新东村地方很偏,王家门前有一条崭新的水泥路,是区政府拨款 20 万元为他专修的。王金根有 20 多个徒弟,全是十几岁的初中生。

民间文化遗产的特点之一就是地方性,只有编辑出本土的民

---

① 曹滢、孟昭丽:《非物质文化遗产:打一场全民"保卫战"》,载《经济参考报》,2007 – 06 – 29。

间文化遗产乡土教材,才能对居民进行生动活泼的传统文化教育。政府相关部门要组织力量来编辑有关民间文化遗产保护的乡土教材。徐汇区文广局编辑了地方神黄道婆乡土教材,供中小学生学习,就是成功的事例。实际上这不仅仅是徐汇区的乡土教材,也是全市的乡土教材,而且可以成为社区(乡镇)文化的普及教材。

4. 建立起民间文化保护的激励机制

2006 年至 2008 年,上海出现了数以百计的"城市寻宝一族"。他们徜徉于各个市镇的街头巷尾,四处打探和收集那些在现代文明摧城拔寨式的"进攻"下顽强存活下来的城市记忆——民间文化遗产,而这些民间文化往往与民间信仰有关。这些普查员力求全面了解和掌握上海市民间文化遗产的种类数量、分布状况、生存环境和保护现状及存在的问题,以文字、录音、录像、数字化等多种形式记录下来,并建立完整的档案和数据库。[①] 他们中的大部分是"80 后""90 后"的年轻人。如果宣传文化部门建立起相关的激励机制,除了重在精神激励外,再有必要的经费资助,相信他们一定能不辞劳苦来坚持进行这种长期而艰难的工作。有关部门也可以组织我们的中学生、大学生、研究生参加相关的文化活动,并将其作为教育部门素质教育的考评标准之一。

政府要对在民间文化保护工作中做出显著成绩的公民、法人和相关组织予以表彰和奖励,对成绩突出的集体和个人给予扶持,对高龄而又有生活困难的民间艺人给予一定的传承补贴。同时,也要建立针对文学艺术界以本土史诗为题材的创作的扶助与激励机制。

5. 关于振兴民俗学问题

近二十年来,我们在日本、韩国、俄罗斯、加拿大等国讲学与学

---

① 李琴、曹芳:《记录上海的非物质文化遗产》,载《外滩画报》,2006 - 01 - 13。

术交流,外国学者经常会问:中国作为一个有悠久历史的文明古国,作为世界上民俗形态最丰富的文化大国,为何至今未建国家级的民俗学博物馆? 这个问题应当引起我们深思。

近年来不少外省市将以民间文化研究为主体的民俗学作为经常性的重点学科来扶助,不仅出版了省、地级的民俗志,甚至区、县都出版了本地的民俗志,并以本土的民间文化资源作为其文化建设的基础。而上海不仅没有出版过自己的民俗志,上海的民俗学研究也处于式微状态,这个问题也常常使我们羞愧。为此我们建议:

上海哲学社会科学规划办公室每年应设立民间文化研究课题,在大学的学科设置、科研力量配置向民间文化倾斜,并鼓励相关专业的大学生进行上海民间文化的田野调查,扶助华东师大中文系的"海上风"网站①,恢复民俗学学术期刊,鼓励相关研究人员将民俗学研究与上海的文化建设结合起来。

世博会是上海历史性的机遇,乘世博会东风,在上海筹建中国民俗学展示基地是一个可操作性项目。我们认为:上海世博会原址是建立中国民俗学博物馆的最好地方,它不仅是未来国际文化大都市——上海的标记性建筑,而且是中华民族的文化复兴的象征,可以以中国民俗学(或文化人类学)博物馆为核心,筹建中国民俗学展示基地,不仅有民俗实物展品的展览,也有活态的民俗活动展示,其中大量的民族民间文化资源的精华可以得到有效的保护与传承。该基地可以成为一个世界级的民间文化的展示中心、研究中心,也是民俗文化产品的交易中心。

我们在各区搞民俗调查时,不少区、县有承办这个项目的强烈愿望。如果这个项目确定为上海世博会后续项目,会得到兄弟省

---

① 由华东师大中文系教授田兆元等设立的以上海民间文化研究为主的网站。

市强有力的支持。云南、吉林、内蒙古等省和自治区政府表示,如果上海世博会有此后续项目,他们不仅会将当地最典型的民俗实物与活动带到上海来展示,而且希望共同建设,因为外地省市希望在上海有一个永久性的文化展示窗口,其中的内容是可以不断更新的。这个项目还会得到海外华人、华裔的有力支持,也会得到世界文化界的有力支持,如德国莱比锡民族学博物馆,在前几年就表示要支持与赞助中国的民俗学博物馆的建立。期盼通过世博会的后续工作,能使上海民间文化资源得到系统的保护与开发,对提升上海的文化品格、增强上海的文化活力产生持久的积极影响。

6. 关于建立有关民间信仰群众团体的建议

我们仍然以上海为例,说明成立有关民间信仰群众团体的重要性。

黄道婆是上海的地方神,早已进入中学的历史课本与中国通史的专门章节,并于 2006 年列入首批《中国非物质文化遗产保护名录》。元代,黄道婆棉纺织技术的传播,使上海及相邻地区成为"衣被天下"的中国棉纺织品生产基地,极大地推动了中国的海洋经济与海洋文化的发展。近一百五十年来,上海及江南地区的崛起与繁荣,仍受益于这位七百五十年以前的伟大的科技革新者与传播者。但黄道婆棉纺织技术列入国家名录后,学术界与主流媒体对黄道婆的研究与弘扬还很不够,只有文化部门与学术界少数人知道。妈祖信仰2006 年已被列入首批《国家非物质文化遗产保护名录》,2009 年又成为世界级非物质文化遗产保护项目。上海作为中国历史悠久的重要海港元代就传入了妈祖信仰,而当今大多数市民却不了解这个历史。目前来上海的台湾同胞已超过 30 万,他们当中绝大部分都信奉妈祖,也应当考虑到他们的宗教文化需求。我们建议上海应设立市级黄道婆、妈祖文化群众团体,作为宣传、推广黄道婆、妈祖文化的生力军,使上海市民皆知黄道婆和妈祖。如此,也有利于弥补上海"海派文化"的海洋要素缺位。

7. 关于落实非物质文化遗产保护项目经费的问题

据调查,即使在经济发达的上海,一些国家级的非物质文化遗产保护项目因国家与省市的保护经费没有下来而举步维艰。由此可见,在我国由于经费问题导致非物质文化遗产保护与传承遇到困难是普遍的现象。

明清时期,江西省白鹭镇曾有天一池、二义仓、三元宫、四逸堂、五福第、六角亭、七姑庙、八角井、九成堂、十字街 10 处景观,有 4 条主要街道和繁华的商业区,已有城市的雏形。如今仍能看到 69 栋古建筑集中矗立,而且拥有丰富的客家无形文化遗产,两千余人的钟氏后裔仍生活在那里,但由于当地经济落后,资金紧张①,这些古建筑都濒于颓败。虽然有香港企业家捐资修缮,但杯水车薪无济于事。像白鹭镇的现象在中国的古村落中具有普遍性。近年,我们在福建、浙江、江苏等地看到不少因资金问题而任其文化资源自然流失的古村落。就连经济高度发达的上海,除了朱家角等少数古镇外,还有 28 个古镇的文化遗产没有得到及时与充分地保护。可见落实经费是保护文化遗产的关键之一。因此要采取措施落实非物质文化遗产保护项目的国家与省市经费,而且这种专款专用的经费应尽快到达传承地。

古镇或者古村落文化遗产的保护根本之举是构建内在的动力机制,促使保护文化遗产就是保护中华民族安身立命的文化之根的理念成为中国人的国民意识,并使其传播到每一乡镇、社区,成为当地居民的文化自觉。这是最重要的内在动力机制,为建立中国文化遗产以乡镇、社区为基本单位的"属地化管理"模式奠定基

①　2004 年的调查。

础。为建立这种普遍的内在性动力机制,在当下要首先明确各地政府在保护文化遗产方面的引领与规划功能,使各地政府将经济与文化互动发展①作为自己必不可少的历史使命与发展目标,并把它当成政府总体考核的必要内容,而不仅仅是政府文化部门一个部门的行政事务。同时,各地人大应根据当地文化遗存制定相关保护政策法规——包括出台鼓励民间团体、企业、个人参与文化遗产保护的激励政策,以会聚本土居民与政府、企业、社会团体、个人等多元资源,让当地群众与专家共同参与保护规划的编制,在科学编制的前提下,扎实而有步骤地开展对当地文化遗存的及时保护,至少使一些濒于毁坏的有形文化遗产维持现状,使一些濒于失传的无形文化遗产得到抢救,探索出符合中国国情的文化遗产及时保护的路径。

---

① 基础就是文化遗产保护。

参考文献

1. 史记[M].北京:中华书局,2006.

2. 后汉书[M].北京:中华书局,1965.

3. 三国志[M].北京:中华书局,2005.

4. 魏书[M].北京:中华书局,2003.

5. 隋书[M].北京:中华书局,1979.

6. 元朝秘史[M].济南:齐鲁书社,2005.

7. 乌丙安.中国民间信仰[M].上海:上海人民出版社,1998.

8. 张化.上海宗教通览[M].上海:上海古籍出版社,2004.

9. 范荧.上海民间信仰研究[M].上海:上海人民出版社,2006.

10. 王宏刚.民俗上海·卢湾卷[M].上海:上海文化出版社,2007.

11. 王海冬.上海世博人文地图丛书·青浦卷——回眸青龙翔翔[M].上海:百家出版社,2010.

12. 蒋维锬.妈祖文献资料[M].福州:福建人民出版社,1990.

13. 连横.台湾通史(下)[M].北京:商务印书馆,1983.

14. 林衡道.台湾寺庙大全[M].台北:青文出版社,1974.

15. 瞿海源.重修台湾省通志·住民志·宗教篇[M].台北:台湾省文献委员会,1992.

16. 李亦园. 人类的视野[M]. 上海:上海文艺出版社,1996.

17. 富育光,王宏刚. 萨满教女神[M]. 沈阳:辽宁人民出版社,1995.

18. 许明,王宏刚. 治国之道——历代谏文精选[M]. 北京:大百科全书出版社,2008.

19. 上海市青浦县县志编撰委员会. 青浦县志[M]. 上海:上海人民出版社,1990.

20. 刘克宗,孙仪. 江南风俗[M]. 南京:江苏人民出版社,1991.

21. 贾惠萱. 日本风土人情[M]. 北京:北京大学出版社,1987.

22. 苑利. 韩民族文化源流[M]. 北京:学苑出版社,2000.

23. 高观如. 中外佛教关系史略·中日佛教关系[M]. 北京:知识出版社,1980.

24. 王学民. 骊山老母纪[M]. 西安:陕西人民出版社,2000.

25. 关小云,王宏刚. 鄂伦春族萨满教调查[M]. 沈阳:辽宁人民出版社,1998.

26. 郭淑云,王宏刚. 活着的萨满——中国萨满教[M]. 沈阳:辽宁人民出版社,2001.

27. 富育光. 萨满教与神话[M]. 沈阳:辽宁大学出版社,1990.

28. 李桂玲. 台港澳宗教概况[M]. 北京:东方出版社,1996.

29. 赵匡为. 世界宗教总览[M]. 北京:东方出版社,1993.

30. 罗竹风. 人 社会 宗教[M]. 上海:上海社会科学院出版社,1995.

31. 钟国发. 神圣的突破——从世界文明视野看儒释道三元一体格局的由来[M]. 成都:四川人民出版社,2003.

32. 叶涛. 浙江民间信仰现状及其调研述略[M]//中国社会科学院世界宗教研究所. 宗教蓝皮书——中国宗教报告. 北京:社会科学文献出版社,2009.

33. 金文经. 七~十世纪新罗与江南社会的文化交流[M]//杭州大学韩国研究所. 中国江南社会与中韩文化交流. 杭州:杭州出版社,1997.

34. 周金琰. 湄洲妈祖庙会初探[G]//宁波市物保护管理所. 海峡两岸妈祖文化学术研讨会文集. 北京:中国文史出版社,2010.

35. 罗纳德·约翰斯通. 社会中的宗教——一种宗教社会学[M]. 尹今黎,张蕾,译. 成都:四川人民出版社,1991.

36. 家永三郎. 日本文化史[M]. 刘绩生,译. 北京:商务印书馆,1992.

37. 金得榥. 韩国宗教史[M]. 柳雪峰,译. 北京:社会科学文献出版社,1992.

38. 米尔恰·伊利亚德. 宗教思想史[M]. 晏可佳,吴晓群,姚蓓琴,译. 上海:上海社会科学院出版社,2004.

39. 理查德·利基. 人类的起源[M]. 吴汝康,吴新智,林圣龙,译. 上海:科学技术出版社,2007.

40. 史禄国. 北方通古斯的社会组织[M]. 吴有刚,赵复兴,孟克,译. 呼和浩特:内蒙古人民出版社,1984.

41. 拉施特. 史集[M]. 余大钧,周建奇,译. 北京:商务印书馆,1983.

42. 上海通讯社. 旧上海史料汇编[G]. 北京:北京图书馆出版社,1998.

43. 黄浙苏.海峡两岸妈祖文化学术研讨会论文集[G].北京：中国文史出版社,2010.

44. 田兆元.禁忌、仪式与社会转型[J].民俗学刊,2003(5).

45. 金泽.民间信仰的聚散现象初探[J].西北民族研究,2002(2).

46. 叶涛.信仰、仪式与乡民的日常生活[J].地域综合研究,2006(9).

47. 濮文起.民间宗教与社会主义和谐社会[J].当代宗教研究,2006(3).

48. 潘世东.汉水文化视野下的圣母女娲[J].十堰职业技术学院学报,2007(4).

49. 曾少武.从女娲文化史迹分布探寻女娲行踪[J].学习月刊,2007(9).

50. 姚凤.黑龙江沿岸通古斯满语民族鄂温克人与鄂伦春人的某些自然崇拜[J].黑龙江民族丛刊,1990(1).

51. 内蒙古自治区编辑组.达斡尔族社会历史调查[J].呼和浩特：内蒙古人民出版社,1985.

52. 房宁.德国社会市场经济的六大信条[J].新视野,2005(3).

53. 李天纲.从"文化多样性"看民间宗教信仰的合法性：以上海为例[J].上海市社会主义学院学报,2006(3).

54. 邵磊,贺云翔.郑和与江苏——江苏郑和遗迹考述[J].南方文物,2005(3).

55. 程惠哲.非物质文化遗产的社会和谐价值[N].中国民族宗

教网,2009 - 10 - 21.

56.张化.国家利益视野下的民间信仰活动——以上海为例[N].普世社会科学研究网,2011 - 01 - 21.

57.曾传辉.中国的民间信仰是不是宗教?[N].中国社会科学报,2009 - 09 - 03.

58.李新乙.妈祖——两岸同胞共有的精神家园[N].福州新闻网,2007 - 04 - 06.

59.黄之琳.洋徒拜师勤学艺,民间技艺广流传[N].长宁时报双语版,2008 - 04 - 19.

60.王文章.形成广泛参与非物质文化遗产保护的文化自觉[N].光明日报,2007 - 12 - 30.

61.曹滢,孟昭丽.非物质文化遗产:打一场全民"保卫战"[N].经济参考报,2007 - 06 - 29.

62.李琴,曹芳.记录上海的非物质文化遗产[N].外滩画报,2006 - 01 - 13.

63.徐业龙.惠济祠:运河文化的一颗璀璨明珠[N].淮安日报,2008 - 06 - 23.

64.金泽.民间信仰:推动宗教学理论研究[N].中国民族报,2008 - 10 - 21.

全书图片说明

为了加深读者对各章节内容的了解，我们在每章的章扉处加入了精美的图片。在此，我们对照片的提供者、拍摄者表示由衷的感谢。

引言　中共上海市青浦区委宣传部供稿

第一章　中共上海市青浦区委宣传部供稿

第二章　陈宏强供稿

第三章　张安巡摄

第四章　陕西省道教协会供稿

第五章　朱良镐摄

第六章　王宏刚摄

第七章　谢启明摄

第八章　上海市非物质文化遗产保护中心供稿

后　　记

　　2000年4月,我从吉林省社会科学院文学所调到上海社会科学院宗教所,此前曾经在吉林省工作了31年,其中有20年在吉林省社会科学院文学所少数民族文学与文化研究室工作,为了追溯满族等通古斯民族的原始神话的由来,在国内出版了两部、国外出版了一部有关萨满教的著作。为了追踪萨满教的文化足迹,我调查的范围从满族扩大到鄂伦春、鄂温克、蒙古、锡伯、达斡尔、赫哲、朝鲜、哈萨克等北方民族,从中国的东北、华北、西北地区扩大到俄罗斯、朝鲜半岛、日本、加拿大等有关地区。

　　2001—2003年,上海社会科学院宗教所确立了《江南地区民俗信仰调查》的课题,这项研究使我有机会考察江南地区某些民间信仰形态,扩大了南北方原始宗教的比较研究领域。2002年以来,我参加了上海社会科学院“文化发展”重点学科研究,这项研究使我有机会与日本千叶大学就中国通古斯民族与日本阿依努民族的原始文化的比较进行了近一年的合作研究,并到加拿大考察印第安的萨满教文化。2004—2006年,我主持上海市咨询决策课题《上海城市化过程中的民间信仰与文化建设研究》与院重大课题《上海农村人口就业问题研究》,2007—2010年,主持国家课题《民间信仰的历史与现状研究》(王海冬、朱良镐、张安巡为课题组成员),这些课题的设立都为本书的完成创造了条件。

　　在上海社会科学院、吉林省社会科学院、日本千叶大学、加拿大渥太华大学、韩国全北大学,以及将本书列入出版计划的李文阁等师友的鼎力相助下,我完成课题的夙愿得以实现。为此,向帮助我们课题组做了不少资料搜集工作的王虹霓,也向长期支持我从事田野调查的我的妻子牟艳冰表示由衷的谢忱。王海冬在1999年以后经常与我一起进行民间信仰与萨满教的田野调查,2010年7月下旬我在上海华山医院做了中风手术,而后在永和医院与中医院进行康复治疗,而当时本书正处在书稿撰写的收尾阶段,他主持了成书工作。在此,我将本书各章写作承担者列出:

引　言　王宏刚

第一章　王海冬

第二章　王宏刚

第三章　张安巡

第四章　王海冬

第五章　朱良镅

第六章　王宏刚

第七章　王海冬

第八章　王海冬

按照工作量来分,王宏刚承担了全书的23%,王海冬承担了全书的52%,朱良镅承担了全书的10%,张安巡承担了全书的15%。在这里我一并表示由衷的感谢。

囿于我们的学术水平,本书仍有许多不足之处,尤其是我们对西北的调查不足,有较大的片面性,期待着读者的批评。

王宏刚谨识

图书在版编目(CIP)数据

新时期的民间信仰/王宏刚等著.--哈尔滨:黑
龙江教育出版社, 2011.9
ISBN 978-7-5316-6078-1

Ⅰ. ①新… Ⅱ.①王… Ⅲ.①信仰—民间文化—研究
—中国 Ⅳ.①B933

中国版本图书馆CIP数据核字(2011)第159824号

民族精神与文化主题书系

新时期的民间信仰

Xinshiqi De Minjian Xinyang

王宏刚 王海冬 张安巡 朱良镭 著

选题策划	丁一平
责任编辑	宋舒白 郭 翀
封面设计	语墨弘源
责任校对	刘晓艺
出版发行	黑龙江教育出版社(哈尔滨市南岗区花园街158号)
印 刷	哈尔滨石桥印务有限公司
开 本	640毫米×960毫米 1/16
印 张	22.5
字 数	260千
版 次	2013年3月第1版
印 次	2013年3月第1次印刷
书 号	ISBN 978-7-5316-6078-1
定 价	43.00元

黑龙江教育出版社网址:www.hljep.com.cn
网络出版支持单位:东北网络台(www.dbw.cn)